中国定制木质家居产业标准体系研究

王 瑞 段新芳 著

中国建材工业出版社

图书在版编目（CIP）数据

中国定制木质家居产业标准体系研究/王瑞，段新芳著. --北京：中国建材工业出版社，2020.12
ISBN 978-7-5160-3079-0

Ⅰ.①中… Ⅱ.①王… ②段… Ⅲ.①木家具—行业标准—标准体系—研究—中国 Ⅳ.①F426.88

中国版本图书馆CIP数据核字（2020）第199622号

内容简介

定制木质家居产业是为客户提供上门测量、专业设计、生产制造、物流运输、上门安装、验收和维护等一系列木质家居的产品和服务的产业，生产制造定制衣柜、定制厨柜、木门、木地板、木墙板、木楼梯、木吊顶等主要产品和消费品。定制木质家居产业发展迅速，已成为中国木材工业转型升级的引擎。构建中国定制木质家居产业标准体系，确定产业发展的基础、共性和关键技术标准，是推动中国定制木质家居产业高质量发展的基础和技术支撑。

本书共六章，主要包括绪论、定制木质家居产业标准体系的理论和构建方法、中国定制木质家居产业发展基本现状、国内外定制木质家居产业标准体系现状、中国定制木质家居产业标准体系构建、中国定制木质家居产业标准化发展对策建议等内容。该书是对我国定制木质家居产业标准体系研究的系统总结，内容涉及面广。

该书有理论阐述也有政策建议，可作为定制木质家居产业管理人员、标准化人员、高等院校和科研院所的教师、学生、科研人员的重要参考书。

中国定制木质家居产业标准体系研究
Zhongguo Dingzhi Muzhi Jiaju Chanye Biaozhun Tixi Yanjiu
王　瑞　段新芳　著

出版发行：中国建材工业出版社
地　　址：北京市海淀区三里河路1号
邮　　编：100044
经　　销：全国各地新华书店
印　　刷：北京鑫正大印刷有限公司
开　　本：787mm×1092mm　1/16
印　　张：14.5
字　　数：360千字
版　　次：2020年12月第1版
印　　次：2020年12月第1次
定　　价：98.00元

本社网址：www.jccbs.com，微信公众号：zgjcgycbs
请选用正版图书，采购、销售盗版图书属违法行为
版权专有，盗版必究。本社法律顾问：北京天驰君泰律师事务所，张杰律师
举报信箱：zhangjie@tiantailaw.com　　举报电话：(010) 68343948
本书如有印装质量问题，由我社市场营销部负责调换，联系电话：(010) 88386906

前　言

　　定制木质家居产业是为客户提供上门测量、专业设计、生产制造、物流运输、上门安装、验收和维护等一系列木质家居的产品和服务的产业，生产制造定制衣柜、定制厨柜、木门、木地板、木墙板、木楼梯、木吊顶等主要产品和消费品。定制木质家居产品是与消费者生活息息相关的重要消费品。当前定制木质家居产业面临的主要问题之一是产业标准体系滞后于消费提质升级的需要，尽管拥有一定数量的标准，但标准体系不健全，产业发展相关的环境保护、绿色发展、信息化和智能制造、产业链综合、安装验收等产品基础共性和关键技术的重要标准缺失，无法满足定制木质家居产业生产和服务的需求。

　　为适应新时代消费升级和产业发展需求，国家高度重视消费品质量和标准体系建设工作，并先后发布了3个重要文件，旨在推动消费品质量和标准升级，扩大消费品市场，满足消费需求。2016年国务院办公厅发布的《消费品标准和质量提升规划（2016—2020年）》明确指出："优化标准供给结构。增加高水平、高质量、有特色的标准供给，服务消费新热点、新模式发展，满足消费结构升级的需求"，要求"开展个性定制消费品标准体系建设，制定引领个性设计、规模定制、组合组装等消费品发展的通用标准""开展家具、服装等传统消费品智能化升级的综合标准化工作""完善售后服务标准"，加强"家居装饰装修产品"标准化工作；2018年9月国务院办公厅发布《关于完善促进消费体制机制，进一步激发居民消费潜力的若干意见》，明确提出"强化产品和服务标准体系建设"，"构建新型消费品标准体系，以标准实施促进质量提升，开展个性定制消费品标准化工作，完善绿色产品标准体系"；2018年10月国务院办公厅发布《完善促进消费体制机制实施方案（2018—2020年）》，强调"加快推进重点领域产品和服务标准建设""加强消费产品和服务标准制定，完善绿色产品标准体系"。

　　中国定制木质家居标准体系是在中国定制木质家居产业范围内的标准按照其内在联系形成的科学的有机整体。构建中国定制木质家居产业标准体系是定制木质家居产业发展的重要基础工作，是产业标准化的顶层设计。研究构建定制木质家居产业标准体系，提出定制木质家居产业标准化发展对策建议，可为政府部门推动定制木质家居产业标准化工作提供理论指导和技术支撑，符合定制木质家居产业高质量发展的需要，对推动消费升级具有重要意义。

本书是在王瑞博士论文《中国定制木质家居产业标准体系构建研究》的基础上进一步深化的成果，同时还参阅总结了国内外大量林产工业及定制木质家居产业标准化研究文献。

在课题研究过程中得到了来自中国林业科学研究院木材工业研究所等单位的领导和专家的帮助。

本书第1、3、4、5、6章由王瑞撰写，第2章和附录由段新芳撰写，全书由段新芳统稿。

由于作者知识水平、背景和认识问题角度有限，书中不足和错误之处在所难免，恳请广大读者批评指正。

著者

2020年10月

目　　录

第1章　绪论	1
1.1　引言	1
1.1.1　定制木质家居的基本概念	1
1.1.2　定制木质家居产业范围界定	1
1.1.3　研究背景	2
1.1.4　研究意义	4
1.1.5　国内外研究进展	5
1.1.6　研究发展趋势	9
1.2　研究内容和研究方法	9
1.2.1　研究内容	9
1.2.2　研究方法	10
1.3　研究技术路线	10
第2章　定制木质家居产业标准体系的理论和构建方法	12
2.1　标准体系基础理论	12
2.1.1　标准化的基本概念	12
2.1.2　标准化对产业发展的重要作用	15
2.1.3　标准体系的定义和内涵	15
2.1.4　标准体系的类型	16
2.1.5　标准化系统工程理论	16
2.2　定制木质家居产业标准体系的构建方法	18
2.2.1　定制木质家居产业标准体系的定义、属性和范围	18
2.2.2　定制木质家居产业标准体系的构建目标	19
2.2.3　定制木质家居产业标准体系系统环境分析	22
2.2.4　定制木质家居产业标准体系的结构分析	22
2.2.5　定制木质家居产业标准体系表的编制	23
2.2.6　急需制定的共性和关键技术标准	23
2.3　小结	23
第3章　中国定制木质家居产业发展的基本现状研究	24
3.1　中国定制木质家居主要原辅材料概况	24
3.1.1　中国定制木质家居的表面装饰材料	24

  3.1.2 中国定制木质家居基材 ······ 26
 3.2 中国定制木质家居产业概况 ······ 30
  3.2.1 中国定制木质家居的主要产品 ······ 30
  3.2.2 中国定制木质家居产业的总体情况 ······ 32
 3.3 中国定制木质家居产业技术现状 ······ 34
  3.3.1 中国定制木质家居的科研项目 ······ 34
  3.3.2 中国定制木质家居科技创新平台 ······ 54
  3.3.3 中国定制木质家居专利情况分析 ······ 54
 3.3 中国定制木质家居产业发展的主要特征与趋势分析 ······ 58
  3.3.1 中国定制木质家居产业发展的主要特征 ······ 58
  3.3.2 中国定制木质家居产业发展的主要趋势 ······ 60
 3.4 小结 ······ 62

第 4 章 国内外定制木质家居产业标准体系的现状分析 ······ 63

 4.1 定制木质家居产业标准的类型划分 ······ 63
 4.2 中国定制木质家居产业标准体系的现状 ······ 65
  4.2.1 中国定制木质家居产业标准的现状 ······ 65
  4.2.2 中国定制木质家居产业的重要标准 ······ 67
  4.2.3 中国定制木质家居产业标准体系的特征 ······ 68
  4.2.4 中国定制木质家居产业标准体系存在的问题 ······ 69
 4.3 国外定制木质家居产业标准体系的现状 ······ 70
  4.3.1 国际标准体系 ······ 70
  4.3.2 欧洲标准体系 ······ 79
  4.3.3 法国标准体系 ······ 90
  4.3.4 德国标准体系 ······ 97
  4.3.5 英国标准体系 ······ 104
  4.3.6 日本标准体系 ······ 111
 4.4 国内外定制木质家居产业标准的对比分析 ······ 118
  4.4.1 国内外定制木质家居产业标准的共性分析 ······ 118
  4.4.2 借鉴和启示 ······ 119
 4.5 小结 ······ 120

第 5 章 中国定制木质家居产业标准体系的构建 ······ 122

 5.1 中国定制木质家居产业标准体系的构建依据 ······ 122
 5.2 中国定制木质家居产业标准体系的构建原则 ······ 123
  5.2.1 总体原则 ······ 123
  5.2.2 具体原则 ······ 123
 5.3 中国定制木质家居产业标准体系的结构分析 ······ 123
  5.3.1 中国定制木质家居产业标准体系的层次结构 ······ 124

  5.3.2 中国定制木质家居产业标准体系的序列结构 …… 124
  5.3.3 中国定制木质家居产业标准体系的专业结构 …… 124
  5.3.4 中国定制木质家居产业标准体系的结构间关系 …… 125
  5.3.5 中国定制木质家居产业标准体系的结构模型（框架） …… 127
  5.3.6 定制木质家居产业标准子体系的构成要素 …… 127
 5.4 中国定制木质家居产业标准体系的明细表和编制说明 …… 129
  5.4.1 基础与综合子体系 …… 129
  5.4.2 测量与设计子体系 …… 157
  5.4.3 生产制造子体系 …… 157
  5.4.4 物流运输子体系 …… 158
  5.4.5 安装与验收子体系 …… 158
  5.4.6 维护保养子体系 …… 158
 5.5 中国定制木质家居产业标准体系表统计 …… 159
 5.6 中国定制木质家居产业急需的共性和关键技术标准名录 …… 161
 5.7 小结 …… 164

第6章 中国定制木质家居产业标准化发展的对策与建议 …… 165

 6.1 中国定制木质家居产业标准化的重点领域 …… 165
  6.1.1 加强全屋定制总体要求标准化工作 …… 165
  6.1.2 加强绿色发展领域的标准化工作 …… 165
  6.1.3 加强智能制造领域的标准化工作 …… 165
  6.1.4 加强产业服务领域的标准化工作 …… 166
 6.2 推进中国定制木质家居产业标准化发展的对策与建议 …… 166
  6.2.1 构建政府主导和市场自主相结合的产业标准体系 …… 166
  6.2.2 加强产业基础共性、关键技术标准制修订 …… 167
  6.2.3 建立高效的产业标准化协调机制 …… 168
  6.2.4 加大产业科技成果向标准转化 …… 168
  6.2.5 加强产业标准化宣传培训和标准化人才队伍建设 …… 168
 6.3 小结 …… 169

附录 …… 170

 附录一 中国定制木质家居产业相关政策文件 …… 170
 附录二 中国定制木质家居产业相关协会 …… 209
 附录三 中国定制木质家居产业相关标准化技术委员会 …… 212
 附录四 中国定制木质家居产业相关主要质检机构 …… 213
 附录五 中国定制木质家居产业相关展览会 …… 215
 附录六 中国定制木质家居产业相关上市公司 …… 216

参考文献 …… 220

第1章 绪 论

1.1 引 言

1.1.1 定制木质家居的基本概念

定制（customization）：为消费者提供量身制造的产品或服务。

大规模定制（mass customization）：满足客户对产品和服务的个性需求，使用信息技术、柔性加工和组织结构生产产品和服务的体系，其生产和服务成本接近于大批量生产的产品（Hart，1995；Kay，1993；Joneja & Lee，1998）；国内学者认为大规模定制是一种集企业、客户、供应商、员工和环境于一体，并充分利用企业已有的各种资源，在标准化技术、现代设计方法、信息技术和先进制造技术的支持下，根据客户的个性化需求，以大批量生产的低成本、高质量和高效率提供定制产品和服务的生产方式（祁国宁，等，2003）。

定制木质家居（customized wooden household）：根据消费者家居环境的空间、功能特性与美学和消费者的个性化需求，为其提供上门测量、专业设计、生产制造、物流运输、上门安装、验收和维护等一系列木质家居的产品和服务。

全屋定制家居（whole house customized household）：企业在大规模生产的基础上，根据消费者的需求，进行其专属家居产品的设计与制造，实现家居风格的统一（吴智慧，2017）。

1.1.2 定制木质家居产业范围界定

1.1.2.1 本书定制木质家居产业范围的界定

根据定制木质家居的定义"为客户（或消费者，下文同）提供上门测量、专业设计、生产制造、物流运输、上门安装、验收和维护等一系列木质家居的产品和服务"的核心要求，结合目前产业发展情况，本书对定制家居产业的主要产品确定为"定制衣柜、定制厨柜、木门、木地板、木墙板、木楼梯、木吊顶"等7大类产品。本书对这7类产品为主的定制木质家居产业标准体系构建进行研究。

1.1.2.2 定制木质家居分类

按照产品种类可分为：定制衣柜、定制厨柜、木门、木地板、木墙板、木楼梯、木吊顶等。

按照原辅材料种类可分为：板式定制（主要采用人造板类基材进行定制）、整木定制（主要采用实木类基材进行定制）、板木定制（采用人造板类、实木类、木基复合材料等材料进行定制）。

按照定制空间种类可分为：全屋定制（针对全屋居室空间内所有木质家居制品的定制）、局部空间定制（如卧室、书房、客厅、餐厅、儿童房、浴室等空间定制）以及单品定制（如定制衣柜、定制厨柜、定制木门等）。

1.1.3 研究背景

进入 21 世纪，工业革命正在深化，全球制造业面临转型升级，制造业的生产模式从纯手工生产、批量化生产、大规模生产，发展至大规模定制生产。大规模定制生产运用先进的信息技术、新材料技术、柔性制造技术等先进制造技术解决了大批量生产和个性化定制的矛盾（吴智慧，2016）。大规模定制是全球制造业转型升级的主要方向，广泛应用在计算机、汽车、机械、航空航天、家电等多个领域。例如："戴尔"计算机公司实施面向大规模定制的供应链管理系统，加强与供应商的有效合作，提高了生产效率，提升了核心竞争力；"通用""福特""尼桑"等汽车制造公司在大规模定制领域做了很多应用探索；"海尔"家电公司在早在 2000 年就推出家电定制服务，大大降低了产品库存。由于大规模定制等先进制造技术的发展和创新，大规模定制和个性化的接受度越来越高（Boer et al., 2018），应用领域越来越广泛，定制时代已经来临。

中国定制木质家居产业发展与中国房地产业发展和消费需求升级密切相关。20 世纪 90 年代中国商品房大量上市，以毛坯房为主，且房屋的各项尺寸是非标准化的，与可移动的成品家具不同，定制衣柜、定制厨柜、木门、木地板、木墙板、木吊顶等产品需要与家居环境中的地面、墙面、天花板及其他水、电、燃气管道等相互衔接，需要根据居室环境量身定制。在此背景下，大规模定制技术的引进解决了批量化生产与个性化定制的矛盾，同时，随着中国经济的发展和消费需求的升级，消费者对家居产品的个性化需求成为主流消费趋势，定制木质家居满足了当前消费者个性化、定制化、一站式购物的需求，符合当前大量的商品房、二次装修市场对于空间优化的严格要求，使定制木质家居产业迅速发展，受到产业界的广泛关注。

中国定制木质家居产业从木地板、木墙板、木吊顶等单品类定制起步，以定制衣柜、定制厨柜为定制典型代表，很多企业从单一品类定制拓展至定制衣柜、定制厨柜、木地板、木门、木墙板、木吊顶等多品类定制，并向全屋定制家居发展。2018 年个别龙头定制木质家居企业开始进军整体家装行业，推出整体家装平台，提供全屋设计、产品、施工等一体化服务，涵盖定制及非定制类的产品和服务。在早期的单品定制阶段，兴起于欧美的定制厨柜于 20 世纪 80 年代末进入中国，以"欧派""德宝西克曼"等品牌为典型企业代表（郭琼，等，2017）；定制衣柜于 20 世纪 90 年代末进入中国，以"索菲亚""卡诺亚"等品牌为典型企业代表；2005 年后，中国木质定制家居产业进入多品类定制阶段，定制木质家居企业利用互联网、信息化管理等技术，实现供应链协同生产，拓展产品供给范围。例如，"欧派"最初以厨柜业务为主，2005 年增加定制衣柜业务，2010 年增加木门业务；"索菲亚"最初以衣柜业务为主，2014 年增加厨柜业务，2017 年增加木门业务；"金牌厨柜"最初以厨柜业务为主，2016 年增加定制衣柜业务，2018 年增加木门业务；"圣象""大自然"等木地板企业布局大家居业务，增加木门、衣柜、厨柜等产品；同时，大量跨界做定制家居的企业涌现，包括成品家具企业、木材加工、家装、卖场、互联网、软件等领域的知名企业。2017 年"欧派""尚品宅配"

"金牌""志邦""皮阿诺""我乐"等多个定制木质家居品牌企业集中上市,龙头企业的发展增速超过30%。随着资本的介入,行业竞争激烈,优胜劣汰加剧,行业资源向优势企业集中,一批不能适应行业发展的企业相继倒闭。2018年以后中国定制木质家居产业发展增速减缓,龙头企业发展增速从30%~50%回落至20%~30%。

定制木质家居产品是与消费者生活息息相关的重要消费品。根据原国家林业局统计数据以及中国林产工业协会、中国建筑装饰材料行业协会等行业不完全统计数据,2018年中国定制木质家居产业(包含定制衣柜、定制厨柜、木门、木地板、木墙板、木吊顶、木楼梯等产业)产值约5340亿元,相关企业数量超过15000家。当前定制木质家居产业面临的主要问题之一是产业标准体系滞后于消费提质升级的需要,尽管拥有一定数量的标准,但标准体系不健全,产业发展相关的环境保护、绿色发展、信息化和智能制造、产业链综合、安装验收等领域的重要标准缺失,无法满足定制木质家居产业生产和服务的需求。

为适应新时代消费升级和产业发展需求,国家高度重视消费品质量和标准体系建设工作,先后发布了3个重要文件,旨在推动消费品质量和标准升级,扩大消费品市场,满足消费需求。

2016年国务院办公厅发布的《消费品标准和质量提升规划(2016—2020年)》明确指出:"优化标准供给结构。增加高水平、高质量、有特色的标准供给,服务消费新热点、新模式发展,满足消费结构升级的需求",要求"发展个性定制标准。紧盯消费品市场细分的发展趋势,从提高产品功效、性能、适用性、可靠性和外观设计水平入手,结合消费品生产、制造的模块化与集成化特征,开展个性定制消费品标准体系建设,制定引领个性设计、规模定制、组合组装等消费品发展的通用标准,满足多样化、多层次、个性化消费需求""健全智能消费品标准。开展智能家电、智能照明电器等标准体系建设,加快智能终端产品的安全性、可靠性、功能性等标准研制。开展家具、服装等传统消费品智能化升级的综合标准化工作。在可穿戴产品、智能家居、数字家庭等新兴消费品领域,引领标准制定""完善售后服务标准。研制消费品安装调试、维修检测、二手交易、回收再利用等服务标准。加强检验检测、售后服务等标准化公共服务,探索消费品远程跟踪、即时技术支持服务,推进消费品售后服务标准化、专业化,向价值链高端延伸,扩大优质服务供给"。而在该规划的重点领域明确加强"家居装饰装修产品"标准化工作,其中明确要求应"围绕居民提高生活水平、改善家居环境的消费需求,促进家居装饰装修健康化、集成化发展。针对家具、照明电器、厨卫五金、涂料、卫生陶瓷、壁纸、地毯等家居装饰装修产品,加快构建强制性国家标准体系,严格有毒有害物质、挥发性有机物限量要求,健全配套检测方法、检测设备、检测能力。开展家居装饰装修综合标准化工作,鼓励有条件的企业发挥技术、资金、品牌等优势,延伸服务链条,由单一产品生产制造向"产品+产品""产品+服务"转变,建设家居装饰装修标准综合体,支撑企业提供家居装饰装修整体解决方案,满足消费者需求"。

2018年9月中共中央、国务院印发了《关于完善促进消费体制机制,进一步激发居民消费潜力的若干意见》并明确提出:"要健全质量标准和信用体系,营造安全放心消费环境""包括强化产品和服务标准体系建设,在产品标准方面大力实施标准化战略,建立政府主导制定标准与市场主体自主制定标准协同发展、协调配套的新型标准体系"

"优化质量标准满足消费结构升级需求方面,围绕消费需求旺盛、与群众日常生活息息相关的新型消费品领域,构建新型消费品标准体系,以标准实施促进质量提升,开展个性定制消费品标准化工作,完善绿色产品标准体系"。

2018年10月国务院办公厅印发《完善促进消费体制机制实施方案(2018—2020年)》,进一步激发居民消费潜力,强调要积极培育重点消费领域细分市场,进一步激发居民消费潜力。该实施方案强调"加快推进重点领域产品和服务标准建设。主要包括将内外销产品'同线同标同质'工程实施范围逐步由食品农产品领域向消费品等其他领域拓展,加强消费产品和服务标准制定等政策措施",其中"(十四)加强消费产品和服务标准制定。积极开展质量提升行动,加强质量基础设施建设与应用,开展国家质量基础设施协同服务及应用。开展新业态、新消费以及服务消费质量监测专项行动,瞄准智能产品、重点服务消费等领域,综合采取风险监测、质量分析、标准领航等措施提升质量水平。修订提高生鲜乳、灭菌乳等国家标准,建立全过程质量追溯体系。积极开展体育、旅游、家政、养老等服务消费领域和以信息技术为支撑的消费新业态新模式的国家标准制定工作,选择部分服务业探索开展服务标准准入制试点。开展健康、教育、体育、金融、电商等领域服务认证。完善绿色产品标准体系,重点加快制修订能源、涉挥发性有机物等产品相关标准,抓好标准实施"。

定制木质家居产品已被列入《消费品标准和质量提升规划(2016—2020年)》重点领域"家居装饰装修产品"。为落实《消费品标准和质量提升规划(2016—2020年)》等文件"开展个性定制消费品标准体系建设"的要求,推动定制家居产业升级和健全定制木质家居产业标准体系,本书将开展中国定制木质家居产业标准体系构建研究,研究中国定制木质家居产业发展现状,分析国内外定制木质家居产业标准体系现状,借鉴国外先进标准,构建中国定制木质家居产业标准体系,提出中国定制木质家居标准体系框架,编制标准体系明细表,提出定制木质家居产业发展急需的共性和关键技术标准,提出中国定制木质家居产业标准化发展对策建议,规范指导定制木质家居产业的生产和服务,为定制木质家居产业转型升级和竞争力提升提供支撑,进而推动定制木质家居产业的高质量发展。

1.1.4 研究意义

构建中国定制木质家居产业标准体系是定制木质家居产业发展的重要基础工作,是产业标准化的顶层设计,具有重要意义。

1. 构建定制木质家居产业标准体系是开展定制木质家居产业标准化工作的重要基础,为政府制定产业标准化发展规划奠定基础

分析总结国内外定制木质家居产业标准发展特征,结合中国定制家居产业发展需求,以国际先进标准为参照,建设科学合理的定制木质家居产业标准体系,构建中国定制木质家居产业标准体系框架,编制标准体系明细表,规划需制定和应贯彻实施的标准项目,确定产业发展急需的共性和关键技术标准名录,提出中国定制木质家居产业标准化工作对策建议,为中国定制木质家居产业标准的制定和实施工作提供有效指导,为国家林业和草原局、国家标准化管理委员会制定林产工业标准化发展规划提供参考。

2. 构建定制木质家居产业标准体系是中国定制木质家居产业高质量发展的需要

标准对经济社会发展具有基础性、战略性和引领性作用。2018年中共中央经济工作会议将推动制造业高质量发展作为首要任务。生产高质量产品、使用高质量标准、实施高质量管理、提供高质量服务等是高质量发展中国定制木质家居产业的重要途径，定制木质家居产业的高质量发展需要完善的标准体系支撑。当前在部分定制木质家居企业提供的定制服务中，出现家居整体风格不统一、实际效果与设计方案不一致、售后服务流程繁琐、室内残留气味等消费纠纷问题无法解决，主要由于缺乏相关的定制产品和服务标准，因此急需加强相关标准的规范和指导。行业应构建满足产业高质量发展需求的标准体系，给出定制木质家居产业标准研制工作的重点控制和约束的脉络关系，制定服务高质量发展的定制木质家居产品、服务、管理等标准，发挥标准的引领作用，以高标准推动中国定制木质家居产业高质量发展。

3. 构建定制木质家居产业标准体系对推动消费升级具有重要意义

为满足消费升级的需求，加快推动个性定制化产品、绿色产品、智能产品、售后服务、物流配送等新兴产品和新兴业态发展，构建定制木质家居产业的标准体系已成为各级政府的重要工作。为满足产业标准化发展的需要，本书总结分析定制衣柜、定制厨柜、木地板、木门等单项产品标准、方法标准特征，分析定制家居全产业链标准需求，构建定制木质家居产业标准体系，加强定制木质家居产品、售后服务、物流运输等领域的标准化工作，对推动消费升级具有重要意义。

1.1.5 国内外研究进展

1.1.5.1 国内外定制木质家居产业研究进展

1. 大规模定制基础研究

大规模定制拉动了定制木质家居产业的快速发展，大规模定制最早是由美国未来学家阿尔文·托夫（Alvin Toffler）在1970年提出，1993年约瑟夫·派恩（B. Joseph Pine）对大规模定制的内涵进行了较为完整的论述（Pine，1993）。相对广义的大规模定制概念是指通过高度的流程敏捷性、柔性加工和集成为每个客户提供单独设计的产品和服务的能力（Davis，1989；Pine，1993；Hart，1995）；相对狭义但实用的大规模定制概念是指使用信息技术、柔性加工和组织结构来生产满足客户特定需求的产品和服务体系，其成本接近于大批量生产的产品（Hart，1995；Kay，1993；Joneja & Lee，1998）。

国内外学者对大规模定制的内涵、体系和应用等开展了大量研究。敏捷制造技术和信息技术的提高，多样化、定制化的消费需求的增加，产品生命周期的缩短和工业竞争的扩大为大规模定制系统的开发创造了条件（Hart，1995；Kotha，1995；Åhlström & Westbrook，1999；Pine，1993）。中国学者研究了大规模定制生产模式、结构及在中国的应用探索等（邵晓峰，等，2001；周晓东，等，2003）。国外学者详细分析了大规模定制的推动者及其对生产系统开发的影响（Silveira et al.，2001）。大规模定制系统成功应用的因素主要包括：①满足消费者对创新和定制化产品不断增长的需求（Pine et al.，1993；Kotha，1996；Gilmore & Pine，1997），相比于传统大规模生产模式，大规模定制生产由客户需求拉动生产（邵晓峰，等，2001）；②具备恰当的市场条件，满足市场发展时机（Kotha，1995）；③大规模定制是基于价值链的概念，制造商、零售商、供应商等价值链实体应该形成有效的信息网络协同发展（Feitzinger & Lee, 1997; Kotha, 1996b; Haglind & Helander, 1999），整个价值链的快速响应，可以有效缩短生产和服务周期，为消费者提供需要的产品和服务（吕巍，等，2002）；④先进制造技术（AMTs）是实现大规模定制系统开发的基础（Pine et al., 1993; Lau, 1995; Kotha, 1996b; Hirsch et al., 1998; Kanchanasevee et al., 1997），如：计算机数控（CNC）、柔性制造系统（FMS）和通信和网络技术等（Hirsch et al., 1998; Kanchanasevee et al., 1999; King, 1998; Adamides, 1996; Owen & Kruse, 1997），以及供应链管理（Eastwood, 1996; Gooley, 1998; Feng & George, 2017）、客户驱动的设计和制造（Davis, 1989; Kotha, 1995; Spira, 1996）和精益制造等技术。此外，信息的质量（Turowski, 1999）和知识的配置（Felfernig et al., 2014; Shafiee et al., 2016; Stumptner, 1997）对大规模定制也非常重要；⑤成功的大规模定制产品需要满足模块化、通用性和不断更新特征，模块化设计、标准化和通用化是大规模定制的基础（邵晓峰，等，2000），通过模块化设计（Feitzinger & Lee, 1997）使产品的制造更简单、成本更低，并且效率更高；⑥实施大规模定制需要具备将消费者需求转化为新产品和服务的能力，因此企业应具备随着制造业的发展而发展动态网络（Pine et al., 1993）、工程专业知识（Kotha, 1996），以及内部新产品和工艺技术的开发能力（Kotha, 1995）。近年来研究者更加重视对消费者的需求分析和研究，关注大规模定制与消费者选购喜好的关系（Cil & Pangburn, 2017）；提高消费者的参与度，通过开发在线销售配置器（SCS）使消费者能够在线自定制产品的解决方案（Sandrin et al., 2017）；探索提升大规模定制的客户服务体验的方式（Levesque & Boeck, 2017）等。

随着技术进步和创新发展，大规模定制和个性化越来越被消费者认可（Boer et al., 2018）。在北美、欧洲以及新加坡、香港等劳动力和土地成本比较高的国家或地区，很多研究开始集中于大规模定制、精益制造、战略供应链以及其他维持或提高制造业竞争力的策略（Jiao et al., 2017）。在日益激烈的全球竞争环境中，如大规模定制等新的生产模式可以增加企业的灵活性，硬阔叶木生产商可以通过对供应链进行配置，以快速响应不断变化的消费者需求（Nicholls & Bumgardner, 2018）。有学者为我国家具行业实施先进制造技术（AMT）提供多个案例分析方法（Yu et al., 2011），综合分析了智能制造对中国家具行业：包括产品结构、销售、服务和企业间的竞争等的影响，提出家具行业智能制造的发展方向为中国定制家具行业的发展和转型提供了新思路，并对未来家具行业的数字化制造提出了启示（Xiong et al., 2018）。在全球范围内，大规模定制、先进制造系统在制造业的应用较多，最先应用于汽车、机械等行业，逐渐拓展到家电、纺织、家居和家具等多个领域。例如，在美国家具行业，大规模定制和绿色环保家具为家具制造商带来优势（Buehlmann, 2009）而美国消费者在购买家具时也偏爱定制家具产品（Lihra et al., 2012）。此外，大规模定制技术在建筑行业的应用增多，有学者提出基于大规模定制的创新建筑系统（Paoletti, 2018）。

2. 定制木质家居产业发展研究

定制家居产业发展研究，一方面主要集中于对单一的定制木质家居产品发展情况的研究。有学者介绍了中国定制厨柜发展现状与发展趋势（张绍明和刘佳，2007）；归纳分析中国整体衣柜、定制衣柜行业发展中存在的问题及未来发展趋势（张继娟，2012;

陈怡，2014）；中国林产工业协会地板专业委员会 2018 年发布了《中国地板产业研究报告》，详细研究了中国地板产业发展现状、进出口贸易情况及未来发展趋势等问题；有学者分析了中国木地板产业行业现状及面临前所未有的挑战（钱小瑜，2012），阐述了在高质量发展背景下，我国地板产业应积极利用拥抱新零售、对接"一带一路"倡议等发展策略突破发展困局（唐召群，等，2019）；阐述中国木门产业现状，从我国木门产业的整体情况、主导产品、设计、设备等方面分析我国木门产业现状及趋势（许方荣，2011；钱小瑜，2013；吕斌，2017；张占宽，2019）；分析了整木定制家居中木质护墙板的设计、生产、安装工艺等问题（吴鲁敬，等，2017）；分析了大规模定制家具产业发展现状及技术体系（熊先青和吴智慧，2013；崔晓磊，等，2014），中国定制家居行业发展现状及趋势（刘晓红，2017）。

另一方面，定制家居产业发展研究主要集中在定制木质家居产业大规模定制理论和应用技术研究。例如，家具企业如何实现大规模定制（杨文嘉和胡剑虹，2011），如何进行家具定制优化设计研究（岳琪和刘婉莹，2016），探索了实木家具大规模定制的分类方法（唐志宏和刘盛全，2017），分析了定制家具生产过程中存在的诸多问题，探讨了定制家具的设计、制造和安装流程，提出提高定制家具生产效率和原材料利用率的措施（戴向东，等，2016）；从定制衣柜的功能出发，开展基于大批量生产的定制衣柜模块化研究（孙克亮，2011），研究了基于 2020 软件的大规模定制衣柜信息交互技术（郭伟娟，等，2018）；部分研究者基于大规模定制生产工艺，研究定制橱柜（彭金旺，等，2019；龙天南，等，2019）、木楼梯（袁莹莹，等，2019）、浴室柜（李汉文，2019）、木质柜（龚瑶，等，2019）等产品的设计和开发；开展了大规模定制在家具生产中的物料管理、信息采集和处理，客户关系管理构建与应用，快速响应机制及管件技术、MES 系统关键技术、ERP 系统构建、柔性先进制造系统（FMS）的研究等（熊先青，等 2015；2016；2018；2019a；2019b），采用 Flexsim 仿真软件对定制家具自动分拣系统进行仿真分析（毕海波，2016），使用节点法总结分析大规模定制家具的消费者在重要消费节点的服务需求（杨东芳，2016），研究了板式定制家居智能分拣系统（刘慧，等，2019），定制家具生产过程中机器人的应用（李荣荣，等，2018）等；阐述了"工业 4.0"时代，中国家居产业依托定制模式探索"制造业＋互联网"转型思路（吴智慧，2016），提出定制家居产业链协同发展模式、分析了家具产业智能制造的现状及发展趋势（熊先青，等，2018b；熊先青和吴智慧，2018）；分析对比了 3D 打印服务设计方案在定制化产品中的应用（王珂和刘扬，2019）；基于制造执行系统（MES）的生产计划调度设计，来提高的生产计划调度的灵活性和效率（韩静和吴智慧，2019）。

2010 年开始，国家先后支持了 3 项重要的木质家居产业定制技术研究项目，对中国定制家居大规模定制技术发展发挥了重要的推动作用。2010 年由国家木竹产业技术创新联盟组织，中国林科院木材工业研究所、北京林业大学、南京林业大学、东北林业大学、浙江农林大学等多家科研院所、高校以及"金牌厨柜"企业等多家单位承担的国家高新技术研究发展计划（"863"计划）重点项目"木竹制品模数化定制敏捷制造技术"研究，构建了木竹制品规模化定制敏捷制造技术平台，推动了定制厨柜的柔性化生产技术发展，成为国内外木竹产业适应个性化定制新型消费模式的成功范例；2015 年南京林业大学与浙江升华云峰新材股份有限公司共同承担了浙江省两化深度融合计划项目"大规模定制整体衣柜智能制造管理系统",构建了整体定制衣柜智能化加工技术架构(数字化制造技术);2018年南京林业大学、中国林科院木材工业研究所、北京林业大学等及浙江升华云峰新材股份有限公司等单位承担的"十三五"国家重点研发专项计划"木质家居产品柔性制造技术"课题启动,重点开展"木质家居产品柔性制造技术""定制家居产品标准模块成组技术""定制家居产品数字化制造技术实施方案""定制家居产品智能制造信息集成与管控技术""定制家居产品自动识别与智能分拣技术"等研究,旨在推动定制木质家居产业智能制造转型升级。上述科研项目研究为定制木质家居产业的发展奠定了重要的技术基础。此外,"索菲亚""欧派"等定制家居企业引进并研发了大规模定制技术,推动了企业的技术进步。

1.1.5.2 国内外定制木质家居产业标准体系研究进展

1. 国际及世界发达国家定制木质家居产业标准体系研究

调查发现,世界发达国家高度重视定制木质家居产业标准化工作,产品标准和方法标准相对较多,但产业标准体系研究很少。

通过查询全国标准信息服务平台以及国际和世界发达国家标准机构网站发现,截至2019年2月底,共颁布定制木质家居相关标准372项,其中欧洲标准化委员会(CEN)所占比例最大,占标准总数的25.5%,其次是国际标准化组织(ISO),占标准总数的18.8%;其余为日本工业标准化委员会(JIS)、英国标准化学会(BS)、德国标准化委员会(DIN)、法国标准化协会(NF)。

世界主要发达国家在定制木质家居相关联的大规模定制技术、制造业转型升级领域均提出了制造升级的发展战略规划,如2009年美国提出"再工业化"计划,2013年法国提出"新工业法国",2014年英国提出"高价值制造"战略,2015年日本提出"新机器人战略"计划,其中均涉及信息化和智能制造标准的制定与推广实施内容。2013年德国提出《德国工业4.0战略计划实施建议》,为此,德国标准化委员会(DIN)发布了"工业4.0标准化路线图",通过发挥标准体系和标准化的重要作用,推动"工业4.0"进程。

2. 中国定制木质家居产业标准体系研究

中国高度重视标准体系的研究。为推动产业发展,推进国家治理体系和治理能力现代化,中国先后发布了《中国制造2025》、国家生态文明建设、林业发展等的国家标准体系建设文件,有效支撑和推动政府的重要工作。例如,2016年,为落实国家《中国制造2025》战略部署,全面推行绿色制造,加快实施绿色制造工程,工业和信息化部、国家标准化管理委员会共同组织制定了《绿色制造标准体系建设指南》,指导绿色制造标准化工作;2018年,为推进《中国制造2025》战略规划,加快推进智能制造发展,指导智能制造标准化工作的开展,工业和信息化部、国家标准化管理委员会共同组织制定了《智能制造标准体系建设指南》(2018年版),为各个行业智能制造标准体系建设提供指导;2015年以来,工信部先后组织制定了化工、机械、轻工、兵工民品、电子、通信等19个行业和节能综合利用等4个综合性领域的技术标准体系建设方案并实施,同时陆续印发了智慧家庭、机器人、无人机、锂离子电池、太阳能光伏、云计算、移动互联网等领域的综合标准化技术体系或建设指南;2018年,为深入贯彻党中央、国务院关于加快推进生态文明建设的总体部署,坚决打好污染防治攻坚战,建立和完善生态文明建设标准体系，国家标准委组织编制了《生态文明建设标准体系发展行动指南（2018—2020年）》；2017年10月，国家林业局组织专家深入研究并发布了第一个《林业标准体系》。

通过查询全国标准信息服务平台，截至2019年12月底中国已经颁布实施的定制木质家居相关标准301项，包括国家标准112项，行业标准106项，地方标准53项，团体标准30项，涵盖定制衣柜、定制厨柜、木地板、木门等产品品类，涉及到定制木质家居领域的基础和综合标准，测量与设计、生产制造、物流运输、安装与验收相关标准。其中，单一产品标准较多，与全屋定制总体要求相关的整体性、综合性标准较少，新产品、绿色环保、智能制造、测量与设计、物流运输等基础共性和关键技术标准较少，难以满足产业发展需要。

目前木质家居产业标准体系的研究对象目前主要集中在木门、木地板、木墙板、木制品、定制家具、人造板等领域的标准化及标准体系构建。国内学者分析了定制家具行业现状及标准化研究（许俊，等，2017），木门窗（张冉，2014）、木地板（付跃进，等，2011；王瑞，等，2018）、木质墙板（金枝，等，2018）、木制品（张玉萍，2012）标准体系，定制木质家居原材料，包括木材（虞华强，等，2010）、人造板（彭立民，等，2011）、室外人造板（付跃进，等，2011）、结构材（周海宾，等，2012）、竹子（侯新毅，2010）以及低碳木材工业（楚杰，2014）、林产工业循环经济（张冉，2017）等相关领域标准体系的研究。但对整个定制木质家居产业标准体系研究未见报道。

1.1.6 研究发展趋势

通过对国内外有关定制木质家居产业标准体系研究的文献分析发现，当前国内定制木质家居产业标准体系缺失，单一产品标准较多，产业基础共性和关键技术重要标准缺失，难以满足产业发展需要。为解决产业发展的重要标准缺失、部分标准交叉重复、标准标龄过长等问题，急需开展定制木家居产业标准体系构建研究，加快产业急需标准的制修订，规范和指导定制木质家居产业标准化工作，为产业定制木质家居产业转型升级提供支撑，进而推动定制木质家居产业高质量发展。

1.2 研究内容和研究方法

1.2.1 研究内容

本书围绕中国定制木质家居产业标准体系构建，主要研究内容如下。

1. 中国定制木质家居产业标准体系的理论和构建方法

主要介绍标准体系基础知识、标准化系统工程理论以及定制木质家居产业标准体系构建方法，为定制木质家居产业标准体系构建提供理论和方法论支持。

2. 中国定制木质家居产业发展基本现状研究

以分析定制木质家居产业标准体系系统环境的产业发展现状为目标，主要开展中国定制木质家居产业发展基本现状研究，分析定制木质家居产业发展的原辅材料概况、产品概况、技术现状、产业特征和趋势等情况，为构建产业发展标准体系奠定产业发展基础。

3. 国内外定制木质家居产业标准体系现状分析

以分析定制木质家居产业标准体系系统环境的标准体系现状为目标，收集、整理国内外定制木质家居产业相关标准，分析国内外定制木质家居产业标准体系特征，进行国内外标准分析对比，为构建中国定制木质家居标准体系提供借鉴和启示，为标准体系构建确定既有标准和规划新标准提供基础。

4. 中国定制木质家居产业标准体系构建研究

以标准化系统工程理论为基础，根据标准体系构建方法，参考国际和国外先进标准，结合定制木质家居产业标准体系构建目标和系统环境分析结果，构建中国定制木质家居产业标准体系框架，编制标准明细表，提出产业发展急需制定的共性和关键技术标准名录。

5. 中国定制木质家居产业标准化发展对策建议研究

分析中国定制木质家居产业标准化存在的主要问题以及定制木质家居产业标准化重点领域，提出中国定制木质家居产业标准化发展的对策建议。

1.2.2　研究方法

1.2.2.1　理论和实地调查相结合的研究方法

（1）理论研究：学习产业发展、标准化、标准体系及其构建的基础理论和专业知识，搜集整理相关定制家居产业的文献资料，掌握标准化和标准体系理论，为研究中国定制木质家居产业标准体系奠定理论基础。

（2）实地调查研究：①搜集整理各级政府部门、科研院所、学术团体、企业、媒体等公开发布的定制木质家居产业相关信息，获得产业研究数据；②赴"索菲亚""欧派""大自然家居""圣象"等国内多家主要定制家居企业进行实地调研，了解这些企业的发展、企业标准化以及对定制家居产业发展和标准化工作的建议。

1.2.2.2　对比分析法

采用对比分析法，对国内外定制木质家居产业相关标准进行统计和对比分析，获得国内外定制家居产业标准体系特征，为中国定制木质家居标准体系构建提供借鉴和启示。

1.2.2.3　标准化系统工程法

采用标准化系统工程理论和标准体系构建方法，分析定制木质家居产业标准体系构建目标、系统环境，分析标准体系结构，构建中国定制木质家居产业标准体系。

1.3　研究技术路线

本书采用理论与实地调查相结合的方法，收集中国定制木质家居产业发展研究、标准体系构建研究的基础资料。分析中国定制木质家居产业标准体系构建理论及方法，确定标准体系构建目标，分析标准体系构建系统环境，包括定制木质家居产业发展和国内外标准体系现状，结合定制木质家居产业发展需求，根据标准体系构建的理论和方法，构建中国定制木质家居标准体系框架，编制中国定制木质家居标准体系明细表，确定产业发展急需的基础共性和关键技术标准,提出中国定制木质家居标准化发展对策建议,其主要技术路线如图 1-1 所示。

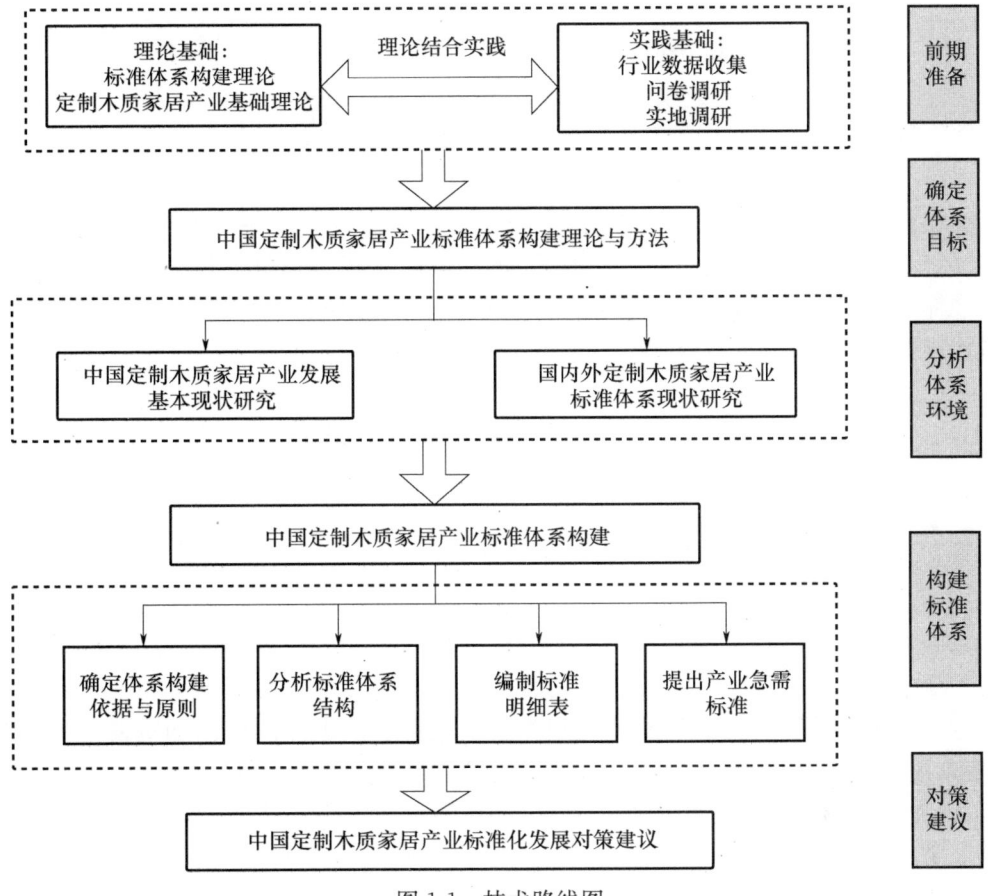

图 1-1 技术路线图

Fig. 1-1 The main route

第2章 定制木质家居产业标准体系的理论和构建方法

构建标准体系是标准化的重要基础工作，也是标准化的顶层设计工作。标准体系构建的关键科学问题是建立标准体系结构模型（或框架）、编制标准体系表。本章主要介绍标准体系基础理论和定制木质家居产业标准体系构建方法，为定制木质家居产业标准体系构建提供理论和方法论支持。

2.1 标准体系基础理论

2.1.1 标准化的基本概念

2.1.1.1 标准的定义

标准（standard）：根据GB/T 20000.1—2014《标准化工作指南 第1部分：标准化和相关活动的通用术语》中的定义，标准是通过标准化活动，按照规定的程序经协商一致制定，为各种活动或其结果提供规则、指南或特性，供共同使用和重复使用的文件（中华人民共和国国家质检总局，中国国家标准化管理委员会，2014）。

《世界贸易组织贸易技术壁垒协议》（英文简称《WTO/TBT》）中标准指经公认机构批准供通用或重复使用的、非强制执行的关于产品特性或相关工艺和生产方法的规则或指南，可包括有关专门术语、符号、包装、标志或标签要求。

《中华人民共和国标准化法（2017修订）》所称标准（含标准样品），是指农业、工业、服务业以及社会事业等领域需要统一的技术要求。

2.1.1.2 标准的类型

1. 按标准制定主体分类

根据《中华人民共和国标准化法（2017修订）》，按照标准制定主体划分，我国的标准包括国家标准、行业标准、地方标准和团体标准、企业标准。根据国务院印发的《深化标准化工作改革方案》（国发〔2015〕13号）指出，政府主导制定的标准由6类整合精简为4类，分别是强制性国家标准和推荐性国家标准、推荐性行业标准、推荐性地方标准；市场自主制定的标准分为团体标准和企业标准。政府主导制定的标准侧重于保基本，市场自主制定的标准侧重于提高竞争力。

（1）国家标准：

国家标准是指对在全国范围内需要统一的技术要求，由国务院标准化行政主管部门制定（编制计划、组织起草、统一审批、编号、发布）并在全国范围内实施的标准（代号为GB和GB/T）。国家标准在全国范围内适用，其他各级别标准不得与国家标准相抵触。截至2019年9月，我国备案的国家标准36877项。

(2) 行业标准：

行业标准是指由国家有关行业行政主管部门公开发布的标准。行业标准在全国某个行业范围内适用。如林业行业标准（代号LY）由国家林业和草原局批准发布，建材行业标准（代号为JC）、化工行业标准（代号为HG）由工业和信息化部批准发布。截至2019年9月，我国备案的行业标准62262项。

(3) 地方标准：

地方标准是指在某个省、自治区、直辖市范围内通过并公开发布的标准。根据《中华人民共和国标准化法（2017修订）》，地方标准由省、自治区、直辖市人民政府标准化行政主管部门制定；设区的市级人民政府标准化行政主管部门根据本行政区域的特殊需要，经所在省、自治区、直辖市人民政府标准化行政主管部门批准，可以制定本行政区域的地方标准。地方标准由省、自治区、直辖市人民政府标准化行政主管部门报国务院标准化行政主管部门备案，由国务院标准化行政主管部门通报国务院有关行政主管部门。

地方标准编号由地方标准代号、标准顺序号和发布年号组成。根据《地方标准管理办法》的规定，地方标准编号：DB××/××××－××××，如DB11/T 1241—2015《家具标识标注通则》，11代表北京的地方标准代码，1241为标准顺序号，2015为标准年代号。截至2019年9月，我国备案的地方标准37818项。

(4) 团体标准：

根据《中华人民共和国标准化法（2017修订）》规定，团体标准是指有关的学会、协会、商会、联合会、产业技术联盟等社会团体协调相关市场主体共同制定满足市场和创新需要，由本团体成员约定采用或者按照本团体的规定供社会自愿采用的标准。制定团体标准应当遵循开放、透明、公平的原则，保证各参与主体获取相关信息，反映各参与主体的共同需求，并应当组织对标准相关事项进行调查分析、实验、论证。国务院标准化行政主管部门会同国务院有关行政主管部门对团体标准的制定进行规范、引导和监督。截至2019年9月，我国备案的团体标准9790项。

(5) 企业标准：

企业标准是指由企业制定并由企业法人代表或其授权人批准、发布的标准。没有国家标准、行业标准和地方标准的产品，企业应当制定相应的企业标准，企业标准应报当地政府标准化行政主管部门和有关行政主管部门备案。企业标准在该企业内部适用。

根据《中华人民共和国标准化法（2017修订）》规定，国家实行团体标准、企业标准自我声明公开和监督制度。企业应当公开其执行的强制性标准、推荐性标准、团体标准或者企业标准的编号和名称；企业执行自行制定的企业标准的，还应当公开产品、服务的功能指标和产品的性能指标。国家鼓励团体标准、企业标准通过标准信息公共服务平台向社会公开。截至2019年9月，我国企业自我声明公开的标准有114万项。

2. 按标准约束力分类

按照标准实施效力，我国标准分为强制性标准和推荐性标准。

(1) 强制性标准：

根据《中华人民共和国标准化法（2017修订）》规定，对保障人身健康和生命财产安全、国家安全、生态环境安全以及满足经济社会管理基本需要的技术要求，应当制定强制性国家标准。强制性国家标准由国务院批准发布或者授权批准发布。法律、行政法规和国务院决定对强制性标准的制定另有规定的,从其规定。

(2)推荐性标准:

强制性标准以外的标准是推荐性标准。国家标准分为强制性标准、推荐性标准,行业标准、地方标准是推荐性标准。强制性标准必须执行,而国家鼓励采用推荐性标准。推荐性国家标准、行业标准、地方标准、团体标准、企业标准的技术要求不得低于强制性国家标准的相关技术要求。国家鼓励社会团体、企业制定高于推荐性标准相关技术要求的团体标准、企业标准。

3. 按标准化对象基本属性分类

按标准化对象的基本属性,标准分为技术标准和管理标准两大类。其中技术标准是指对标准化领域中需要协调统一的技术事项所制定的标准,分为基础标准、产品标准、方法标准、安全卫生与环境保护标准。管理标准是指对标准化领域中需要协调统一的管理事项所制定的标准,是管理机构为行使其管理职能而制定的具有特定管理功能的标准。

(1)基础标准:

基础标准是指在一定范围内作为其他标准的基础并具有广泛指导意义的标准。包括标准化工作导则,如 GB/T 20001.4—2015《标准编写规则 第4部分:试验方法标准》;通用技术语言标准;量和单位标准;数值与数据标准,如 GB/T 8170—2008《数值修约规则与极限数值的表示和判定》等。

(2)产品标准:

产品标准是指对产品结构、规格、质量和检验方法所做的技术规定。产品标准包括各种工业生产、农业生产以及信息产业和服务业提供的终端产品。产品标准内容主体包括适用性的要求,如术语、抽样、测试、包装和标签等方面的要求,工艺要求等。产品标准是产品生产、检验、验收、使用、维修和贸易洽谈的技术依据。

(3)方法标准:

方法标准是指以产品性能、质量方面的检测、试验方法为对象而制定的标准。其内容包括检测或试验的类别、检测规则、抽样、取样测定、操作、精度要求等方面的规定,还包括所用仪器、设备、检测和试验条件、方法、步骤、数据分析、结果计算、评定、合格标准、复验规则等。

(4)安全、卫生与环境保护标准:

安全、卫生与环境保护标准是以保护人和物的安全、保护人类的健康、保护环境为目的而制定的标准。这类标准一般都要强制贯彻执行的。

2.1.1.3 标准化的定义

标准化(standardization):根据 GB/T 20000.1—2014《标准化工作指南 第1部分:标准化和相关活动的通用术语》中的定义,标准化是为了在既定范围内获得最佳秩序,促进共同效益,对现实问题或潜在问题确立共同使用和重复使用的条款以及编制、发布和应用文件的活动,标准化活动确定的条款,可形成标准化文件,包括标准和其他标准化文件,标准化的主要效益在于为了产品、过程或服务的预期目的,并改进其适用性、促进贸易、交流及技术合作(中华人民共和国国家质检总局,中国国家标准化管理委员会,2014)。

2.1.2 标准化对产业发展的重要作用

2.1.2.1 加强定制木质家居标准化是推动定制木质家居产业健康发展的必然要求

发达的产业必须有高水平的标准对产业保驾护航。经过10多年的高速发展，定制木质家居产业规模不断壮大。大规模定制解决了大批量生产与个性化定制的矛盾，从而推动了定制木质家居产业的快速发展。大规模定制和规模化产业发展离不开标准化的规范和引领。加强定制木质家居标准化，实施上门测量标准化、定制设计标准化、生产制造标准化、物流运输标准化，以及安装、验收和售后标准化，实现定制木质家居生产和服务全产业链标准化，有效支撑大规模定制发展，对保证定制木质产品质量、实现企业安全生产、保护环境、推动绿色发展、提高生产效率，推动产业发展等方面具有重要作用。

2.1.2.2 加强定制木质家居标准化是提升定制木质家居产业竞争力的重要工作

基于对定制木质家居产业竞争力影响因素的研究分析发现，质量管理、品牌建设和行业标准化水平是影响产业竞争力的重要影响因素。在经济全球化以及国内市场竞争日趋激烈的背景下，标准化在国内经济活动和国际贸易、支撑产业发展、促进科技进步、促进产业升级和提升产业竞争力等领域发挥着重要作用。因此，加强定制木质家居产业标准化工作，构建科学合理的产业标准体系，加强急需的关键技术标准制定，强化产业标准实施，提升企业标准化水平和产业标准化水平，提高产品质量，对深入贯彻质量强国战略和标准化发展战略，推动产业高质量发展具有重要意义，也是提升定制木质家居产业竞争力的重要工作。

2.1.2.3 加强定制木质家居标准化是加速定制木质家居产业创新成果转化与推广的有效载体

标准化是创新扩散的平台（李春田，2014）。2010年以来，我国定制木质家居产业的科技创新活跃，发明专利和实用新型专利申请数量总体呈上升趋势，研发热点集中在开发功能型、智能化产品和推展新应用领域等方面。"技术专利化，专利标准化"，定制家居产业的新产品、新方法要市场化和推广，需要标准进行规范和引领。因此，标准化是产业创新成果转化与推广的有效载体，加强定制家居标准化工作，加大专利等创新成果向标准转化，可以有效推动创新成果的转化和新产品的推广，夯实创新发展的基础。

2.1.3 标准体系的定义和内涵

"标准体系是一定范围内所需标准按相关性分类的集合，包括现行标准和需要制定标准"（麦绿波，2010）。

根据GB/T 13016—2018《标准体系构建原则和要求》中的定义，标准体系是一定范围内的标准按其内在联系形成的科学的有机整体（中华人民共和国国家质检总局，中国国家标准化管理委员会，2018）。标准体系的基本构成元素是标准，核心内容主要包括建立标准体系结构（或框架）和编制标准体系表。标准体系既是标准化的重要基础工作，也是标准化的顶层设计工作（麦绿波，2011）。

标准体系内涵特征如下：①标准体系具有一定的适用范围；②标准体系中的标准服务于特定目标需求；③标准体系是标准集合，包含实物和虚物。其中实物对象是标准，在标准体系表中有标准发布编号、时间等信息；虚物对象是规划的对象，在标准体系表中无标准编号、发布时间等信息，但有拟编制或拟制定等信息；④标准体系范围内的所有标准是按照一定的属性进行分类（麦绿波，2010）。

2.1.4 标准体系的类型

麦绿波（2011）将标准体系分为创建型标准体系（A型）、提高型标准体系（B型）和完备型标准体系（C型）三类。

（1）创建型标准体系：

创建型标准体系又称A型标准体系，是针对首次构建标准体系的目标对象，为解决目标对象标准体系缺失问题而构建的标准体系。如第一次发布的国家智能制造标准体系、国家绿色制造标准体系等。

（2）提高型标准体系：

提高型标准体系又称B型标准体系，是在目标对象已经建立标准体系的基础上，通过对标准体系的再建，进一步完善原体系而构建的标准体系。

（3）完备型标准体系：

完备型标准体系又称C型标准体系，是对提高型标准体系的优化重构，为提升标准质量和水平，提高目标对象的国际竞争优势而构建的标准体系。

2.1.5 标准化系统工程理论

1979年钱学森首次提出"标准化是一门系统工程"。标准化系统工程理论是系统工程理论在标准化领域应用的理论结晶，可以有效解决复杂系统的标准化问题，是构建标准体系的理论基础。标准化系统工程理论是标准化学科发展到新阶段的产物，用系统工程理论的思想和观点，通过设计、组织、建立标准体系，推动国家治理体系和治理能力现代化。国内外学者就标准化系统工程的研究对象、特征、结构等进行了系统研究（张锡纯，1992；张淑贞，1997；刘文府，2011；李春田，2014）。

2.1.5.1 标准化系统工程的研究对象

标准化系统工程的研究对象分为直接研究对象和依存主体对象，如图2-1所示。其中直接研究对象又分为标准系统和标准化工作系统，二者的组合称为标准化系统，标准系统即为标准体系。标准化工作系统是制定和贯彻实施标准系统过程中的人员、物质条件和工作制度共同组成的社会组织系统。而依存主体对象是与标准化直接相关的环境系统，例如，行业的标准化系统的依存主体为行业，企业的标准化系统依存主体为企业。

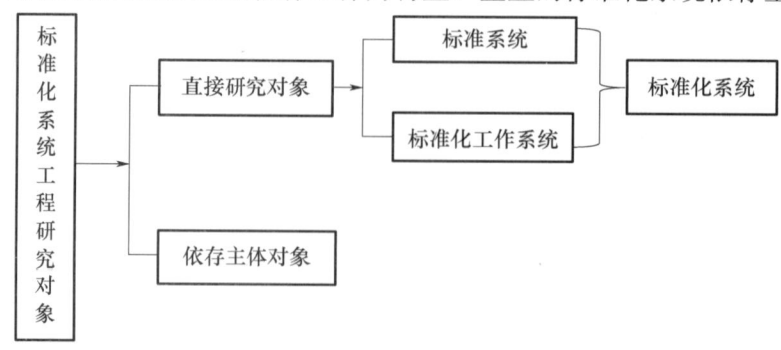

图 2-1　标准化系统工程的研究对象

Fig. 2-1　The research object of standardization system engineering

2.1.5.2 标准化系统

如图 2-1 所示,标准化系统的直接研究对象包括标准系统和标准工作系统。而标准系统服务于标准化的特性目标,具备目的性与整体性、联系性和协调性、动态性和实效性、法规性和灵活性、先进性与合理性等特征(张锡纯,1992)。

2.1.5.3 标准化系统工程的六维结构

将系统工程的方法论空间结构与标准属性空间结构相结合,构建标准化系统工程的六维结构,如图 2-2 所示(张淑贞,1997)。标准化系统工程的六维结构,分别为标准化系统工程的方法论空间的条件维、时间维、逻辑维 3 个维度和标准属性空间的性质维、对象维和级别维 3 个维度,这个六维结构已经成为标准体系构建的方法论基础。其中各维度的含义如下:

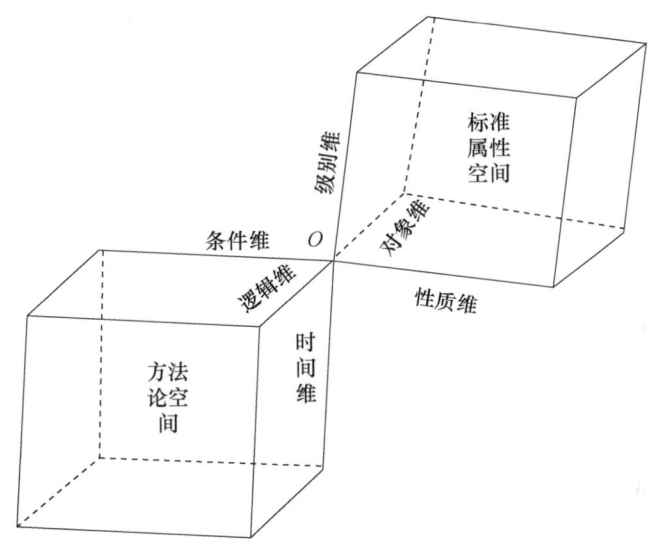

图 2-2 标准化系统工程的六维结构

Fig. 2-2 The six dimensional structure of standardization system engineering

(1) 级别维。是指标准的等级,共分 6 级:①企业标准;②团体标准;③地方标准;④行业标准;⑤国家标准;⑥国际标准。

(2) 对象维。是指标准的种类,例如产品标准、方法标准、基础标准、工作标准等。

(3) 性质维。是指技术标准、管理标准、经济标准等。

(4) 时间维。是指标准化系统工程从调研、规划到更新的顺序,共分 7 个阶段:①调研;②规划;③确定任务、对象;④拟订标准系统草案;⑤标准系统的审批与发布;⑥宣贯与执行;⑦修订与终止。

(5) 逻辑维。是指标准化系统工程各阶段要完成的工作步骤,共分 7 个步骤:①摆明问题;②标准系统指标设计;③标准化方案的综合;④标准化方案的分析;⑤方案优化;⑥决策;⑦实施计划。

(6) 条件维。是指完成标准化系统工程各阶段任务所必须保证的条件,共包括 7 个方面:①人才;②知识;③资金;④组织计划;⑤物资设备保障;⑥情报资料;⑦技术措施。

在六维结构中,标准化系统工程方法论空间的逻辑维、时间维是有方向性的,而标准属性空间的级别维、对象维和性质维是没有方向性的。系统工程方法论空间的三维结构,与标准属性的三维结构相结合,它们有共同的原点,可以绕 O 点自由转动,形成了标准化系统工程理论的六维结构模型,可根据标准化工作的不同需要,选择上述不同的三维结构进行标准化活动进行分析(张淑贞,1997)。

2.2 定制木质家居产业标准体系的构建方法

经过标准化学者的多年努力,应用标准化系统工程理论,研发了比较成熟的标准体系构建方法。结合 A 型、B 型、C 型 3 种标准体系构建的路线图(麦绿波,2011),本研究构建的中国定制木质家居产业标准体系属于新建的标准体系,又称 A 型标准体系,定制木质家居产业标准体系构建路线如图 2-3 所示,具体的构建标准体系流程为:明确标准体系的定义、属性和适用范围,明确标准体系的构建目标,分析标准体系系统环境,分析标准体系结构(即分析标准体系框架),编制标准体系明细表,提出急需制定的共性和关键技术标准。

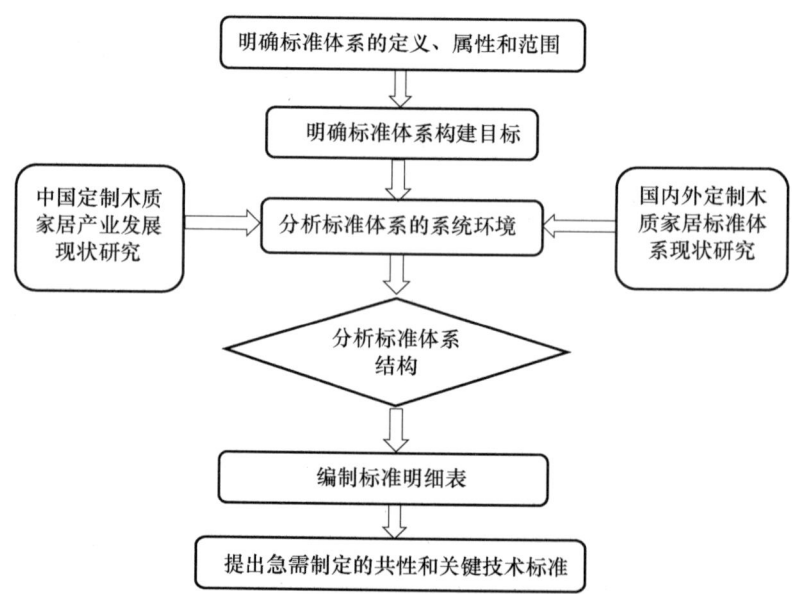

图 2-3 中国定制木质家居产业(A 型)标准体系构建路线图

Fig. 2-3 Steps of customized wooden household industry (Type A) standard system in China

2.2.1 定制木质家居产业标准体系的定义、属性和范围

中国定制木质家居标准体系是在中国定制木质家居产业范围内的标准并按照其内在联系形成的科学的有机整体,包括标准体系框架和标准体系表。标准体系表中的标准包括现行标准和规划标准两部分内容。构建定制木质家居产业标准体系是中国定制木质家居产业标准化活动的重要工作。

标准体系的六维属性空间,将标准体系属性分为层级属性、专业属性、用途属性、标准属性、组分属性、构建属性,这为构建标准体系确定标准体系属性提供理论指导。本研究构建的中国定制木质家居产业标准体系,其属性分别为:根据层级属性划分,属于行业标准体系;根据专业属性划分,属于定制木质家居产业标准体系;根据用途属性划分,属于制定型标准体系;根据标准属性划分,属于涉及技术标准、管理标准和服务标准等综合型标准体系;根据组分属性划分,属于纯标准型标准体系;根据构建属性划分,属于一次成形式标准体系(麦绿波,2013)。

根据定制木质家居产业定义及范围,本标准体系适用范围为定制木质家居产业测量与设计、生产制造、物流运输、安装与验收、维护保养等全产业链,主要涉及定制衣柜、定制厨柜、木门、木地板、木墙板、木楼梯、木吊顶等7大类产品以及定制家居产业生产制造的重要原辅材料、五金及其配件等。

2.2.2 定制木质家居产业标准体系的构建目标

2.2.2.1 定制木质家居全产业链标准化的需求分析

如图2-4所示,定制木质家居产业链涉及营销、生产、服务和管理工作,其中营销环节主要涉及营销宣传、用户沟通、订单确认等内容;生产环节主要涉及定制木质家居产品和部件的生产加工以及安全生产、清洁生产、节能减排、环保污染防治、智能制造等内容;服务环节主要涉及测量与设计、物流运输、安装验收、售后服务等内容;而管理环节主要涉及营销端管理、生产端管理、服务端管理及其他企业管理等内容。定制木质家居产业全产业链标准化涉及管理标准化、营销标准化、生产标准化和服务标准化工作。

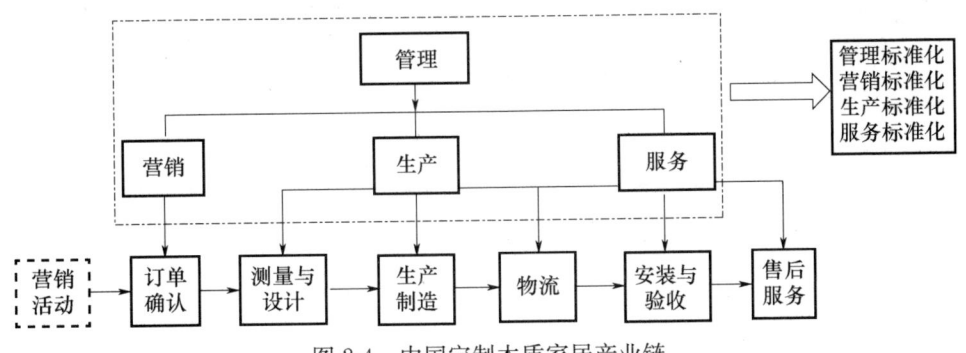

图2-4 中国定制木质家居产业链

Fig. 2-4 The industry chain of customized wooden household in China

1. 管理标准化

定制木质家居产业管理的标准化主要包括营销管理、生产管理、服务管理、企业管理、信息流管理等方面的标准化,如图2-5所示。定制木质家居产业产品和服务链较长,只有营销端、生产端、服务端的紧密互联,加强产业链内信息流的管理,才能为用户提供良好的产品和服务,因此管理的标准化对企业非常重要。根据对定制木质家居现行标准的研究发现,定制木质家居产业管理标准较少,需要加强对管理方面的标准规范。

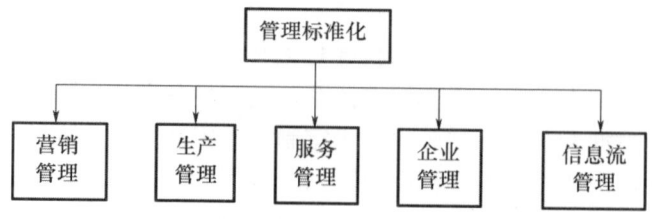

图 2-5 中国定制木质家居产业管理标准化

Fig. 2-5 The management standardization of customized wooden household industry in China

2. 营销标准化

定制木质家居营销宣传、用户沟通、订单确认等都属于营销行为，需要标准化管理，这部分主要为企业标准。其中确认订单环节需要签署合同，合同内容应符合《中国人民共和国合同法》等相关法律法规的要求。当前定制木质家居的合同并无统一的模板或要求，因合同不规范而引起的纠纷相对较多，因此定制木质家居企业应根据相关法律法规要求，规范和明确合同内容，包括：交易双方的权利和义务；计价和结算方式；安装验收流程、时间安排；原辅材料的品牌和型号；交货周期以及相应售后服务等。此外，还应有规范营销的企业营销标准化工作。

3. 生产标准化

定制木质家居产业生产标准化主要包括原辅材料采购、入厂检验、生产加工、产品出厂检验、产品质量控制等环节的标准规范以及生产加工环节需要重视的安全生产、清洁生产、智能制造等的要求和规范，如图 2-6 所示。根据对定制木质家居现行标准的研究发现：①当前产品、原辅材料标准较多，定制厨柜、木地板、木门、木楼梯等产品标准有多项国家标准、行业标准规范，而定制衣柜、木墙板、木吊顶等产品标准数量偏少，部分原辅材料和定制产品没有标准，对定制木质家居原材料入厂检验和质量控制、对定制家居产品出厂检验带来不便，对产业发展有影响；②定制家居生产工艺流程、自动加工、信息化等标准，多为企业标准；③定制木质家居行业现行的安全生产、清洁生产标准相对较少，现行标准多为人造板、家具、地板等的安全生产和清洁生产标准，如 GB 15606—2008《木工（材）车间安全生产通则》、GB/T 29903—2013《人造板工业清洁生产技术要求》、GB/T 29904—2013《人造板工业清洁生产评价指标体系》、AQ 4211—2010《家具制造业防尘防毒技术规范》，而定制木质家居产业安全生产（如防尘防爆等要求）、清洁生产（如工业废弃物处理、绿色工厂建设）要求急需专项标准规范；④定制木质家居产业现行的智能制造标准，多为在研标准，且以基础共性标准为主，如《智能工厂建设导则 第 1 部分：物理工厂智能化系统》（项目号：20173804—T—339）、《智能工厂 安全控制要求》（项目号：20173982—T—604）等，定制木质家居产业智能制造应用专项标准缺乏。

4. 服务标准化

定制木质家居产业服务的标准化主要包括测量、设计、运输、安装、验收和售后等环节的标准化，如图 2-7 所示。根据对定制木质家居现行标准的研究发现：①定制木质家居的测量一般包括量尺和复尺，需要对房间主要尺寸、水电管线、门窗等尺寸和位置尺寸进行测量，因测量不准确或遗漏关键尺寸没有测量，可能导致设计图纸不准确，影响产品的生产、安装。目前定制木质家居产业的测量要求多以企业规范为主，缺乏标准规范；②定制木质家居的设计主要包括家居整体设计要求和产品设计要求，现行设计标准较少，主要为单品设计要求，如 GB/T 26694—2011《家具绿色设计评价规范》以及在研标准 20172544—T—607《定制家具 通用设计规范》，对于定制木质家居多品类产品设计时如何相互衔接，与室内水、电、暖、燃气等如何衔接等缺乏标准规范；③定制木质家居包装环节缺乏相应的标准规范，由于很多定制木质家居产品先加工为部件，成批的部件经包装后运输至用户家中组装成成品，因此包装环节是否妥当、有无遗漏零部件等会直接影响成品质量，需要加强标准规范；定制木质家居的运输多采用第三方物流配送，物流的信息化管理、物流配送人员的专业性等缺乏标准规范；④定制木质家居的安装与验收标准主要以单品安装验收为主，如 GB/T 20238—2018《木质地板铺装、验收和使用规范》、LY/T 2387—2014《室内木质门安装与验收规范》、GB/T 18884.4—2015《家用厨房设备 第 4 部分：设计与安装》等，其中木墙板等安装验收标准较少。且定制木质家居整体安装与验收标准较少，无法对家居整体安装与验收效果进行有效规范；⑤定制木质家居的售后服务标准主要以单品标准为主，如 SB/T 11013—2013《整体橱柜售后服务规范》、SB/T 10990—2013《家具售后服务规范》，对于定制木质家居整体售后服务内容、保修期限、退换货要求等缺乏国家标准或行业标准规范。

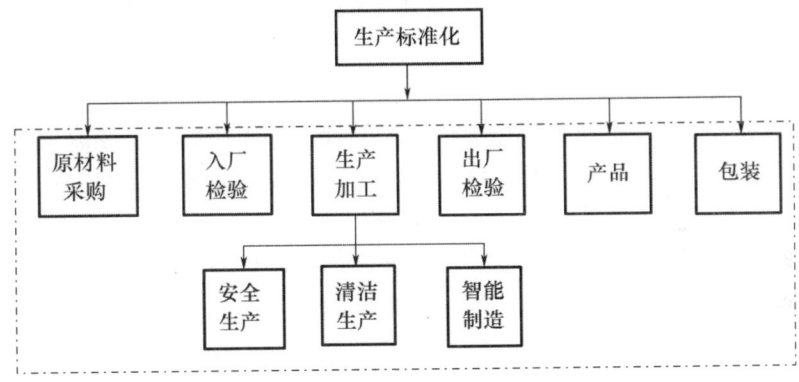

图 2-6　中国定制木质家居产业生产标准化

Fig. 2-6　The production standardization of customized wooden household industry in China

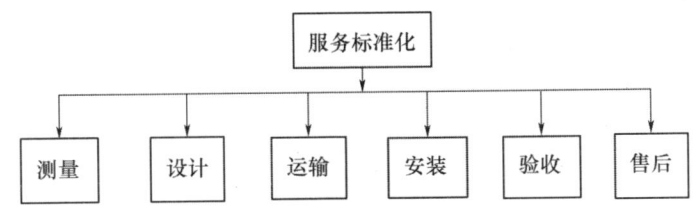

图 2-7　中国定制木质家居产业服务标准化

Fig2-7　The service standardization of customized wooden household industry in China

2.2.2.2　定制木质家居标准体系的构建目标

根据定制木质家居全产业链标准化的需求分析，定制木质家居产业标准体系的构建目标为如下内容。

1. 构建覆盖定制木质家居产业全产业链、满足产业发展需求的标准体系

构建定制木质家居产业标准体系，标准体系的范围应包含测量与设计、生产制造、物流运输、安装与验收、售后服务等标准，覆盖全产业链，实现对定制木质家居产业的产品、技术、管理等要求进行标准化规范，满足定制木质家居产业营销标准化、生产标准化、服务标准化和管理标准化的基本需求。

2. 构建层级结构清晰、先进适用的木质家居产业标准体系

构建定制木质家居标准体系，编制定制木质家居产业技术标准体系明细表，应对标准体系构成要素（标准）在标准体系空间中进行层级结构清晰、先进适用的有序排列，实现标准系统构成要素的优化排列，通过结构优化推动标准系统最佳功能的实现，使定制木质家居产业标准体系成为定制产业标准化工作的参考。

3. 构建既有标准和规划标准协调统一的定制木制家居产业的标准体系

定制木质家居产业标准体系包括既有标准和未来需要制定的规划标准。构建定制木质家居产业标准体系，编制定制木质家居产业技术标准体系明细表，应根据定制木质家居产业定义、属性和适用范围，搜集整理定制木质家居产业现有的各级标准及其在研标准项目，并列入标准体系表中；同时，应关注定制木质家居产业未来的发展方向及其标准化重点领域，筛选确定需要编制的规划标准，并列入体系表中，适应产业发展特征与趋势，满足产业发展重点需求，实现标准体系的引领和支撑作用，引导产业健康、持续、稳定地发展。

4. 构建政府主导和市场配合的定制木制家居产业的标准体系

根据最新版《中华人民共和国标准化法》的规定，团体标准已经成为国家标准体系中的一个市场主导的重要标准类别，满足市场急需产品和服务标准需求，推动产业健康发展。构建定制木质家居产业标准体系，编制定制木质家居产业技术标准体系明细表，应统筹考虑政府主导标准和市场主导标准，充分借鉴必要的国际标准，并积极采用我国定制木质家居产业国家标准、行业标准、地方标准等政府主导标准，还应高度关注新兴的团体标准，构建政府主导和市场配套相结合标准体系，满足定制木质家居国内外市场生产和国际贸易需求，提高定制木质家居产业的标准化水平，提升定制木质家居产业竞争力，进而引导产业高质量发展。

2.2.3 定制木质家居产业标准体系系统环境分析

任何系统的存在都离不开与系统环境的相互作用。标准体系是人造的开放式系统，其构建、运行、管理的过程不能脱离外部环境而单独存在。对于标准体系而言，分析系统环境是标准体系构建的基础性工作。中国定制木质家居产业标准体系的系统环境主要包括国内定制木质家居产业发展现状、国内外标准体系发展现状，该部分内容详见本书第 3 章和第 4 章。

2.2.4 定制木质家居产业标准体系的结构分析

系统论认为，系统的功能与系统的结构间相互联系和制约，系统的结构决定了系统的功能，而系统的功能又能反作用于系统结构。标准体系的结构是体系内标准的内在联系形式，一般具有层次结构、专业结构、序列结构等。采用标准化系统工程理论和方法

分析标准体系内部的结构关系，构建体系结构模型（或框架），分析标准体系结构的构成要素组成，是构建标准体系的重要基础工作，该部分内容详见本书第5章。

2.2.5 定制木质家居产业标准体系表的编制

标准体系表是标准体系的外在呈现形式，也是标准体系构建的重要成果。在研究的基础上，并根据GB/T 13016—2018《标准体系构建原则和要求》规定，编制标准体系表，编写编制说明，并对标准体系表开展统计分析，该部分内容详见本书第5章。

2.2.6 急需制定的共性和关键技术标准

根据产业发展需求迫切程度，提出急需制定的产业共性和关键技术标准目录，该部分内容详见本书第5章。

2.3 小　　结

本章主要介绍了标准体系构建的基础理论和标准体系构建方法。明确了中国定制木质家居标准体系的定义、属性和适用范围，分析了中国定制木质家居产业标准体系的构建目标。

第 3 章　中国定制木质家居产业发展的基本现状研究

研究中国定制木质家居产业的发展现状，是构建定制木质家居产业标准体系系统环境分析的重要内容。本章主要开展中国定制木质家居产业的原辅材料概况、产品概况、产业技术现状、产业特征与趋势分析等研究，旨在摸清定制家居产业发展基本现状，为构建中国定制木质家居产业标准体系提供产业基础，对促进中国定制木质家居产业健康、有序发展，并推动产业转型升级具有重要意义。

3.1　中国定制木质家居主要原辅材料概况

原辅材料产业是定制家居产业发展的重要基础，支撑了定制家居产业的健康发展。定制家居产业的主要原辅材料包括表面装饰材料、基材、五金配件等。研究发现，中国定制木质家居相关的原辅材料产业基本满足定制家居产业发展的需要。

3.1.1　中国定制木质家居的表面装饰材料

中国木质定制家居表面装饰材料主要包括装饰纸、涂料、PVC 膜、高压装饰板（HPL）、低压装饰层积板（CPL）、预油漆纸、预油漆装饰单板、聚丙烯（PP）膜、薄木及金属箔、皮革、纺织布艺等，根据中国林产工业协会装饰纸与饰面板专业委员会的不完全统计，各类表面装饰材料占比情况如图 3-1 所示，其中装饰纸是最主要的表面装饰材料，占比约为 65%，涂料占比约为 25%，聚氯乙烯占比约为 5%，其他（包含 HPL、CPL 等）占比约为 5%。

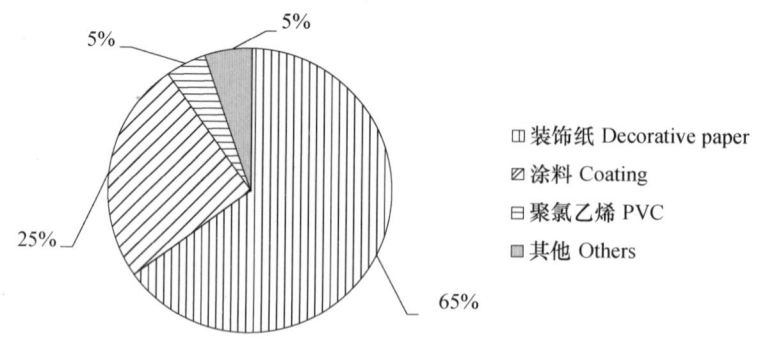

图 3-1　中国表面装饰材料占比情况

Fig 3-1　The proportion of surface decorative materials in China

（数据来源：中国林产工业协会装饰纸与饰面板专业委员会

Data source: Decorative Surfaces Committee, China National Forest Product Industry Association）

3.1.1.1 装饰纸

装饰纸主要包括：人造板饰面专用原纸、印刷装饰纸、装饰胶膜纸，对人造板起到装饰、保护、强化、封闭等作用，并广泛应用于定制衣柜、定制厨柜、木地板、木门、木墙板及其他家具、装饰装修领域，是定制木质家居产业重要的原材料，对提高人造板的附加值，拓展人造板的应用领域等具有重要意义。

中国装饰纸已经形成从原纸、印刷、浸胶到饰面应用的完整产业链，在浙江省、山东省、广东省等地形成了多个产业集群，涌现了包括"帝龙""齐峰"等上市公司在内的一大批优秀企业。中国装饰纸相关企业（包含装饰原纸、印刷装饰纸、装饰胶膜纸等企业）大约1000家，从业人员约10万人（王瑞，等，2018b）。

人造板饰面专用原纸是印刷装饰纸、装饰胶膜纸的主要生产原材料，由原纸产业规模的统计分析，可以反映装饰纸产业总体规模变化情况。近年来，中国人造板饰面专用原纸产销量提升明显，根据中国林产工业协会装饰纸与饰面板专用委员会统计，2018年中国规模以上企业的人造板饰面专用原纸的总销量约112.2万吨，同比增长7.37%。其中，装饰原纸销售105.5万吨，同比增长8.54%；含素色纸销售34.6万吨，同比增长0.58%；印刷用原纸销售70.8万吨，同比增长12.74%；平衡纸销售5.0万吨，同比增长5.66%；表层纸销售1.7万吨，同比下降15.00%。2010—2018年，中国人造板饰面专用原纸企业销量情况如图3-2所示。

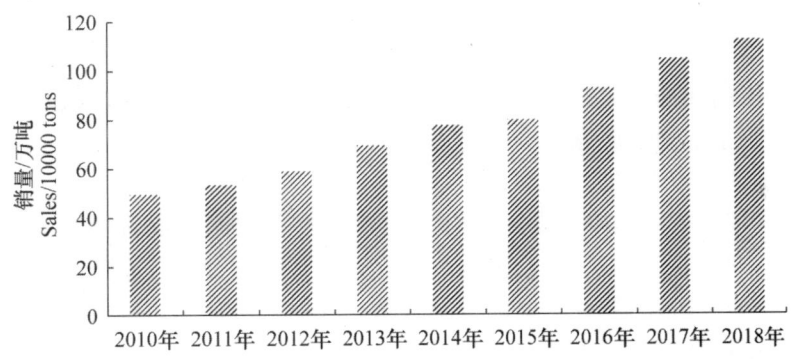

图3-2 2010—2018年中国人造板饰面专用原纸销量

Fig.3-2 Sales volume of special paper for wood-based panels decoration inChina from 2010 to 2018

（数据来源：中国林产工业协会装饰纸与饰面板专业委员会

Data source：Decorative Surfaces Committee，China National Forest Product Industry Association）

3.1.1.2 聚氯乙烯膜（PVC膜）

聚氯乙烯膜（PVC膜），具备表面美观、稳定性好、加工方便、防潮等优点，主要用于生产膜压饰面的定制木质家居产品，根据中国林产工业协会膜压饰面制品专委会的统计，目前中国以PVC膜为饰面材料的膜压饰面制品的市场总产量约为3亿平方米，总产值约为450亿元，其中低端产品占70%，中端产品占比25%，高端产品占比5%。中国膜压饰面制品企业数量在10000家左右，产业主要分布在华南、华东、环渤海、东北和西南地区，年产值1亿元以上的企业约10家，其中最大规模年产值约5亿元，年产值为1500万元以下企业约占90%。

3.1.1.3 高压装饰板（HPL）

高压装饰板（HPL），具有美观、阻燃、防潮、耐磨、耐高温、耐腐蚀等优点，主要用于厨柜、墙板、地板、学校实验台面等。根据中国林产工业协会装饰纸与饰面板专业委员会不完全统计，目前中国高压装饰板总产量约为 3.5 亿平方米，总产值约为 100 亿元。中国高压装饰板生产企业约 50 家，生产线约 180 条，主要分布在华北、华东、华南、华中地区（唐召群，等，2018）。

3.1.1.4 低压装饰层积板（CPL）

低压装饰层积板（CPL）是热固性树脂浸渍纸低压装饰层积板，是由多层的经三聚氰胺或苯酚浸渍的装饰纸、牛皮纸、无纺布等层压而成的层积板。具备环保、阻燃、耐候性佳、强度大、包覆性好等优点，主要用于门窗边框、门套线、门板装饰线条、墙板线条、踢脚板以及家居环境中的装饰表面等。根据中国林产工业协会装饰纸与饰面板专业委员会不完全统计，目前 CPL 材料在国内的产能约为 1500 万平方米/年。

3.1.1.5 预油漆纸

预油漆纸是以强化纸、预浸胶纸、装饰纸为原纸，经过印刷或无需印刷，经过表面涂装，可直接应用于板材表面的装饰纸。具备防水、防霉、环保、表面装饰效果好、易贴面加工、可包覆等性能。根据中国林产工业协会装饰纸与饰面板专业委员会不完全统计，目前预油漆纸全球产能约 11.5 亿平方米，中国市场预油漆纸产量约 5500 万平方米。

3.1.1.6 预油漆装饰单板

预油漆装饰单板是以装饰单位（薄木）为面层，以铝箔、牛皮纸、无纺布等为增强材料，经胶合压制和油漆涂饰加工制成的一种装饰材料。通常为卷形或片状。目前国内用量较少，多用于定制木质家居产品封边。

3.1.1.7 聚丙烯膜（PP 膜）

聚丙烯膜（PP 膜）是以聚丙烯（PP 粒子）为主要材料，混合熔融压延成基材，再通过表面改性，印刷纹理、图案，覆贴耐磨层，使其成为符合各种贴面要求的新型环保表面装饰材料，并具备耐热、耐腐蚀、耐酸碱、环保、易饰面、可包覆等优点。目前国内聚丙烯膜的用量较少。

3.1.1.8 涂料

木质家居表面的涂料主要包括酸固化漆（AC）、硝基漆（NC）、聚氨酯漆（PU）、不饱和树脂漆（PE）、紫外光固化漆（UV）、水性漆（WP）。当前木质家居表面涂料以聚氨酯漆（PU）为主，其次为硝基漆（NC），不饱和树脂漆（PE）发展较快，紫外光固化漆（UV）、水性漆（WP）的环保性能优越，也是政府大力推广的绿色产品。

3.1.2 中国定制木质家居基材

中国定制木质家居以板式定制为主，实木定制、板木定制占比相对较少，基材主要分为人造板类和实木类两大类，其中人造板类基材包括刨花板、纤维板、胶合板和细木工板，实木类基材主要包括锯材和集成材等。

3.1.2.1 人造板

根据原国家林业局历年《中国林业发展报告》数据显示，中国人造板产量总体呈上升趋势，2010—2018 年产量情况如图 3-3 所示。2018 年各类人造板产品中胶合板所占比例最大，约占人造板总量的 59.8%，其次是纤维板和刨花板等。

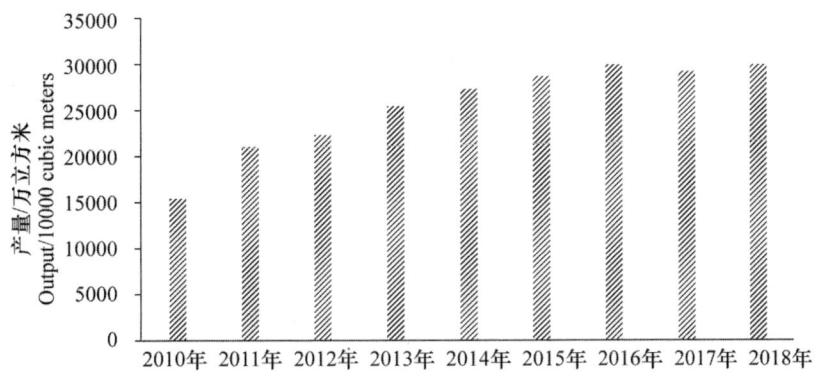

图 3-3　2010—2018 年中国人造板产量

Fig. 3-3　Theoutput of wood based panel in China from 2010 to 2018

（数据来源：原国家林业局《中国林业发展报告》

Data source：China forestry development report，State Forestry Administration)

1. 刨花板

2018 年，全国建成投产 25 条刨花板生产线，新增生产能力 389.5 万立方米/年，其中连续平压生产线 11 条，合计生产能力 266.5 万立方米/年，占全国新增生产能力的 68.4%。2018 年，中国刨花板产量为 2732 万立方米，同比下降 1.6%。根据原国家林业局历年《中国林业发展报告》数据显示，2010—2018 年度全国刨花板产品产量如图 3-4 所示，从 2010 年到 2017 年产量波动变化，刨花板产量同比增速在 2011 年达到最高，其后呈波动变化，从 2015 年至 2018 年产量总体呈增长趋势，其主要的原因是最近几年板式定制衣柜、定制厨柜等发展，刨花板用量增加，促使刨花板产量开始提升。

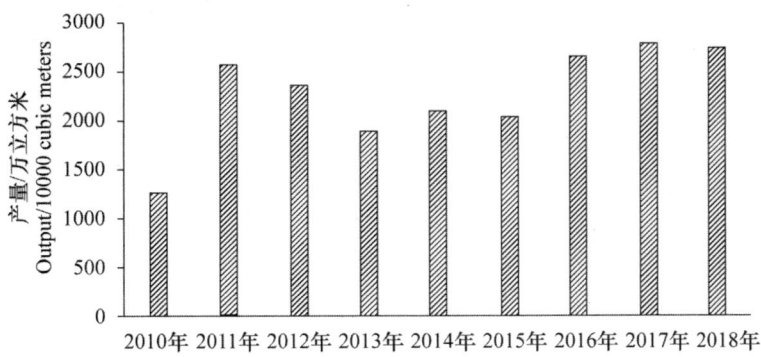

图 3-4　2010—2018 年中国刨花板产量

Fig. 3-4　Theoutput of Particleboard in China from 2010 to 2018

（数据来源：原国家林业局《中国林业发展报告》

Data source：China forestry development report，State Forestry Administration)

2. 纤维板

2018 年，全国建成投产 11 条纤维板生产线，新增生产能力 199.5 万立方米/年，其中连续平压生产线9条，合计生产能力为181.5万立方米/年，占全国新增生产能力的91.0%。

2017年纤维板产量6168万立方米，同比下降2.1%。根据原国家林业局历年《中国林业发展报告》数据显示，2010—2018年度全国纤维板产品产量如图3-5所示，从2010年到2016年，纤维板产量总体呈上升趋势，2017年后略有下降。

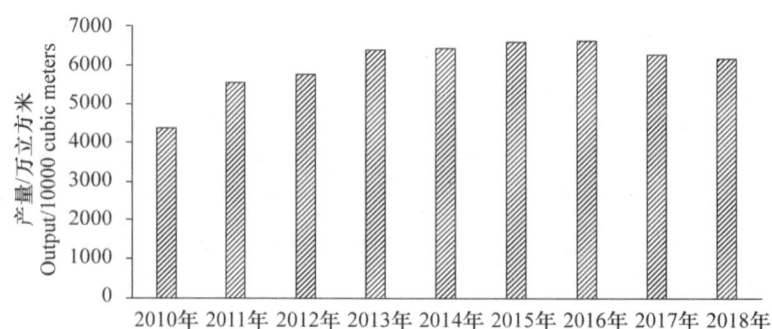

图 3-5　2010—2018年中国纤维板产量

Fig. 3-5　Theoutput of Fiberboard s in China from 2010 to 2018

（数据来源：原国家林业局《中国林业发展报告》

Data source：China forestry development report，State Forestry Administration）

3. 胶合板、细木工板和生态板

截至2018年底，中国从事胶合板生产的企业约有5500家，从事细木工板生产的企业有2000多家，2018年胶合板产量为17898万立方米，同比上升4.1%。

市场中俗称的生态板，也就是浸渍胶膜纸饰面胶合板和细木工板，近几年发展得很快，在家居领域的应用较多，2017年产量为1500万立方米。根据原国家林业局历年《中国林业发展报告》数据显示，2010—2018年度中国胶合板产量如图3-6所示，从2010年到2018年，产量总体呈上升趋势。

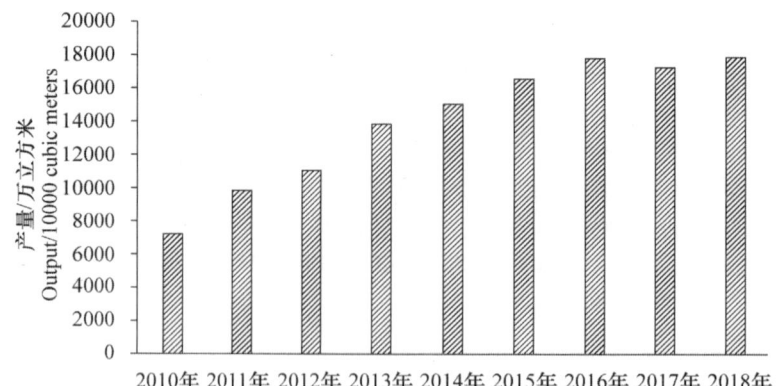

图 3-6　2010—2018年中国胶合板产量

Fig. 3-6　Theoutput of plywood in China from 2010 to 2018

（数据来源：原国家林业局《中国林业发展报告》

Data source：China forestry development report，State Forestry Administration）

细木工板产量如图 3-7 所示，从 2010 年到 2018 年，细木工板产量波动变化，2014 年其产量上升达到 2388 万立方米，然后呈持续下降趋势。

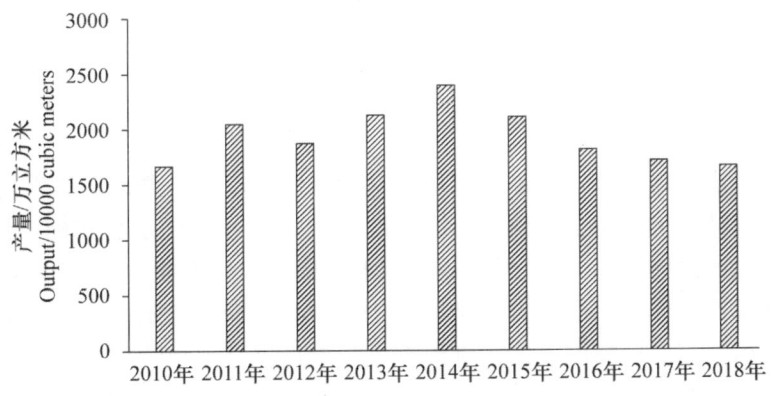

图 3-7　2010—2018 年中国细木工板产量

Fig. 3-7　Theoutput of core-board in China from 2010 to 2018

（数据来源：原国家林业局《中国林业发展报告》

Data source：China forestry development report，State Forestry Administration）

3.1.2.2　集成材

集成材也称胶合木，主要由板材和小方材加工而成，生产过程中剔除了木材缺陷，成品尺寸稳定性好、力学强度高，尺寸和形状可灵活定制，实现"小材大用、劣材优用"。集成材兼具天然木材的自然纹理，且光滑平整，具备良好的装饰效果，广泛应用于建筑、室内装饰装修等领域，主要用于家居领域中实木家具、木墙板、木门、木地板、定制厨柜等生产。集成材可以替代实木，既迎合了当前消费者对环保材料的需求，又有效缓解大径级木材的供需矛盾，有利于充分利用速生材，提高木材的综合利用率和附加值，是木材综合利用的最有效方式之一。集成材按承载情况，可分为非结构用集成材和结构用集成材。非结构用集成材产品被广泛用于实木家具、木门窗（田卫国和刘瑞娜，2005）、厨柜、地板、墙板、楼梯和其他室内装饰装修领域；结构用集成材产品多用于建筑承重构件、木结构住宅、公共建筑、公路桥梁、园林景观等领域。

集成材产业在北美、欧洲、日本均有较长的发展历史，中国自 20 世纪 80 年代开始引进集成材生产技术并批量成产（赵俊石，等，2012）。中国集成材产业最早在东北地区萌芽，2006 年后飞速发展，至今已形成了从原材料加工、产品生产，到销售和应用的完整产业链。目前中国约有集成材生产企业 800 家，主要分布在在浙江省、广东省、江西省、山东省、湖南省、福建省、吉林省、黑龙江省等地区，约 90% 的企业为小型企业。2017 年，中国集成材总产量约 800 万立方米，其中规模以上集成材企业的年产量约 500 万立方米。杉木、松木和杨木是中国集成材产品生产最常用的树种，其中杉木用量最大；也有由柞木、榆木、桦木、楸木、水曲柳、红橡和白橡等优质阔叶树材生产的集成材，多用于制造中高端实木家具。集成材饰面多以油漆饰面为主（王瑞和吕斌，2018）。

3.2 中国定制木质家居产业概况

3.2.1 中国定制木质家居的主要产品

3.2.1.1 定制衣柜和定制厨柜

定制衣柜和定制厨柜是定制木质家居最具代表性的产品，也是定制家具的主要产品品类。根据中国林产工业协会调研及不完全统计，2018年中国定制衣柜产值约为11120亿元，定制厨柜产值约为1620亿元。规模以上的定制衣柜企业约1000家，主要分布在广东省、四川省、江苏省、浙江省等地区。定制衣柜上市企业有："索菲亚""好莱客""顶固""客来福"等。规模以上的定制厨柜企业数量超过1000家，主要分布在广东省、上海市、江苏省、浙江省、北京市、山东省等地区。定制厨柜的上市企业有："欧派""尚品宅配""皮阿诺""金牌""我乐""志邦"等。

衣柜和厨柜类定制木质家居产品的主要基材为刨花板、纤维板，少量用细木工板、胶合板、集成材。主要柜类部件的饰面方式以浸渍胶膜纸饰面为主，部分柜门为PVC饰面，其他为油漆饰面。

3.2.1.2 木地板（含竹地板）

据原国家林业局历年《中国林业发展报告》数据显示，2018年中国木地板（含竹地板）产量为7.89亿平方米，其中实木复合地板产量为2.03亿平方米，强化木地板产量为3.94亿平方米，实木地板产量为1.17亿平方米，竹地板等产量为0.75亿平方米。2010—2018年度中国木地板产量如图3-8所示，中国木地板（含竹地板）产量总体从2010年到2016年呈上升趋势，2017年略有下降；2018年各主要品类木地板占比情况如图3-9所示，其中强化木地板比例最大，实木复合地板次之，实木地板和竹地板比例相同。

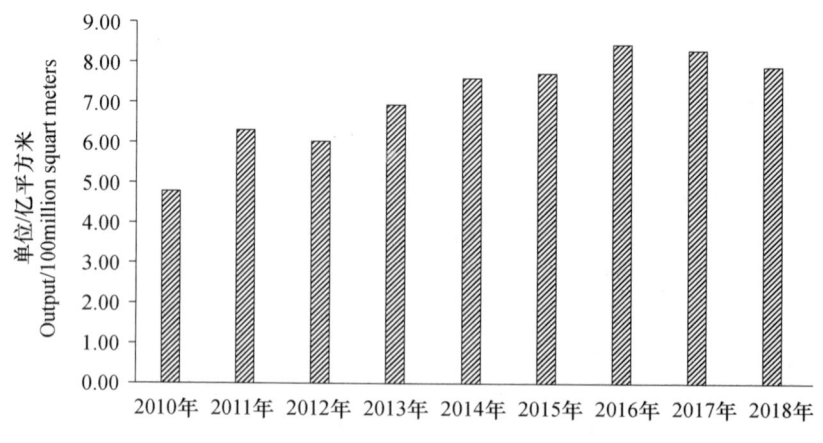

图3-8 2010—2018年中国木地板产量

Fig. 3-8 Theoutput of wood flooring in China from 2010 to 2018

（数据来源：原国家林业局《中国林业发展报告》

Data source: China forestry development report, State Forestry Administration）

第3章 中国定制木质家居产业发展的基本现状研究

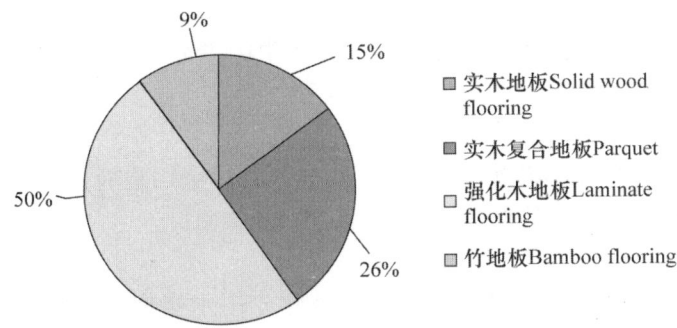

图 3-9 2018年木地板主要产品占比情况
Fig. 3-9 Theproportion of the main wood flooring products in 2018
（数据来源：原国家林业局《中国林业发展报告》
Data source：China forestry development report，State Forestry Administration）

根据中国林产工业协会地板专业委员会统计数据，2018年中国木竹地板全行业产值约为1000亿元，木地板生产企业总数约为2000多家。国内木地板产业集群为：浙江省湖州市南浔区、嘉兴市，江苏省常州市横林镇、苏州市，辽宁省沈阳市，湖南省长沙市，湖北省咸宁市、孝感市，山东省济宁市、茌平市和江西省宜春市等。浸渍纸层压木质地板的产业集群主要为：江苏省常州市横林镇，辽宁省沈阳市、湖南省长沙市、湖北省咸宁市和山东省茌平市等地；实木地板的产业集聚区主要为：浙江省湖州市南浔区和江苏省苏州市两地；实木复合地板的产业集聚区主要为：浙江省嘉兴市；竹地板产业集聚区主要为：浙江省安吉市和江西省宜春市等地。

木地板的上市企业有："大亚圣象""大自然家居""德尔未来""升达林业"。根据对上市公司数据查询以及中国林产工业协会地板专业委员会不完全统计，最大的单个木地板企业年销量约5000万平方米，最大的强化木地板生产企业年销量约3500万平方米，最大的实木地板生产企业年销量约550万平方米，最大的实木复合地板（含三层）生产企业年销量约1500万平方米，最大的三层实木复合地板生产企业年销量约500万平方米，最大的竹地板生产企业年销量约300万平方米。

木地板的主要基材有：实木复合地板用基材为胶合板、强化木地板用基材为纤维板。主要饰面方式为浸渍胶膜纸饰面、油漆饰面。

3.2.1.3 木门

根据中国林产工业协会木门专业委员会统计数据，2018年中国木门产值超过1400亿元。木门企业相关数量约为1万家，规模以上企业约为3000家，产值过亿企业约为100家，产值过20亿的企业有3家。木门行业集中度不高，排名前十的木门企业占总产值比例约为6%（吕斌，2017）。经过多年的发展，中国木门产业已经形成多个产业集群，包括：浙江省的江山市、永康市、南浔区、嘉善市；重庆市的长寿区；四川省成都市；辽宁省沈阳市；山东省青岛市、淄博市、临沂市；江苏省的邳州县；河南省兰考县；福建省厦门市的同安区；黑龙江省齐齐哈尔市；广东省中山市等。

木门的主要基材中，门扇主要用纤维板，门套多用纤维板和胶合板。主要饰面方式中油漆饰面、浸渍胶膜纸饰面、PVC饰面占比较大，木门异形包覆多用CPL饰面。

3.2.1.4 木墙板

根据中国林产工业协会不完全统计，2018年中国木墙板产值约在80亿元。木墙板主要用于高档装修，随着居民消费水平的提高和消费者个性化需求的不断增加，木墙板产品需求量会进一步提高，未来发展空间较大。

木墙板的主要基材为刨花板、纤维板、胶合板，少量用集成材。木墙板主要饰面方式以浸渍胶膜纸饰面为主，其他为PVC饰面、油漆饰面。

3.2.1.5 木楼梯

根据中国林产工业协会不完全统计，2018年中国木楼梯产值约为100亿元，企业数量约800家左右。木楼梯产业集群主要分布在：湖南省浏阳市，江苏省苏州市、徐州市丰县，浙江省杭州市、宁波市等地。

随着居民消费水平的提高，居住环境的改善，别墅居住面积的增大，两层楼房居住人数的增加，木楼梯用量会越来越大。

木楼梯的主要基材为集成材或胶合板，主要以油漆饰面类产品为主。

3.2.1.6 木吊顶

根据中国建筑装饰协会材料分会数据显示，2018年中国天花吊顶产值约为403亿元。其中木质吊顶在装修中用量较少，约为5%，因此预计中国木吊顶产值约为20亿元。

木吊顶的主要基材为集成材、胶合板、纤维板。主要饰面形式以油漆饰面为主，少量为PVC饰面。

3.2.2 中国定制木质家居产业的总体情况

3.2.2.1 产业总产值以及在全国木材加工和木竹制品制造业的比例分析

本书界定的定制木质家居产品主要包括：定制衣柜、定制厨柜、木地板、木门、木墙板、木楼梯、木吊顶7类。根据原国家林业局统计数据以及中国林产工业协会、中国建筑装饰材料行业协会等行业不完全统计数据，2018年中国定制木质家居产业产值约5340亿元，未来几年仍将保持较高的发展增速。定制木质家居主要产品中，定制衣柜和定制厨柜市场潜力巨大，2018年定制衣柜产值约为1120亿元，定制厨柜产值约为1620亿元，木地板产值约为1000亿元，木门产值约为1400亿元，木墙板产值约为80亿元，木楼梯产值约为100亿元，木吊顶产值约为20亿元，如表3-1所示。各产品占定制木家居总产值的份额，定制厨柜最大，木门次之，定制衣柜和木地板并列第三。

表3-1 2018年中国定制木质家居产业总产值及其份额

Tab. 3-1 The Gross output value and proportion of customized wooden household in China of 2018

产品种类 product category	产值（亿元） Output value (100 million yuan)	占总产值的比例（%） Percentage of total output value（%）
定制衣柜	1120	21.0
定制厨柜	1620	30.3
木地板	1000	18.8
木门	1400	26.2

续表

产品种类 product category	产值（亿元） Output value (100 million yuan)	占总产值的比例（%） Percentage of total output value (%)
木墙板	80	1.5
木楼梯	100	1.9
木吊顶	20	0.4
合计	5340	

定制木质家居产业是中国林业产业的重要组成部分之一，且产业发展迅速。根据原国家林业局《中国林业发展报告》的统计数据，2018年中国木材加工与木竹制品制造业产值为1.28万亿元，定制木质家居产值约占同年木材加工与木竹制品制造业产值的41.7%。可见，定制木制家居产业已成为中国木材工业转型升级的引擎。

3.2.2.2 产业集群

中国定制木质家居的产业集群主要为：珠三角地区、长三角地区、西南和环渤海地区。

珠江三角地区定制家居产业集群以广东省广州市、中山市、佛山市为中心，是全国最主要的定制木质家居产业集群和发源地，60%以上的知名定制家居企业出自广东省，包括"欧派""索菲亚""尚品宅配""好莱客""卡诺亚""诗尼曼"等品牌。上述企业为降低仓储物流成本，其生产基地已经从珠三角区域向华中、华东、华北地区拓展，面向全国进行规划布局。

长三角地区定制家居产业集群以江苏省、浙江省、安徽省为中心。江浙地区一直是木地板、木门等木材加工业的集聚地，便利的地理位置、丰富的周边配套，吸引了大量定制木质家居企业。"客来福""志邦""金牌""我乐"等知名定制木质家居品牌均在此区域设立生产基地。

西南地区定制家居产业集群以四川省和重庆市为中心，该地区发展定制木质家居资源优势明显。西南地区是的传统家具企业集聚区，近年大量传统家具企业转型做定制家具。"索菲亚""顶固""百得胜""玛格"等知名定制木质家居品牌在此区域设立生产基地。

环渤海地区定制家居产业集群以京津冀地区为中心，依托于地理和经济双重优势，该地区吸引了"博洛尼""曲美家居""TATA木门"等众多定制木质家居企业。

3.2.2.3 企业数量

根据原国家林业局统计数据以及中国林产工业协会、中国建筑装饰材料行业协会等行业不完全统计数据以及上市公司公开数据查询，2018年全国从事定制木质家居企业数量超过15000家。其中年销售额100亿以上企业3家，年销售额50亿以上企业约10家，年销售额在10~50亿之间的企业约20家，年销售额2~10亿之间的企业约50家，年销售额2亿以下企业约5000家。除规模企业外，行业存在大量的小微型企业。

3.2.2.4 定制木质家居的上市公司

根据对定制木质家居相关上市公司公开资料查询，中国定制木质家居主要上市公司23家，包括"欧派家居""索菲亚""商品宅配""好莱客""金牌厨柜""顶固集创""志邦家居""皮阿诺""我乐家居""客来福""德尔未来""大亚圣象""宜华生活""兔宝宝""大自然""菲林格尔""江山欧派""顾家家居""曲美家居""美克家居""浙江永强""亚振家居""喜临门"等品牌。

根据对上市公司公开数据查询,23家定制木质家居上市公司2018年营业总收入为870.81亿元,约占行业总产值的16.29%,总净利润为69.07亿元。中国定制木质家居上市公司以主营定制衣柜、定制厨柜、木地板、木门等产品的公司为主,"索菲亚""好莱客"分别于2011年、2015年上市,而其他多家定制家居企业主要集中在2017年上市,多家知名成品家具上市公司在2016—2018年间布局全屋定制业务。上市公司主营业务基本都以定制衣柜、定制厨柜、木门、木地板等多品类为主,但各品类主营占比并不均衡,如"索菲亚"的主营业务衣柜占比超过80%,后期拓展的木门、木地板等产品目前占比较小。

3.3 中国定制木质家居产业技术现状

科学技术是第一生产力,定制木质家居产业技术和创新程度对产业发展具有重要意义。产业技术现状涉及的内容较多,其中科技创新平台为产业提供协同创新的机会,而发明专利和实用新型专利在一定程度上反映行业的核心技术和创新应用情况。因此,本书主要采用科研项目、科技创新平台、发明专利和实用新型专利情况分析定制木质家居产业技术现状。

3.3.1 中国定制木质家居的科研项目

据不完全统计,中国定制木质家居产业相关的主要科研项目达185项,主要集中在定制家居智能制造技术以及地板、衣柜、厨柜、木门、木楼梯、墙板、吊顶等定制家居制品,包括国家级科研项目89项,省部级科研项目54项,地厅级科研项目29项,以及中国专利奖项目13项。

中国定制木质家居产业相关的国家级科研项目包括:"十三五"国家重大研发计划、国家高新技术研究发展计划(863计划)、"十二五"农村领域科技计划项目、农业科技成果转化资金项目、国家科技成果重点推广计划项目、国家重点新产品计划项目、国家火炬计划项目、国家星火计划项目以及 国家自然科学基金委员会等项目,产品范围涉及地板、木门、楼梯、墙板、吊顶等家居制品,开展定制木质家居相关重点基础研究,攻坚主要技术问题,为定制木质家居产业的快速发展提供科技支撑,如表3-2所示。

中国定制木质家居产业相关的省部级科研项目包括住房城乡建设部、教育部、中国农村技术开发中心等部委主管的科研项目,包括农业科技成果转化资金项目、全国建设行业科技成果推广项目、国家级大学生创新创业训练计划立项项目等,涉及地板、柜类等家居制品,扶持和推广科技成果推广转化,提高工程化应用水平,鼓励大学生开展相关科技创新学习和研究,如表3-3所示。

中国定制木质家居产业相关的地厅级科研项目主要为各地方主管的科研项目,包括安徽省民营中小企业项目、北京市教委科研计划项目、福建省科技计划项目、广州市工业转型升级专项资金行业领先企业专题项目、河南省信息技术教育优秀成果奖 、吉林省林业产业发展资金项目、浙江省公益技术应用研究计划项目等,涉及地板、木门、柜类等家居制品,主要促进地方性的定制木质家居相关科研工作的开展,扶持地方企业科技创新力量,如表3-4所示。此外,定制木质家居产业相关的中国专利奖项目13项,如表3-5所示。

第3章 中国定制木质家居产业发展的基本现状研究

表 3-2 中国定制木质家居产业相关的主要国家级科研项目

Tab. 3-2 The main national scientific research topics of customized wooden household in China

序号 No.	项目名称 Project name	项目来源 Project source	项目主管单位 Project supervisor	项目承担单位 Project undertaking unit	项目编号 Item no.	项目执行期 Project execution period	项目类别 Project category
1	小径级松杉材高效制造家居材料的增值关键技术	"十二五"农村领域科技计划项目	科学技术部	南京林业大学	NC2010EA0055	2010—2012	国家级
2	软木生态地毯、壁布、装饰墙板、栎树皮革、布	"十二五"农村领域科技计划项目	科学技术部	陕西万林有限公司		2010—2012	国家级
3	ZW轻质隔墙板自动化生产	国家科技成果重点推广计划项目	科学技术部	北京市紫微星实业总公司	2003EC000037	2003—2005	国家级
4	TXWZ环保型多功能空气净化地板(家具)伴侣垫层	国家重点新产品计划项目	科学技术部	北京纳美联创科技发展有限公司		2013—2015	国家级
5	利废环保碳化多层板地板	国家重点新产品计划项目	科学技术部	抚松金隆木业集团有限公司		2012—2014	国家级
6	木塑型材—高强度防霉户外用木塑地板	国家重点新产品计划项目	科学技术部	黄山华塑新材料科技有限公司		2011—2013	国家级
7	环保型竹杉复合地板	农业科技成果转化资金项目	科学技术部	浙江德仁竹木科技股份有限公司		2003—2005	国家级
8	实木地板超高温热处理技术中试与示范	农业科技成果转化资金项目	科学技术部	浙江世友木业有限公司		2008—2010	国家级
9	新型着色竹地板表面处理新工艺中试	农业科技成果转化资金项目	科学技术部	益阳市桃花江实业有限公司		2008—2010	国家级

续表

序号 No.	项目名称 Project name	项目来源 Project source	项目主管单位 Project supervisor	项目承担单位 Project undertaking unit	项目编号 Item no.	项目执行期 Project execution period	项目类别 Project category
10	地板导热效能分析技术应用与示范	农业科技成果转化资金项目	科学技术部、财政部	中国林业科学研究院林业新技术研究所		2008—2010	国家级
11	木基材料与制品增值加工技术	"十三五"国家重大研发计划	科学技术部	中国林业科学研究院木材工业研究所		2018—2020	国家级
12	木质家居产品柔性制造技术	"十三五"国家重点研发计划	科学技术部	中国林业科学研究院木材工业研究所	2018YFD0600304	2018—2020	国家级
13	木竹制品模数化定制敏捷制造技术	国家高新技术研究发展计划（863计划）	科学技术部	中国林业科学研究院木材工业研究所	2010AA101705	2010—2012	国家级
14	面向定制式木工家具制造的机器人自动化生产示范线	国家重点研发计划	科学技术部	南通欧通数控设备有限公司		2018—2020	国家级
15	木门利用饰面材料辊胶覆膜技术产业化	国家火炬计划项目	科学技术部火炬计划办公室	江山欧派门业股份有限公司	2015GH030596	2015—2017	国家级
16	仿生材料制造微晶板等集成技术代木纯塑产业的共性、关键技术转移和示范项目	国家火炬计划项目	科学技术部火炬计划办公室	湖北中科博策新材料研究院	2010GH561428	2010—2012	国家级
17	高密度强化复合地板	国家火炬计划项目	科学技术部火炬计划办公室	广西壮族自治区梧州木材厂	00D231D7900882	2000—2002	国家级
18	高效环保复合地热地板的产业化开发	国家火炬计划项目	科学技术部火炬计划办公室	浙江良友木业有限公司		2015—2017	国家级

第3章 中国定制木质家居产业发展的基本现状研究

续表

序号 No.	项目名称 Project name	项目来源 Project source	项目主管单位 Project supervisor	项目承担单位 Project undertaking unit	项目编号 Item no.	项目执行期 Project execution period	项目类别 Project category
19	环保型实木复合地板	国家火炬计划项目	科学技术部火炬计划办公室	天津福亚实业有限公司	00D231D6100074	2000—2002	国家级
20	浸渍纸层压实木复合地板的产业化	国家火炬计划项目	科学技术部火炬计划办公室	常州市格林宝木业有限公司	2008GH02074	2008—2010	国家级
21	强化木地板用耐磨氧化铝	国家火炬计划项目	科学技术部火炬计划办公室	山东鲁信高新技术产业股份有限公司	2006GH031088	2006—2008	国家级
22	双酚基地板单元工艺流程生产线	国家火炬计划项目	科学技术部火炬计划办公室	武船重型工程有限公司		2012—2014	国家级
23	微晶生态地板	国家火炬计划项目	科学技术部火炬计划办公室	衡阳建祥装饰材料有限公司		2014—2016	国家级
24	新型地板智能贴合流水线研发及产业化	国家火炬计划项目	科学技术部火炬计划办公室	沃格自动化科技(无锡)有限公司		2015—2017	国家级
25	新型静音、阻燃、抗菌功能型实木复合地板	国家火炬计划项目	科学技术部火炬计划办公室	浙江升华云峰新材股份有限公司	2010GH030750	2010—2012	国家级
26	RMJN58断桥隔热(冷)铝木复合门窗	国家火炬计划项目	科学技术部火炬计划办公室	浙江瑞明节能门窗有限公司	2008GH051001	2008—2010	国家级
27	数控木门综合加工机	国家火炬计划项目	科学技术部火炬计划办公室	南通沪港木工机械有限公司	2007GH040117	2007—2009	国家级
28	年产400万平方米硅钙秸秆轻体墙板	国家火炬计划项目	科学技术部火炬计划办公室	河南省端丰实业股份有限公司	2007GH050134	2008—2010	国家级

续表

序号 No.	项目名称 Project name	项目来源 Project source	项目主管单位 Project supervisor	项目承担单位 Project undertaking unit	项目编号 Item no.	项目执行期 Project execution period	项目类别 Project category
29	高性能强化木地板表面缺陷检测系统	科技型中小企业技术创新基金项目	科学技术部科技型中小企业技术创新基金管理中心	重庆合普仪仪表有限公司		2011—2013	国家级
30	面向木地板企业试验、检测共享服务平台	科技型中小企业技术创新基金项目	科学技术部科技型中小企业技术创新基金管理中心	浙江省木业产品质量检测中心南浔检测所	09C2614330 4098	2009—2011	国家级
31	木地板企业技术开发共享服务平台	科技型中小企业技术创新基金项目	科学技术部科技型中小企业技术创新基金管理中心	湖州市南浔区木地板科技创新服务中心有限公司		2013—2015	国家级
32	木地板企业技术开发共享服务平台	科技型中小企业技术创新基金项目	科学技术部科技型中小企业技术创新基金管理中心	湖州市南浔区木地板科技创新服务中心有限公司		2011—2013	国家级
33	喷涂法环保型强化木地板表层耐磨纸	科技型中小企业技术创新基金项目	科学技术部科技型中小企业技术创新基金管理中心	天津市鑫源森达木业有限公司		2011—2013	国家级
34	无醛竹地板黏合剂的中试开发	科技型中小企业技术创新基金项目	科学技术部科技型中小企业技术创新基金管理中心	湖州绿典精化有限公司	07C2621330 1398	2007—2009	国家级
35	新型涂装工艺设备在环保竹地板中的应用	科技型中小企业技术创新基金项目	科学技术部科技型中小企业技术创新基金管理中心	贵州新锦竹木制品有限公司		2013—2015	国家级
36	智能型家用能源集成地板辐射供暖系统	科技型中小企业技术创新基金项目	科学技术部科技型中小企业技术创新基金管理中心	东莞市蓝冠环保节能科技有限公司		2013—2015	国家级
37	自动控制节能型地板供暖系统	科技型中小企业技术创新基金项目	科学技术部科技型中小企业技术创新基金管理中心	浙江万鑫自控科技有限公司	09C2621330 4003	2009—2011	国家级
38	橱柜企业非标准定制设计、生产、运营综合信息系统	科技型中小企业技术创新基金项目	科学技术部科技型中小企业技术创新基金管理中心	成都造易软件有限责任公司	09C2621512 2334	2009—2011	国家级

第3章 中国定制木质家居产业发展的基本现状研究

续表

序号 No.	项目名称 Project name	项目来源 Project source	项目主管单位 Project supervisor	项目承担单位 Project undertaking unit	项目编号 Item no.	项目执行期 Project execution period	项目类别 Project category
39	采用精密化加工技术、智能化技术、数字化技术的"木质复合门"清洁生产系统	科技型中小企业技术创新基金项目	科学技术部科技型中小企业技术创新基金管理中心	宁夏华泰家俱制造有限公司	13C2621640 6220	2013—2015	国家级
40	环保型竹杉复合地板	农业科技成果转化资金项目	科学技术部科技型中小企业技术创新基金管理中心	浙江德仁竹木科技股份有限公司		2003—2005	国家级
41	除室内甲醛木质地板技术示范	国家星火计划项目	科学技术部星火计划办公室	临江市宝健木业有限责任公司		2010—2012	国家级
42	新型环保多层实木地板生产技术推广与应用	国家星火计划项目	科学技术部星火计划办公室	浙江德生木业有限公司		2010—2012	国家级
43	竹地板表面仿珍贵木纹新技术应用及产业化	国家星火计划项目	科学技术部星火计划办公室	杭州金竹宝地板有限公司		2010—2012	国家级
44	杨-桉LVL楼梯扶手的产业化开发	国家星火计划项目	科学技术部星火计划办公室	连云港宫良木业有限公司	2012GA690056	2012—2015	国家级
45	1000万平方米/年"一拍即合"锁扣地板生产技术示范	国家星火计划项目	科学技术部星火计划办公室	湖北燕加隆木制品有限公司	2008GA760043	2008—2010	国家级
46	高档竹地板及竹制品系列产品开发	国家星火计划项目	科学技术部星火计划办公室	株洲湘龙竹木制品有限公司	2004EA770002	2004—2006	国家级
47	高稳定性杨木多层实木复合地板基材制造技术及产业化	国家星火计划项目	科学技术部星火计划办公室	江苏名乐板有限公司		2014—2016	国家级
48	环保型竹杉复合地板	国家星火计划项目	科学技术部星火计划办公室	浙江德仁竹木科技股份有限公司	2004EA700111	2004—2006	国家级

续表

序号 No.	项目名称 Project name	项目来源 Project source	项目主管单位 Project supervisor	项目承担单位 Project undertaking unit	项目编号 Item no.	项目执行期 Project execution period	项目类别 Project category
49	秸秆环保超强木地板设备制造	国家星火计划项目	科学技术部星火计划办公室	西北农林科技大学	2003EA850021	2003—2005	国家级
50	利用农业废弃植物纤维制作高性能地板的开发与应用	国家星火计划项目	科学技术部星火计划办公室	青岛同飞竹管业有限公司	2007EA741006	2007—2009	国家级
51	毛竹精加工技术及优质竹地板开发	国家星火计划项目	科学技术部星火计划办公室	宜兴市建兴木制品有限公司	2003EA690008	2003—2005	国家级
52	年产100万平方米改性杨木多层复合地板开发	国家星火计划项目	科学技术部星火计划办公室	连云港欣港木业有限公司	2006EA690049	2006—2008	国家级
53	年产2.4立方米三聚氰胺强化杨面木地板	国家星火计划项目	科学技术部星火计划办公室	徐州市富祥木业有限公司	2004EA690145	2004—2006	国家级
54	年产20万平方米仿热带雨林材色实木复合地板开发	国家星火计划项目	科学技术部星火计划办公室	徐州市盛和木业有限公司		2012—2015	国家级
55	年产3.6万立方米仿热带雨林材色环保型地板产品开发	国家星火计划项目	科学技术部星火计划办公室	邳州市夹河木业有限公司	2006EA690060	2006—2008	国家级
56	热能吸收、过热保存式杨木地热地板产业化	国家星火计划项目	科学技术部星火计划办公室	泗阳县顺洋木业有限公司		2012—2015	国家级
57	软木悬浮自装复合地板	国家星火计划项目	科学技术部星火计划办公室	陕西万林有限公司	2006EA850033	2006—2008	国家级
58	茶木集成装箱地板的中试及产业化	国家星火计划项目	科学技术部星火计划办公室	嘉善圣师木业有限公司		2012—2015	国家级

第3章 中国定制木质家居产业发展的基本现状研究

续表

序号 No.	项目名称 Project name	项目来源 Project source	项目主管单位 Project supervisor	项目承担单位 Project undertaking unit	项目编号 Item no.	项目执行期 Project execution period	项目类别 Project category
59	吸声防震型竹地板开发	国家星火计划项目	科学技术部星火计划办公室	杭州百孚竹制品有限公司	2006EA700127	2006—2008	国家级
60	新型安全环保纯实木地热地板关键技术研究与示范	国家星火计划项目	科学技术部星火计划办公室	浙江柏尔木业有限公司		2014—2016	国家级
61	新型二层竹地板制造及竹板材制造	国家星火计划项目	科学技术部星火计划办公室	杭州大庄地板有限公司	2002EA700054	2002—2004	国家级
62	新型集装箱地板生产技术开发	国家星火计划项目	科学技术部星火计划办公室	诸暨市光裕竹业有限公司	2006EA700018	2006—2008	国家级
63	新型优质竹木复合地板生产技术开发	国家星火计划项目	科学技术部星火计划办公室	安徽亚普竹业有限公司	2005EA710007	2005—2007	国家级
64	新型装饰面板及强化耐磨地板开发	国家星火计划项目	科学技术部星火计划办公室	湖北山山林业（集团）股份有限公司	2002EA760019	2002—2004	国家级
65	杨胶复合结构拆装式运动地板产业化开发	国家星火计划项目	科学技术部星火计划办公室	连云港华展木业有限公司		2012—2014	国家级
66	杨木增强耐磨复合地板制造技术推广	国家星火计划项目	科学技术部星火计划办公室	泗阳县顺洋木业有限公司		2014—2016	国家级
67	竹胶三层拼花地板砖	国家星火计划项目	科学技术部星火计划办公室	山东梁山天顺竹业有限公司	2007EA740095	2007—2009	国家级
68	利用木材边角料生产高强度防火木门的关键技术及产业化	国家星火计划项目	科学技术部星火计划办公室	浙江兴荣门业有限公司	2008GA700130	2008—2010	国家级

续表

序号 No.	项目名称 Project name	项目来源 Project source	项目主管单位 Project supervisor	项目承担单位 Project undertaking unit	项目编号 Item no.	项目执行期 Project execution period	项目类别 Project category
69	新型意杨LVL复合木门的研发与产业化	国家星火计划项目	科学技术部星火计划办公室	连云港汇华木业有限公司	2014GA690042	2014—2016	国家级
70	意杨单板积材新型木门窗的关键技术与产业化	国家星火计划项目	科学技术部星火计划办公室	连云港市迎雄木业有限公司	2013GA690101	2013—2015	国家级
71	FS-LCM轻质复合墙板产品开发	国家星火计划项目	科学技术部星火计划办公室	洪泽县万达轻质墙体材料厂	2003EA690072	2003—2005	国家级
72	多能轻体隔墙板开发	国家星火计划项目	科学技术部星火计划办公室	诸暨市华友新型建材厂	2004EA700051	2004—2006	国家级
73	硅钙植物纤维轻体墙板技术应用推广	国家星火计划项目	科学技术部星火计划办公室	河南省富瑞丰实业股份有限公司	2006EA750031	2006—2003	国家级
74	环保型中空轻质隔墙板开发	国家星火计划项目	科学技术部星火计划办公室	西安市临潼区旭阳建筑装饰有限公司	2003EA851021	2003—2006	国家级
75	秸秆五防轻质隔墙板开发	国家星火计划项目	科学技术部星火计划办公室	慈溪市茂发建材有限公司	2002EA701019	2002—2004	国家级
76	利用废弃物生产轻质保温隔墙板系列产品开发	国家星火计划项目	科学技术部星火计划办公室	本溪山城新型建材厂	2002EA650007	2002—2004	国家级
77	年产100万平方米五防轻体隔墙板	国家星火计划项目	科学技术部星火计划办公室	淮安市宏瑞建材有限公司	2005EA690125	2005—2007	国家级
78	轻质复合墙板成套技术开发	国家星火计划项目	科学技术部星火计划办公室	广东省东莞市互升合成墙板有限公司	2003EA780018	2003—2005	国家级

第3章 中国定制木质家居产业发展的基本现状研究

续表

序号 No.	项目名称 Project name	项目来源 Project source	项目主管单位 Project supervisor	项目承担单位 Project undertaking unit	项目编号 Item no.	项目执行期 Project execution period	项目类别 Project category
79	沃德环保利废轻质复合墙板及装饰防火板	国家星火计划项目	科学技术部星火计划办公室	黑龙江沃德新型建材科技发展有限公司	2004EA670025	2004—2006	国家级
80	五防轻体隔墙板技术开发与示范	国家星火计划项目	科学技术部星火计划办公室	禹州市五星轻体建材有限公司	2004EA750046	2004—2006	国家级
81	新型蜂窝复合隔墙板产业开发	国家星火计划项目	科学技术部星火计划办公室	北京飞亿世科技开发有限公司	2003EA600015	2003—2005	国家级
82	节能环保厨卫整体吊集成吊顶产业化	国家星火计划项目	科学技术部星火计划办公室	乐清市美佳集成吊顶有限公司	2007EA700101	2007—2009	国家级
83	采暖防潮竹地板	国家重点新产品计划项目	国家重点新产品计划管理办公室	江西叠丰竹制品有限公司	2005ED730038	2004—2006	国家级
84	升达抗菌强化木地板	国家重点新产品计划项目	国家重点新产品计划管理办公室	四川升达林产工业集团有限公司	2005ED810028	2004—2006	国家级
85	松之韵户外用防腐改性环保木地板	国家重点新产品计划项目	国家重点新产品计划管理办公室	上海大不同木业科技有限公司		2014—2016	国家级
86	竹杉复合地板	国家重点新产品计划项目	国家重点新产品计划管理办公室	浙江德仁竹木科技股份有限公司	2002ED700064	2002—2004	国家级
87	数控木门综合加工机	国家重点新产品计划项目	国家重点新产品计划管理办公室	南通沪港木工机械有限公司	2006GRC10050	2006—2008	国家级
88	五防轻体隔墙板技术开发与示范	国家重点新产品计划项目	国家重点新产品计划管理办公室	成都尖端高新技术产业有限公司（原四川星河建材有限公司）	2001ED812022	2000—2003	国家级
89	地板辐射冷暖系统建模方法及传热性能研究	国家自然科学基金委员会	国家自然科学基金委员会	青岛农业大学		2016—2019	国家级

表 3-3 中国定制木质家居产业相关的主要省部级科研项目

Tab. 3-2 The main provincial and ministerial level scientific research topics of customized wooden household in China

序号 No.	项目名称 Project name	项目来源 Project source	项目主管单位 Project supervisor	项目承担单位 Project undertaking unit	项目编号 Item no.	项目执行期 Project execution period	项目类别 Project category
1	地采暖用竹木复合地板中试与示范	农业科技成果转化资金项目	中国农村技术开发中心	宜兴市建兴竹木制品有限公司		2006—2009	省部级
2	地采暖用木复合地板中试与示范	农业科技成果转化资金项目	中国农村技术开发中心	宜兴市建兴木制品有限公司		2006—2009	省部级
3	年产100万平方米抗变形封闭式复合地板关键技术集成应用示范	农业科技成果转化资金项目	中国农村技术开发中心	湖南春玲竹业有限公司		2011—2013	省部级
4	一次性压贴热塑性树脂实木复合地板制造技术	农业科技成果转化资金项目	中国农村技术开发中心	中国林业科学研究院木材工业研究所		2012—2015	省部级
5	阻燃高耐磨技术在地板中的应用与产业化	农业科技成果转化资金项目	中国农村技术开发中心	宜兴狮王木业有限公司		2013—2015	省部级
6	新型地板采暖系统——干式地板采暖系统的实验研究	华复建设科学技术奖励项目	住房城乡建设部	北京建筑工程学院、浙江勤业建工集团有限公司		2009—2011	省部级
7	仿木复合地板	全国建设行业科技成果推广项目	住房城乡建设部	唐山金三顺装饰材料有限公司		2011—2013	省部级
8	无卤阻燃木塑地板	全国建设行业科技成果推广项目	住房城乡建设部	辽宁精华新材料股份有限公司		2016—2018	省部级
9	多功能轻质复合墙板	全国建设行业科技成果推广项目	住房城乡建设部产业化发展中心	花园新材料股份有限公司		2017—2019	省部级

第3章 中国定制木质家居产业发展的基本现状研究

续表

序号 No.	项目名称 Project name	项目来源 Project source	项目主管单位 Project supervisor	项目承担单位 Project undertaking unit	项目编号 Item no.	项目执行期 Project execution period	项目类别 Project category
10	100%低地板轻轨车研制	国家科技支撑计划项目	住房城乡建设部科学技术司	长春轨道客车股份有限公司	05C2622110O124	2005—2007	省部级
11	地板辐射采暖智能控温的研究开发	国家级大学生创新创业训练计划立项项目	教育部高等教育司	长安大学		2016—2017	省部级
12	多功能鞋柜设计	国家级大学生创新创业训练计划立项项目	教育部高等教育司	广西科技大学	201610594010	2016—2017	省部级
13	基于"互联网+"的智能衣柜	国家级大学生创新创业训练计划立项项目	教育部高等教育司	上海大学	201610280024	2016—2017	省部级
14	家用多功能一体式橱柜装置	国家级大学生创新创业训练计划立项项目	教育部高等教育司	巢湖学院	201610380013	2016—2017	省部级
15	净气型智能书柜	国家级大学生创新创业训练计划立项项目	教育部高等教育司	北京建筑大学	201610016021	2016—2017	省部级
16	可自由组合式橱柜功能空间组件设计开发	国家级大学生创新创业训练计划立项项目	教育部高等教育司	沈阳工业大学	201610142012	2016—2017	省部级
17	智能衣柜	国家级大学生创新创业训练计划立项项目	教育部高等教育司	上海理工大学	201610252051	2016—2017	省部级
18	"易家网"互联网家居定制服务平台	国家级大学生创新创业训练计划项目	教育部高等教育司	福建农林大学金山学院	201714046008	2017—2018	省部级

续表

序号 No.	项目名称 Project name	项目来源 Project source	项目主管单位 Project supervisor	项目承担单位 Project undertaking unit	项目编号 Item no.	项目执行期 Project execution period	项目类别 Project category
19	基于ZigBee技术的智能家居控制系统研发	国家级大学生创新创业训练计划项目	教育部高等教育司	北京林业大学	201310022061	2013—2014	省部级
20	基于个性化定制的木质家居产品设计与营销	国家级大学生创新创业训练计划项目	教育部高等教育司	中国矿业大学	201710029097	2017—2018	省部级
21	基于水转印技术的木质家居产品设计研究	国家级大学生创新创业训练计划项目	教育部高等教育司	东北林业大学	201110225025	2012—2013	省部级
22	基于竹木制品的个性化定制设计与推广	国家级大学生创新创业训练计划项目	教育部高等教育司	浙江农林大学	201410341006	2014—2015	省部级
23	中国传统陶艺与现代家居装饰创新结合研究	国家级大学生创新创业训练计划项目	教育部高等教育司	东北林业大学	201210225016	2012—2013	省部级
24	多功能地板清洁器	国家级大学生创新创业训练计划项目	教育部高等教育司	集美大学		2013—2014	省部级
25	高效导热地采暖用木质地板基材的研制与应用	国家级大学生创新创业训练计划项目	教育部高等教育司	广西大学		2017—2018	省部级
26	基于机器视觉的运动地板块跟踪平台设计与实现	国家级大学生创新创业训练计划项目	教育部高等教育司	东北林业大学		2012—2013	省部级
27	基于嵌入式的实木地板优选系统	国家级大学生创新创业训练计划项目	教育部高等教育司	东北林业大学		2012—2013	省部级

第3章 中国定制木质家居产业发展的基本现状研究

续表

序号 No.	项目名称 Project name	项目来源 Project source	项目主管单位 Project supervisor	项目承担单位 Project undertaking unit	项目编号 Item no.	项目执行期 Project execution period	项目类别 Project category
28	秸秆纤维复合地板	国家级大学生创新创业训练计划项目	教育部高等教育司	南阳师范学院		2013—2014	省部级
29	利用低质针叶材制备表面强化型实木地板材的工艺研究	国家级大学生创新创业训练计划项目	教育部高等教育司	东北林业大学		2015—2016	省部级
30	实木地板产品服务化与价值升级研究	国家级大学生创新创业训练计划项目	教育部高等教育司	南京林业大学		2017—2018	省部级
31	提高实木复合地板耐开裂能力的研究	国家级大学生创新创业训练计划项目	教育部高等教育司	东北林业大学		2012—2013	省部级
32	用速生杨做卧室木地板研究	国家级大学生创新创业训练计划项目	教育部高等教育司	北华大学		2015—2016	省部级
33	便捷式厨房柜	国家级大学生创新创业训练计划项目	教育部高等教育司	西安石油大学	201210705024	2013—2014	省部级
34	储物柜、床、桌子一体化创新设计	国家级大学生创新创业训练计划项目	教育部高等教育司	华南农业大学	201210564060	2013—2014	省部级
35	多功能楼梯柜	国家级大学生创新创业训练计划项目	教育部高等教育司	南京师范大学	201710319023	2017—2018	省部级
36	多功能学生宿舍床上衣柜开发研究	国家级大学生创新创业训练计划项目	教育部高等教育司	龙岩学院	201511312022	2015—2016	省部级

续表

序号 No.	项目名称 Project name	项目来源 Project source	项目主管单位 Project supervisor	项目承担单位 Project undertaking unit	项目编号 Item no.	项目执行期 Project execution period	项目类别 Project category
37	多功能组合鞋柜	国家级大学生创新创业训练计划项目	教育部高等教育司	安徽建筑工业学院	201210878070	2013—2014	省部级
38	浮象智能书柜	国家级大学生创新创业训练计划项目	教育部高等教育司	汕头大学	201710560022	2017—2018	省部级
39	高层可升降的橱柜架设计	国家级大学生创新创业训练计划项目	教育部高等教育司	华中农业大学	201210504157	2012—2013	省部级
40	"互联网+"时代下的智能鞋柜设计	国家级大学生创新创业训练计划项目	教育部高等教育司	绥化学院	201710236024	2017—2018	省部级
41	可旋转智能储物柜的研究与设计	国家级大学生创新创业训练计划项目	教育部高等教育司	德州学院	201510448030	2015—2016	省部级
42	人性化与互联网结合智能衣柜	国家级大学生创新创业训练计划项目	教育部高等教育司	武汉科技大学城市学院	201413235006	2014—2015	省部级
43	升降式智能鞋柜	国家级大学生创新创业训练计划项目	教育部高等教育司	泰山医学院	201310439011	2013—2014	省部级
44	新型半自动橱柜系统开发设计	国家级大学生创新创业训练计划项目	教育部高等教育司	中国民航大学	201310059015	2013—2014	省部级
45	一种多功能智能鞋柜	国家级大学生创新创业训练计划项目	教育部高等教育司	安徽信息工程学院	201713613061	2017—2018	省部级

第3章 中国定制木质家居产业发展的基本现状研究

续表

序号 No.	项目名称 Project name	项目来源 Project source	项目主管单位 Project supervisor	项目承担单位 Project undertaking unit	项目编号 Item no.	项目执行期 Project execution period	项目类别 Project category
46	一种防潮耐火新型环保橱柜的设计及开发	国家级大学生创新创业训练计划项目	教育部高等教育司	电子科技大学	201210614156	2012—2013	省部级
47	智能电子鞋柜	国家级大学生创新创业训练计划项目	教育部高等教育司	深圳大学	201210590089	2013—2014	省部级
48	智能个性化衣柜	国家级大学生创新创业训练计划项目	教育部高等教育司	郑州大学	201510459020	2015—2016	省部级
49	智能鞋柜	国家级大学生创新创业训练计划项目	教育部高等教育司	洛阳师范学院	201510482050	2015—2016	省部级
50	智能鞋柜	国家级大学生创新创业训练计划项目	教育部高等教育司	青岛滨海学院	201710866167	2017—2018	省部级
51	智能衣柜&配衣管家	国家级大学生创新创业训练计划项目	教育部高等教育司	华北电力大学	201710054219	2017—2018	省部级
52	智能衣柜系统的研制	国家级大学生创新创业训练计划项目	教育部高等教育司	安徽信息工程学院	201713613054	2017—2018	省部级
53	基于数控技术制造的泰山书法文化木门的创新研究	国家级大学生创新创业训练计划项目	教育部高等教育司	山东农业大学	201310434023	2013—2014	省部级
54	新型秸秆填充墙板构件的受力性能研究	国家级大学生创新创业训练计划项目	教育部高等教育司	华南理工大学		2017—2018	省部级

表 3-4 中国定制木质家居产业相关的主要地厅级科研项目

Tab. 3-4 The mian prefecture-level scientific research topics of customized wooden household in China

序号 No.	项目名称 Project name	项目来源 Project source	项目主管单位 Project supervisor	项目承担单位 Project undertaking unit	项目编号 Item no.	项目执行期 Project execution period	项目类别 Project category
1	安徽工业精品——超实木防水EO健康地板（防潮型）	安徽省民营中小企业项目	安徽省经济和信息化委员会	安徽扬子地板股份有限公司		2016—2017	地厅级
2	安徽工业精品——木塑地板	安徽省民营中小企业项目	安徽省经济和信息化委员会	安徽森泰木塑集团股份有限公司		2016—2017	地厅级
3	环保型木塑DIY小地板技改项目	安徽省民营中小企业项目	安徽省经济和信息化委员会	宣城福美达新材料有限公司		2016—2017	地厅级
4	年产500万平方米强化木地板数字化车间工艺流程改造项目	安徽省民营中小企业项目	安徽省经济和信息化委员会	安庆晨旺木业有限公司		2016—2017	地厅级
5	年产260万平方米环保型浸渍纸层压木质墙板项目	安徽省民营中小企业项目	安徽省经济和信息化委员会	宿州市东大木业有限公司		2016—2017	地厅级
6	新型木竹复合地板的产业化	安徽省农业科技成果转化项目	安徽省科学技术厅	安徽新河竹叶有限公司		2011—2012	地厅级
7	太阳能地板辐射采暖系统设计参数研究及优化	北京市教委科研计划项目	北京市教育委员会	北京建筑工程学院	KM201010016007	2011—2012	地厅级
8	基于相变材料的太阳能热水地板采暖房间热性能研究	北京市自然科学基金项目	北京市科学技术委员会	北京建筑工程学院	3112008	2010—2011	地厅级
9	浪漫写意生活——花之语系列木门设计	首都设计产业提升计划支持项目	北京市科学技术委员会	北京世纪依品家具有限公司		2015—2016	地厅级
10	杉木在无醛家居产品中高效利用的关键技术研究及产业化	福建省科技计划项目	福建省科学技术厅	福建农林大学园林学院；福州颐山木业有限公司	2015N0003	2015—2016	地厅级

第3章 中国定制木质家居产业发展的基本现状研究

续表

序号 No.	项目名称 Project name	项目来源 Project source	项目主管单位 Project supervisor	项目承担单位 Project undertaking unit	项目编号 Item no.	项目执行期 Project execution period	项目类别 Project category
11	竹家居制品关键技术集成示范	福建省科技计划项目	福建省科学技术厅	福建华韵竹木有限公司；福建农林大学；福建龙竹工贸有限公司	2015S0035	2015—2016	地厅级
12	整体橱柜研发设计服务创新平台	厦门市科技计划项目	福建省厦门市科学技术局	厦门金牌厨柜股份有限公司		2015—2016	地厅级
13	欧派衣柜产品设计、生产、销售系统智能化改造项目	广州市工业转型升级专项资金行业领先企业专题项目	广东省广州市工业和信息化委员会	欧派家居集团股份有限公司		2015—2016	地厅级
14	高效节能数控木门锁孔机	广东省级前沿与关键技术创新专项资金科技型中小企业技术创新项目	广东省科学技术厅	佛山市顺德区一哥数控机械有限公司		2015—2016	地厅级
15	Flash DIY 组合柜定制系统	河南省信息技术教育优秀成果奖	河南省教育厅	黄河科技学院		2015—2016	地厅级
16	地板基材生产线技术改造项目	吉林省林业产业发展资金项目	吉林省林业厅、吉林省财政厅	金桥地板集团松原分公司		2015—2016	地厅级
17	地板砂光设备更新技改项目	吉林省林业产业发展资金项目	吉林省林业厅、吉林省财政厅	江源区吉林工学木业有限责任公司		2015—2016	地厅级
18	利用木材加工剩余物研发地板系列新产品综合利用技术改造项目	吉林省林业产业发展资金项目	吉林省林业厅、吉林省财政厅	吉林新元木业有限公司		2015—2016	地厅级

续表

序号 No.	项目名称 Project name	项目来源 Project source	项目主管单位 Project supervisor	项目承担单位 Project undertaking unit	项目编号 Item no.	项目执行期 Project execution period	项目类别 Project category
19	难燃密度地板改扩建项目	吉林省林业产业发展资金项目	吉林省林业厅、吉林省财政厅	珲春森林山木业有限公司		2015—2016	地厅级
20	实木复合地板表板刨切技术改造项目	吉林省林业产业发展资金项目	吉林省林业厅、吉林省财政厅	珲春兴合木业有限公司		2015—2016	地厅级
21	新型3+1叠加无醛地板生产线技术改造项目	吉林省林业产业发展资金项目	吉林省林业厅、吉林省财政厅	敦化森林泰木业有限责任公司		2015—2016	地厅级
22	无卤阻燃木塑地板制备技术开发	辽宁省大学生创新创业训练计划项目	辽宁省教育厅	沈阳化工大学		2015—2016	地厅级
23	体育馆用木质地板铺装技术规程	辽宁省地方标准制修订计划项目	辽宁省实施标准化发展战略联席会议办公室	辽宁省森林经营研究所		2015—2016	地厅级
24	新型轻质节能环保肉隔墙板的研究与应用	上海市科技型中小企业技术创新资金项目	上海市科学技术委员会	上海达壁美新材料有限公司	1503H150300	2015—2016	地厅级
25	地暖环境中实木复合地板甲醛释放量分析测试技术的研究与应用	浙江省公益技术应用研究计划项目	浙江省科学技术厅	浙江省木业产品质量检测中心南浔检测所		2015—2016	地厅级
26	实木地板加工边角木料高值化利用相关键技术研究	浙江省公益技术应用研究计划项目	浙江省科学技术厅	浙江省林业科学研究院		2015—2016	地厅级
27	速生材在实木地板中的应用研究	浙江省公益性技术应用研究计划项目	浙江省科学技术厅	湖州市南浔区科技创业发展有限公司		2015—2016	地厅级
28	自由呼吸式智能集成吊顶系统的技术及产业化		浙江省嘉兴市科学技术局	浙江奥华电气有限公司	2014BZ11014	2013—2014	地厅级
29	大规模定制整体衣柜智能制造管理系统	浙江省两化深度融合计划项目	浙江省经济和信息化委员会	南京林业大学		2015—2016	地厅级

第3章 中国定制木质家居产业发展的基本现状研究

表 3-5 中国定制木质家居产业相关的主要专利奖项目

Tab. 3-5 The mian patent award project of customized wooden household in China

序号 No.	项目名称 Project name	项目来源 Project source	项目主管单位 Project supervisor	项目承担单位 Project undertaking unit	项目编号 Item no.	项目执行期 Project execution period
1	将实木地板应用到地热环境的方法及实木地板铺装结构	中国专利奖	国家知识产权局	浙江菱格木业有限公司		2017—2018
2	实木地板加工方法	中国专利奖	国家知识产权局	久盛地板有限公司		2012—2013
3	四层实木复合地热地板及其生产工艺	中国专利奖	国家知识产权局	大亚（江苏）地板有限公司		2017—2018
4	炭化木地板生产方法	中国专利奖	国家知识产权局	浙江世友木业有限公司		2010—2011
5	竹塑复合地板及其铺装方法	中国专利奖	国家知识产权局	安徽森泰塑木新材料有限公司		2012—2013
6	橱柜（巴洛克印象）	中国专利奖	国家知识产权局	广东欧派集团有限公司	201030241583.X	2012—2013
7	柜台（BL5101）	中国专利奖	国家知识产权局	汕头市华莎驰家具家饰有限公司	201030239668.4	2012—2013
8	浴室柜（MARGARET 系列 03）	中国专利奖	国家知识产权局	霍成基	ZL201230580929.8	2016—2017
9	浴室柜（风漪系列 01）	中国专利奖	国家知识产权局	霍成基	ZL201230533457.4	2017—2018
10	浴室柜（天鹅堡 20902）	中国专利奖	国家知识产权局	佛山东鹏洁具股份有限公司	ZL201230373605.7	2017—2018
11	组合电视柜（47100）	中国专利奖	国家知识产权局	汕头市华莎驰家具家饰有限公司	200930264014.4	2017—2018
12	组合书柜（90-0023）	中国专利奖	国家知识产权局	美克美家家具连锁有限公司	200830143369.3	2012—2013
13	多电器吊顶集成方法及组合装置	中国专利奖	国家知识产权局	浙江友邦集成吊顶股份有限公司	ZL200510049679.4	2014—2015

3.3.2 中国定制木质家居科技创新平台

截至 2019 年 12 月底,中国定制木质家居产业拥有科技创新平台 21 个,其中 20 个国家级科技创新联盟,1 个省级科技创新联盟。其中 20 个国家级科技创新联盟包括国家木竹产业技术创新战略联盟以及 19 个国家林业和草原局先后批准成立的国家级创新联盟。1 个省级科技创新联盟为 2017 年广东省科技厅批准成立广东定制家居与智能制造产业技术创新联盟。

2009 年,中华人民共和国科学技术部批准成立国家木竹产业技术创新战略联盟,"索菲亚""德华兔宝宝""升华云峰""千年舟""大自然家居""德尔未来""久盛""世友"等知名定制木质家居企业均为该联盟成员。该联盟 2010 年组织中国林科院木材工业研究所、北京林业大学、南京林业大学等多家科研院所、高校以及金牌厨柜等企业承担了国家高新技术研究发展计划("863"计划)重点项目"木竹先进加工制造技术研究",开展了"木竹制品模数化定制敏捷制造技术"等课题研究,构建了木竹制品规模化定制敏捷制造技术平台,首次开展了国内外木竹产业适应个性化定制柔性生产技术研究。此后,该联盟多方面开展木门、木地板、衣柜等多种定制家居产品与定制技术的研究,对推动中国定制家居产业技术发展发挥了重要作用。自 2012 年以来,该联盟多次被国家科学技术部评估为 A 类联盟,活跃度很高。

2018 年国家林业和草原局批准成立了定制家居国家创新联盟、地板产业国家创新联盟、饰面板产业国家创新联盟、林业产业标准化国家创新联盟,2019 年国家林业和草原局批准成立了 15 家定制木质家居相关联盟,包括:木质功能材料与制品国家创新联盟、木材防腐技术国家创新联盟、木材胶黏剂产业国家创新联盟、木门窗产业国家创新联盟、木文化创意产业国家创新联盟、竹家居产业国家创新联盟、木材保护与改性国家创新联盟、木材涂料与涂饰国家创新联盟、木质产品质量与安全认证国家创新联盟、林产品检验检测技术国家创新联盟、木竹材清洁制浆造纸国家创新联盟、木竹材料装饰应用国家创新联盟、家居绿色供应链国家创新联盟、植物纤维功能材料国家创新联盟、木工智能化国家创新联盟等。

根国家林业和草原局成立国家创新联盟的要求,这些联盟将以协同创新为目标,围绕定制木质家居产业涉及的定制家居、木地板、饰面板材料、标准化等领域协同创新和提升企业创新能力建设,开展技术合作,加速科技成果的转移转化,推进行业质量和标准化提升工作,提升定制木质家居产业竞争力,推进定制木质家居产业发展。

3.3.3 中国定制木质家居专利情况分析

3.3.3.1 定制衣柜

2019 年 11 月笔者通过查询国家知识产权局专利检索及分析网站,以"衣柜"为关键词,查询申请日在 2010 年 1 月 1 日—2018 年 12 月 31 日间的衣柜相关发明专利和实用新型专利申请情况,并进行筛选,结果如图 3-10 所示。

从图 3-10 可见,中国近年定制衣柜相关专利申请总量呈上升趋势,其中发明专利数量增速较快,2018 年发明专利申请 455 项是 2010 年的 15 倍,实用新型专利在 2015 年达到峰值 526 项后逐渐下降。2010—2018 年定制衣柜领域科技创新活跃度较高。专利内容主要涉及衣柜用创新型原辅材料、新产品、新工艺等领域，近年技术热点主要有：智能衣柜（功能包含智能伸缩、安全防范预警、恒温、照明、电动等）及功能型衣柜，如杀菌消毒、防潮防尘除甲醛等功能衣柜产品。

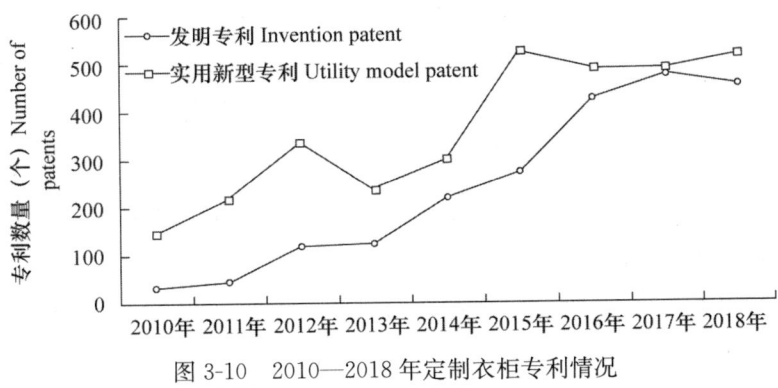

图 3-10　2010—2018 年定制衣柜专利情况

Fig. 3-10　The patent status of custom-made wardrobe in 2010—2018

3.3.3.2　定制厨柜

2019 年 11 月笔者通过查询国家知识产权局专利检索及分析网站，以"厨柜或橱柜"为关键词，查询申请日在 2010 年 1 月 1 日—2018 年 12 月 31 日间的厨柜相关发明专利和实用新型专利申请情况，并进行筛选，结果如图 3-11 所示。

从图 3-11 可见，中国近年定制厨柜相关发明专利、实用新型专利申请总量在波动中上升，发明专利在 2016 年达到峰值 372 项后逐渐下降，实用新型专利在 2017 年达到峰值 597 项后开始下降。2010—2018 年定制厨柜领域科技创新活跃度较高，2018 年略有下降趋势。专利内容涉及厨柜用创新型原辅材料、新产品、新工艺等领域，近年技术热点主要有：智能厨柜以及具备防潮、防滑、消毒杀菌、方便清洁、保温等功能的厨柜产品。

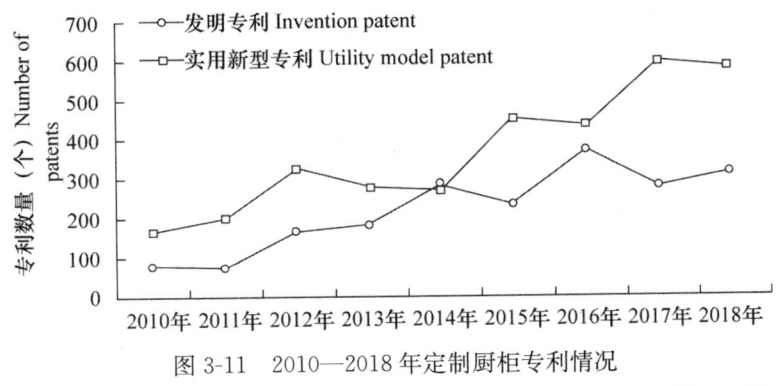

图 3-11　2010—2018 年定制厨柜专利情况

Fig. 3-11　The patent status of custom-made kitchen cabinets in 2010—2018

3.3.3.3　木地板

2019 年 11 月笔者通过查询国家知识产权局专利检索及分析网站，以"木地板"为关键词，查询申请日在 2010 年 1 月 1 日—2018 年 12 月 31 日间的木地板相关专利申请情况，并进行筛选，结果如图 3-12 所示。

从图 3-12 可见，中国近年木地板专利申请数量呈波动变化，总体呈上升趋势。木地板发明专利在 2014 年达到峰值 360 项，2018 年发明专利数量是 2010 年的 3 倍多，木地板实用新型专利数量逐年上升。2010—2018 年木地板领域科技创新的活跃度变化相对平稳。专利内容涉及木地板用原辅材料、木地板新产品、新工艺等领域，近年来技术创新热点主要有：地采暖用木质地板、石木塑等创新型地板，公共场所、客厅、厨房、浴室等特殊场所的地板应用拓展等。

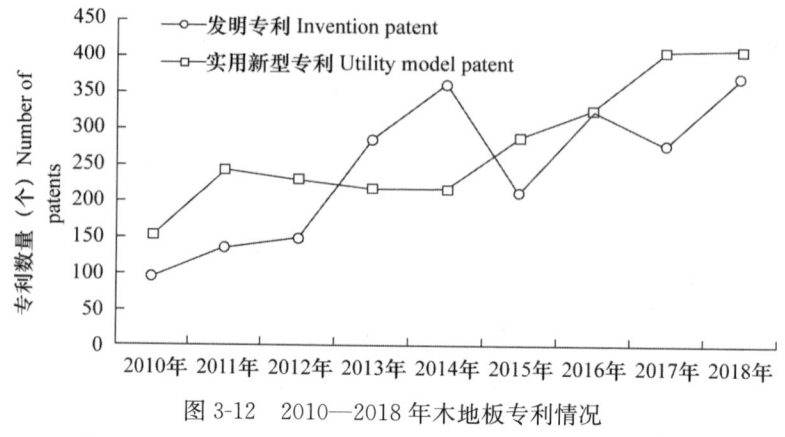

图 3-12 2010—2018 年木地板专利情况

Fig. 3-12 The patent status of wood flooring in 2010—2018

3.3.3.4 木门

2019 年 11 月笔者通过查询国家知识产权局专利检索及分析网站，以"木门"为关键词，查询申请日在 2010 年 1 月 1 日—2018 年 12 月 31 日间的木门相关专利申请情况，并进行筛选，结果如图 3-13 所示。

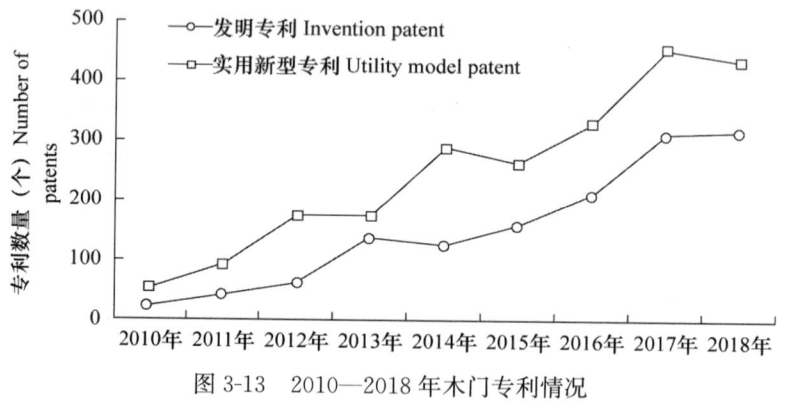

图 3-13 2010—2018 年木门专利情况

Fig. 3-13 The patent status of wooden door in 2010—2018

从图 3-13 可见，中国近年木门专利申请总量呈上升趋势，且增速较快。2018 年木门发明专利数量是 2010 年的 13 倍左右，2018 年实用新型专利数量是 2010 年的 7 倍左右。2010—2018 年木门领域的科技创新活动度较高。专利内容涉及木门用原辅材料、木门新产品、新工艺等领域，近年来技术创新热点主要有：防潮、防虫、环保免漆、阻燃、静音等功能型木门产品。

3.3.3.5 木墙板

2019年11月笔者通过查询国家知识产权局专利检索及分析网站，以"木墙板"为关键词，查询申请日在2010年1月1日—2018年12月31日间的木墙板相关专利申请情况，并进行筛选，结果如图3-14所示。

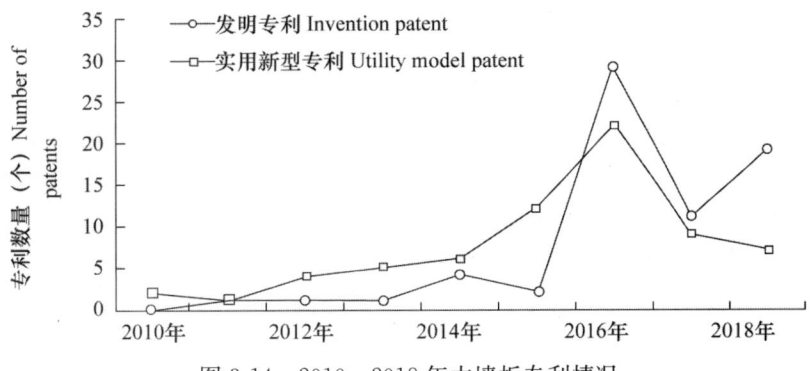

图 3-14　2010—2018 年木墙板专利情况

Fig. 3-14　The patent status of wood wallboard in 2010—2018

从图3-14可见，中国近年木墙板专利申请总量相对较少，专利内容涉及木墙板用原辅材料、新产品、新工艺、新安装方法等领域，近年来技术创新热点主要有：隔声、耐高温、防水、防腐等功能型木墙板产品以及创新型木墙板安装方法。

3.3.3.6 木楼梯

2019年11月笔者通过查询国家知识产权局专利检索及分析网站，以"木楼梯"为关键词，查询申请日在2010年1月1日—2018年12月31日间的木楼梯相关专利申请情况，并进行筛选，结果如图3-15所示。

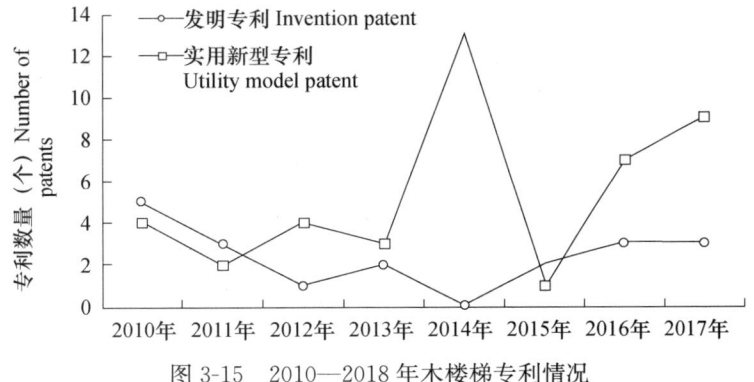

图 3-15　2010—2018 年木楼梯专利情况

Fig. 3-15　The patent status of wooden stairs in 2010—2018

从图3-15可见，中国近年木楼梯专利申请总量相对较少，专利内容涉及木楼梯用原辅材料、新产品、新工艺、新安装方法等领域，近年来技术创新热点主要有：木楼梯的新型部件结构，组装方便、安全性高、便于小空间使用的木楼梯产品。

3.3.3.7 木吊顶

2019年11月笔者通过查询国家知识产权局专利检索及分析网站，以"木吊顶"为摘要关键词，查询申请日在2010年1月1日—2018年12月31日间的木吊顶相关专利申请情况，中国木吊顶发明专利8项，实用新型专利12项，主要涉及具备防水、防腐功能的木吊顶产品以及采用竹木复合、塑木复合作为基材的吊顶产品。

3.3.3.8 总体专利情况

企业和社会各单位申请或获得的授权专利量的多少，与科技创新活跃度密切相关，表明企业对新技术和新产品的高度重视，也符合创新驱动发展的要求。

综合定制衣柜、厨柜、木地板等主要定制木质家居产品专利情况，中国定制木质家居发明专利和实用新型专利总体数量较多，发明专利每年申请数量在2010—2018年基本呈上升趋势，且增速较快，2018年发明申请专利数量是2010年专利数量的6倍左右，2018年实用新型专利申请数量是2010年的5倍多。如图3-16所示，2010—2018年定制木质家居领域科技创新活跃度较高，行业对定制木质家居产业的新产品、新技术、新应用领域的研究较多。其中，定制衣柜、定制厨柜、木门的专利增速较快，表明这3大类产品处于快速发展期，创新机会更多；木地板的专利增速较为平稳，表明木地板领域产业发展技术较为成熟，创新研究要求更高；木墙板、木吊顶等领域的专利数量相对较少。此外，隔音、防水、防腐等功能型产品，智能化新产品和新应用领域的开发等是专利研发的热点。

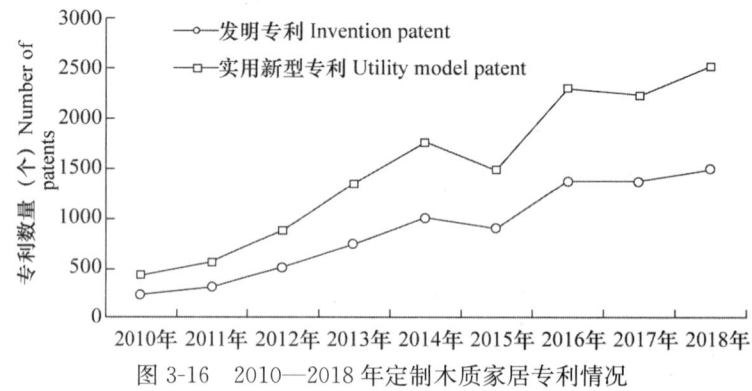

图3-16　2010—2018年定制木质家居专利情况

Fig. 3-16　The patent status of customized wooden household in 2010—2018

3.3　中国定制木质家居产业发展的主要特征与趋势分析

结合定制木质家居产业研究结果，笔者总结中国定制木质家居产业主要特征和发展趋势如下。

3.3.1　中国定制木质家居产业发展的主要特征

3.3.1.1　产业规模不断壮大

定制木质家居产业发展和中国城镇化进程、个性化消费需求发展密切相关。毛坯房装修、中小户型空间优化利用，导致添置新家居产品的需求增加；同时，城镇人口对流行时尚潮流更加敏感，更加注重家居产品的品牌、质量。根据国家统计局数据，中国城镇居民人均可支配收入由2006年的11759元增长至2018年的39251元，为定制木质家居产业发展创造了必要条件；中国房地产市场持续稳定增长，商品住宅房销售面积的增长有效推动了定制木质家居产业不断扩大。中国商品住宅房销售面积从2006年的5.54亿平方米增至2017年的16.9亿平方米。城镇居民可支配收入和商品房销售的增长，为定制木质家居产业发展提供了广阔市场，催生了定制木质家居产业的发展，且其规模不断壮大。

以定制衣柜、定制厨柜为典型代表的定制家居产品，2000年前后步入发展初期，2005年开始从单品类生产向多品类生产发展，产业发展速度加快，2016—2017年以定制衣柜、定制厨柜为代表的主流定制家居企业年增长在30%～50%。2018年中国定制木质家居产业产值约5340亿元，约占木材加工与木竹制品制造业产值的41.7%，定制木质家居产业已成为中国木材工业转型升级的引擎，产业规模不断壮大，产业集聚趋势明显，已经形成包括珠三角地区、长三角地区、西南地区和环渤海地区在内的定制木质家居产业集聚区。

3.3.1.2 产业跨界融合发展

定制木质家居产业快速发展，受到社会广泛关注，吸引了各种经济主体纷纷投入到此产业中来，使跨界融合成为定制木质家居产业发展新模式。具体表现为如下两种。

（1）定制木质家居企业自身延长产业链，拓展产品品类，或跨界合作。该类企业通常衣柜与厨柜企业互相跨界，衣柜、厨柜企业跨界生产木地板、木门等，通过跨界合作拓展产品和服务供给范围。如"尚品宅配"通过跨界融合发展，与厨电企业、沙发、床、实木家具、物流等企业跨界合作，为消费者提供全屋定制产品和服务；浙江升华云峰新材股份有限公司开始主营业务为人造板和木地板，近年来逐渐拓展业务，生产和销售木门、定制衣柜、定制厨柜；千年舟新材科技集团有限公司始开始主营环保板材、木地板，现在也延伸到全屋定制领域，拥有"柏菲伦""美莱居"等全屋定制品牌。

（2）传统的家具企业、家装、卖场、互联网、软件等领域知名企业充分利用自身优势，例如资本优势、渠道和销售优势、信息化技术或智能制造技术优势，进入定制木质家居产业，生产定制家居产品或提供定制服务，实现跨界经营，突破了行业的限制，为定制木质家居产业带来更多创新和发展。例如"碧桂园"成立现代筑美家居有限公司，推出全屋定制业务，生产和销售木地板、木门、厨柜等产品；"海尔"推出全屋定制业务。

3.3.1.3 产业标准化要求高

定制木质家居产业标准化需求旺盛，标准化要求高。大规模定制技术解决了大批量生产与用户个性化需求的矛盾，提高产品和服务质量，提升生产效率、降低生产成本。而大规模定制需要高水平标准化的支撑，定制木质家居涉及原材料采购、测量与设计、生产制造、安装和验收与维护等产业链多个环节，需要实施产品的标准化、过程的标准化、信息的标准化、管理的标准化，只有高度标准化才能支撑定制化生产。例如，定制衣柜的甲醛释放量控制，只有刨花板等原材料甲醛释放量达到GB 18580—2017《室内装饰装修材料 人造板及其制品中甲醛释放限量》的要求，才能有效保证定制家居产品的质量；定制家居产品加工装备也需要考察其加工精度指标，需满足相应标准要求；定制家居产品及其设计、安装和验收等也应严格执行相关标准要求；定制衣柜和厨柜等定制家居产品的柔性化生产，需要根据客户订单进行生产，而消费者订单的多样性、产品的复杂性，对企业柔性化生产工艺技术、信息化技术提出更高的要求，需要高度标准化的支撑，才能实现大规模、自动化、个性化生产。

3.3.1.4　产业整体集中度较低

经过多年的发展，定制木质家居产品的需求量不断上升，但产业整体集中度较低，知名品牌企业数量偏少。中国定制木质家居产业企业数量超过15000家，已经打造出了一批知名品牌，如衣柜品牌"索菲亚""好莱客""顶固""客来福"等，定制厨柜品牌"欧派""尚品宅配""皮阿诺""金牌""我乐""志邦"等，木地板品牌"圣象""大自然""德尔"等，但品牌的知名度、在世界范围内的影响力、品牌带动力等仍有较大提升空间。

当前定制木质家居行业市场份额较为分散。2018年23家定制木质家居相关上市企业总营收为870.81亿元，约占行业总量的16.29%，与家电行业排名前十的品牌市场占有率近80%相比，定制家居呈现出"大行业，小企业"的行业特点，定制木质家居产业集中度偏低。

3.3.2　中国定制木质家居产业发展的主要趋势

3.3.2.1　产业发展进入调整期

以定制衣柜和定制厨柜为代表的定制木质家居产业一直保持较高的发展增速，2018年，随着一批优质定制家居企业完成上市，定制木质家居产业已进入渠道、品类、产能快速扩张时期，产业竞争加剧，同时产业的高成长性、优质盈利性吸引了成品家具、家装、房地产等跨界企业，抢占市场份额，渠道被多元化截流，使定制木质家居产业的竞争趋于白热化，定制家居产业增速减缓，产业发展进入调整期，龙头企业发展增速从30%~50%回落至20%~30%。例如，根据对上市公司公开数据查询，2018年"欧派"总营收为115.09亿元，营收增速较2017年下降17.58%，净利润为15.72亿元，净利润增速较2017年下降16.02%；2018年"索菲亚"总营收为73.11亿元，营收增速较2017年下降17.36%，净利润为9.59亿元，净利润增速较2017年下降30.31%。随着过多资本的介入，行业优胜劣汰加剧，2017—2018年，"好来屋厨柜""重庆家博士""诚丰家具"等一批企业相继倒闭，使行业资源向优势企业集中，品牌集中度进一步提升。

当前定制木质家居产业的市场渗透率相对较低。市场渗透率为商品的现有需求量与商品的潜在需求量之比。2016年中国家居产品的定制化整体渗透率约占24%，其中定制厨柜约占56%，木门占30%，定制衣柜占28%（熊先青，等，2018），根据新浪家居频道报道"关于国外家居定制渗透率基本在60%~70%"的数据，中国定制木质家居产业发展空间仍较大。

3.3.2.2　绿色环保是产业发展的主题

绿色环保是产业发展的主题和重要方向。

一方面，环保型家居产品已经成为消费者的首选。消费者最关注木地板、定制衣柜、定制厨柜等产品的甲醛释放限量指标，木门、木楼梯等产品的挥发性有机物排放限量指标，以及定制衣柜等产品的气味问题等。企业高度重视定制木质家居产品环保性能。例如，2018年3月，"梦天木门"发布了水性漆木门新产品，将木门生产常用的油性漆改成水性漆，消除产品有机挥发物（VOC）释放，提升产品环保水平。

另一方面，产业绿色发展是落实党中央和国务院绿色发展战略的需要和要求。定制木质家居产业发展应遵循原料绿色化、生产过程清洁化、产品性能环保化原则，加强绿色、环保、节能减排标准化工作。坚持绿色发展，树立绿色发展意识、在生产和管理过程中执行绿色环保标准；建立绿色供应链，开发和使用绿色环保的表面装饰材料、人造板类基材，提高产品环保性能；加强资源综合利用、实施节能减排和清洁生产，改进生产工艺，提高生产效率，提高对原材料的利用率，减少木质资源消耗；加强环保改造，建立绿色工厂，节约能源，严控生产污染排放。

3.3.2.3 智能化和智能制造是产业升级的主要方向

定制木质家居产业的智能化和智能制造包括信息化软件系统、智能硬件装备与智能技术的相互结合，通过智能制造等先进制造技术，解决个性化定制与大规模生产的矛盾，加大生产的柔性化，在提高原材料利用率、产品质量、生产效率的同时，降低用工成本和生产成本。目前定制木质家居产业的智能化水平较低，智能化和智能制造是产业转型升级的主要方向。

一方面，多家定制家居产业龙头企业为扩大产能，解决"用工难"的问题，新建定制家居智能工厂，或者通过对现有生产基地进行智能化改造升级，进一步提高定制家居的智能化和自动化，实现机器换人、提高生产效率。例如，2016年，"尚品宅配"被国家工业和信息化部评选为"智能制造试点示范"企业；2018年，"曲美家居"的"家居大规模个性化定制试点示范"项目成为2018年中国智能制造试验示范项目；2017年，"索菲亚"开始实施数字化生态系统，2018年，启动智能化改造以及信息技术升级、"智能4.0未来工厂"等项目；浙江升华云峰新材科技集团公司通过数字化、互联网技术与生产的结合，实现了衣柜的批量化定制生产。另一方面，大量木地板、木质门、木墙板、木吊顶等产业装备智能化水平相对偏低，企业积极开展智能化升级改造，如通过采用自动卸料装置、自动化加工设备、自动化工厂生产线运输设备提高生产效率，但部分中小型定制木质家居企业的装备自动化程度不高、信息化水平不高，未来仍需进一步加强智能化水平和智能制造升级。

3.3.2.4 全屋定制、大家居是整体家居解决方案

随着人们对生活品质追求的提高、对定制家居产品消费理念成熟，以及定制家居企业生产技术的提高，定制家居产品已逐步拓展至书房、儿童房、客厅、餐厅等全屋领域。全屋定制可以有效满足消费者一站式购物需求，同时符合企业对于盈利最大化的追求。当前的全屋定制模式并不能真正为消费者提供全屋范围内的所有产品定制，而是尽可能多的满足消费者的家居装饰装修需求，为消费者提供根据整个房屋户型或卧室、餐厅、浴室等房屋特定区域的家居用品定制。

现阶段家居定制市场非常活跃，大量定制木质家居企业都在尝试布局全屋定制，定制木质家居企业实现全屋定制的途径主要有利用互联网、信息化管理等手段，实现供应链协同发展，加强与其他家居、家电、家饰等企业合作，为消费者提供更为丰富的家居产品和服务。2017年开始，不少定制木质家居企业开始布局整体家装市场，例如，2017年"尚品宅配"推出"HOMKOO整装云平台"，"金牌厨柜"推出"金牌桔家云

整装"，"欧派"推出"整体大家居"等，为消费者提供整体家居解决方案。全屋定制、大家居战略已经成为是定制品牌发展整装业务的主要方式。

3.3.2.5 "产品＋服务＋体验"是产业营销的新模式

产品营销是各行业最初的生产经营模式，定制木质家居由于其定制的特性，不仅为消费者提供最终的产品，还提供一系列包括接受咨询、上门测量、安装验收、维护保养等服务。向消费者输出"产品＋服务"是定制木质家居产业的特色和优势。越来越多的企业开始重视服务质量，通过服务增加产品价值，拉动产品营销。随着消费需求的升级和科技的发展，尤其是3D等技术兴起，定制木质家居企业逐渐在营销中融入3D技术、VR体验技术，开设家居体验馆，增强消费者体验度，让客户提前感受用家装的效果，紧密围绕消费需求，提供"产品＋服务＋体验"是定制木质家居的营销发展趋势。

3.4 小　　结

以分析定制木质家居产业标准体系的系统环境为目标，分析了中国定制木质家居产业发展现状，得到以下结论。

（1）笔者通过对中国定制木质家居产业发展基本现状研究发现，中国定制木质家居产业已成为木材工业转型升级的引擎，2018年中国定制木质家居行业（包含定制衣柜、定制厨柜、木门、木地板、木墙板、木吊顶、木楼梯等产业）产值约为5340亿元，约占木材加工与木竹制品制造业产值的41.7%。从业企业数量超过15000家，主要上市公司23家；原辅材料基本支撑产业发展需求，产业技术创新活跃度高。

（2）中国定制木质家居产业发展的主要特征：产业规模不断壮大，产业跨界融合成发展新模式，产业标准化要求高，产业整体集中度较低。中国定制木质家居产业发展的主要趋势：产业发展进入调整期，绿色环保是产业发展的主题，智能化和智能制造是产业升级的主要方向，全屋定制、大家居是整体家居解决方案，"产品＋服务＋体验"是产业营销新模式。

第4章 国内外定制木质家居产业标准体系的现状分析

分析国内外定制木质家居产业标准体系的现状，是构建定制木质家居产业标准体系系统环境分析的重要内容，是构建产业标准体系的研究基础。构建中国定制木质家居产业标准体系，必须掌握定制木质家居国内外标准体系现状。

标准体系的构成要素是标准，研究国内外定制木质家居产业标准体系现状，重点是研究标准体系的构成要素（标准）的数量及其特征，揭示国内外定制木质家居产业标准体系特征，获得构建定制木质家居产业标准体系的系统环境特点。本章在划分定制木质家居产业标准类型的基础上，研究分析中国定制木质家居产业标准体系现状，分析国际标准化组织，欧洲、法国、德国、英国、日本等国际组织、区域和部分发达国家的定制木质家居产业标准特征，获得定制木质家居产业国际标准与国外发达国家标准体系现状。进行国内外定制木质家居产业标准对比分析，为中国定制木质家居产业标准体系建设提供借鉴和启示。

4.1 定制木质家居产业标准的类型划分

标准体系的基本单元是标准，标准可以分为不同的类型。为便于研究标准体系现状，结合定制木质家居产业标准特点，将定制木质家居产业标准按照产业链、产品种类和标准功能进行分类，各种分类的定义和内涵如表 4-1 所示。

表 4-1 按产业链、产品、标准功能分类的定制木质家居标准类型、定义和内涵
Tab. 4-1 The classification, definition and connotation of customized wooden household standards by industry chain, product types and standard functions

分类 Classification	标准类型 Standard types	定义和内涵 Definition and connotation
产业链	基础与综合	基础与综合标准是指定制木质家居产业的通用基础标准，主要包括定制木质家居产业的术语、试验方法、管理、信息化、环保和绿色产品、节能减排、产业链综合等标准
	测量与设计	测量与设计是定制木质家居企业向消费者提供免费上门测量以及量身设计服务
	生产制造	生产制造标准是规范定制木质家居产业的产品标准、生产工艺要求、清洁和安全生产及智能制造等标准，包含衣柜、厨柜、木地板、木门、木墙板、木线条、木楼梯等产品

续表

分类 Classification	标准类型 Standard types	定义和内涵 Definition and connotation
产业链	物流运输	物流运输标准是在规范定制木质家居产品生产完成后，经包装、物流运输至消费者家中的标准
	安装与验收	安装与验收标准是规范定制木质家居安装流程的标准，包括家居整体安装与验收要求，单品安装与验收要求等标准
	维护保养	维护保养标准是规范定制木质家居产品维护保养要求的标准，包括家居维护保养、售后服务规范及使用标准
产品	定制衣柜	定制衣柜标准是指与定制木质家居测量、设计、生产等产业链直接相关的专项标准
	定制厨柜	定制厨柜标准是指与定制木质家居测量、设计、生产等产业链直接相关的专项标准
	木地板	木地板标准是指与定制木质家居测量、设计、生产等产业链直接相关的专项标准
	木门	木门标准是指与定制木质家居测量、设计、生产等产业链直接相关的专项标准
	木墙板	木墙板标准是指与定制木质家居测量、设计、生产等产业链直接相关的专项标准
	木楼梯	木楼梯标准是指与定制木质家居测量、设计、生产等产业链直接相关的专项标准
	木吊顶	木吊顶标准是指与定制木质家居测量、设计、生产等产业链直接相关的专项标准
	综合类	除上述7大类产品专项标准以外的相关标准
标准功能	基础共性	基础共性标准包括术语、标识、管理、试验方法等标准
	绿色发展	绿色发展标准包括环保、节能减排等标准
	智能制造	智能制造标准包括智能制造，智能化等标准
	产业服务	产业服务标准测量与设计、生产制造、物流运输、安装与验收、维护保养等标准

（1）根据定制木质家居产业链分类：

根据定制木质家居产业链，将现有的定制木质家居产业标准分为：基础与综合、测量与设计、生产制造、物流运输、安装与验收、维护保养标准。

（2）根据定制木质家居产业产品分类：

根据定制木质家居主要产品分类，将现有的定制木质家居产业标准分为：定制衣柜、定制厨柜、木地板、木门、木墙板、木楼梯、木吊顶等专项标准，及综合类（适用于多种产品）定制木质家居标准。

4.2 中国定制木质家居产业标准体系的现状

4.2.1 中国定制木质家居产业标准的现状

截至2019年12月底,中国已颁布实施定制木质家居产业标准301项。按照标准制定主体划分,主要有国家标准、行业标准、地方标准、团体标准,如表4-2所示。其中国家标准112项,占标准总数的37.2%,包含9项强制性国家标准和103项推荐性国家标准,强制性国家标准主要涉及定制木质家居的环保要求、安全生产、产品安全性等内容;行业标准106项,占标准总数的35.2%,包括1项强制性行业标准AQ 4211—2010《家具制造业防尘防毒技术规范》和108项推荐性行业标准。行业标准涉及林业行业、轻工行业、国内贸易行业、安全行业、环保行业、化工行业等行业,其中林业行业标准40项,占标准总数的13.3%,轻工行业标准23项,占标准总量的7.6%,其他行业标准的数量相对较少;地方标准53项,占标准总数的17.6%;团体标准30项,占标准总数的10.0%。

表4-2 中国定制木质家居产业现行标准
Tab. 4-2 Statistics of customized wooden household standard system in China

序号 No.	标准级别 Level of standard	标准类别及代号 Category of standard	标准数量 Amount	占标准总量的百分比(%) Percentage(%)
1	国家标准	国家强制性标准(GB)	9	3.0
2		国家推荐性标准(GB/T)	103	34.2
3	行业标准	强制性安全行业标准(AQ)	1	0.3
4		推荐性安全行业标准(AQ/T)	1	0.3
5		推荐性环保行业标准(HJ/T)	1	0.3
6		推荐性化工行业(HG/T)	1	0.3
7		推荐性建材行业(JC/T)	5	1.7
8		推荐性建筑工程(JG/T)	7	2.3
9		推荐性林业行业标准(LY/T)	40	13.3
10		推荐性轻工行业标准(QB/T)	23	7.6
11		推荐性国内贸易行业标准(SB/T)	7	2.3
12		推荐性商品检验行业标准(SN/T)	10	3.3
13		推荐性物资管理(WB/T)	10	3.3
14	地方标准		53	17.6
15	团体标准		30	10.0
	合计		301	100

4.2.1.1 定制木质家居产业链标准的现状

定制木质家居标准产业链分类的中国标准统计结果,如表4-3所示。统计结果主要包含基础与综合相关标准 97 项，占标准总数的 32.2%；生产制造相关标准 162 项，占标准总数的 53.8%；安装与验收标准 21 项，占标准总数的 7.0%；维护保养标准 14 项，占标准总数的 4.7%；测量与设计 5 项，物流运输相关标准 2 项。

表 4-3 中国标准按定制木质家居产业链分类的统计结果
Tab. 4-3 Statistics of China customized wooden household standards by industry chain

序号 No.	类别 Classification	数量 Total	占比（%） Percentage（%）
1	基础与综合	97	32.2
2	测量与设计	5	1.7
3	生产制造	162	53.8
4	物流运输	2	0.7
5	安装与验收	21	7.0
6	维护保养	14	4.7
	合计	301	100

4.2.1.2 定制木质家居主要产品标准的现状

定制木质家居主要产品分类的中国标准统计结果，如表 4-4 所示。统计结果主要包含木地板相关标准 70 项，占标准总数的 23.3%；木门相关标准 42 项，占标准总数的 14.0%；定制厨柜相关标准 12 项，占标准总数的 4.0%；木墙板相关标准 7 项，定制衣柜相关标准 7 项，木楼梯相关 6 项，木吊顶相关标准 1 项；由于中国定制木质家居标准有数量众多的标准且涉及多品类产品，难以归类到单一产品品类，因此综合类及其他标准 156 项，占标准总数 51.8%。

表 4-4 中国标准按定制木质家居产品分类的统计结果
Tab. 4-4 Statistics of China customized wooden household standards by product types

序号 No.	类别 Classification	数量 Total	占比（%） Percentage（%）
1	定制衣柜	7	2.3
2	定制厨柜	12	4.0
3	木地板	70	23.3
4	木门	42	14.0
5	木墙板	7	2.3
6	木楼梯	6	2.0
7	木吊顶	1	0.3
8	综合类及其他	156	51.8
	合计	301	100

4.2.1.3 定制木质家居功能标准的现状

标准功能分类的中国标准统计结果，如表 4-5 所示。统计结果主要包含基础共性标准 194 项，占标准总数的 64.5%；关键技术标准中，绿色发展（包括环保、节能减排等）标准 58 项，占标准总数的 19.3%；产业服务标准 42 项，标准总数的 14.0%；智能制造相关标准 7 项，占标准总数的 2.3%。

表 4-5 中国标准按定制木质家居标准功能分类的统计结果
Tab. 4-5 Statistics of China customized wooden household standards by standard functions

序号 No.	类别 Classification	数量 Total	占比（%） Percentage（%）
1	基础共性	194	64.5
2	绿色发展（包括环保、节能减排等）	58	19.3
3	智能制造	7	2.3
4	产业服务	42	14.0
	合计	301	100

4.2.2 中国定制木质家居产业的重要标准

通过对全国标准信息服务平台、中国林业信息网等数据的查询，截至 2019 年 12 月底，现行定制衣柜、定制厨柜等柜类专项标准 19 项，主要涉及到定制衣柜、定制厨柜的术语、试验方法、产品、设计与安装等内容，其中比较重要的定制衣柜标准有：LY/T 2876—2017《人造板定制衣柜技术规范》、QB/T 2530—2011《木制柜》，比较重要的定制厨柜标准有：GB/T 18884.1—2015《家用厨房设备 第 1 部份：术语》、GB/T 18884.2—2015《家用厨房设备 第 2 部分：通用技术要求》、GB/T 18884.3—2015《家用厨房设备 第 3 部分：试验方法与检验规则》、GB/T 18884.4—2015《家用厨房设备 第 4 部分：设计与安装》。由于定制衣柜、定制厨柜等属于家具产品，同样适用于家具、定制家具等相关标准要求。

现行的木地板相关标准有 70 项，主要涉及到实木地板、实木复合地板、浸渍纸层压木质地板、软木地板、竹地板等 5 大类地板及其细分品类的试验方法、产品、铺装、原辅材料要求等内容。比较重要的地板标准有 GB/T 15036.1—2018《实木地板 第 1 部分：技术要求》、GB/T 15036.2—2018《实木地板 第 2 部分：检验方法》、GB/T 18103—2013《实木复合地板》、GB/T 18102—2007《浸渍纸层压木质地板》、GB/T 20238—2018《木质地板铺装、验收和使用规范》，其中 GB/T 18102—2007《浸渍纸层压木质地板》正在进行修订之中。

现行的木门相关标准有 42 项，主要涉及木材、木基复合材料的门、门窗的术语、试验方法、产品及安装等内容。比较重要的木门标准有 GB/T 29498—2013《木门窗》、LY/T 1923—2010《室内木质门》、LY/T 2387—2014《室内木质门安装与验收规范》。

木楼梯、木吊顶、木墙板的标准相对较少，其中现行的木楼梯相关标准有 6 项，主要涉及楼梯的产品及原材料要求，比较重要的木楼梯标准有 GB/T 28994—2012《木质楼梯》、GB/T 30356—2013《木质楼梯安装、验收和使用规范》。现行的木吊顶标准为 JG/T 413—2013《建筑用集成吊顶》。现行的木墙板相关标准有 7 项，主要为产品标准，比较重要的木墙板标准为 LY/T 1697—2007《饰面木质墙板》。

整体家居和全屋定制要求、实木定制家居产品标准较少，应尽快加强制定，该部分标准目前多为团体标准。如 2015 年 12 月 5 日，全国工商联家具装饰业商会正式发布了团体标准 JZ/T 1—2015《全屋定制家居产品》，针对当时中国定制家居产品的市场推广需要，提出了定制家居产品的评价指标体系和评价方法，为中国定制家居行业的规范发展提供了技术支撑；此后，2017 年天津市家居商会发布了团体标准 T/JJSH 001—2017《定制家居产品服务规范》；2018 年全国工商业联合会家具装饰业商会发布了《实木定制家居产品》；2018 年上海市化学建材行业协会发布了 T/SHHJ 011—2018《全屋定制木（制）家具》团体标准，2018 年上海市建材装饰协会发布了 T/SBMIA 003—2018《定制家居台面安装标准》、T/SBMIA 004—2108《定制家居产品安装服务标准》、T/SBMIA 005—2018《定制家居诚信服务标准》。2018 年 12 月 6 日，广州市质量强市工作领导小组发布了团体标准 T/GCHA 1.2—2018《定制家居产品 人造板定制衣柜》，提出了定制的人造板定制衣柜三甲胺含量分级要求和成品衣柜气味分级方法，综合性规定了人造板定制衣柜 TVOC、甲醛等有害物质限量，提出了人造板定制衣柜产品有害物质限量以及气味分级标识，规定了人造板定制衣柜的原材料、成品、安装质量、验收、客户服务等内容。

已经发布的整体家居和全屋定制要求、实木定制家居产品标准尚无国家标准和行业标准，部分标准计划正在研制中，主要有林业行业标准计划：《木质集成家居安装、验收和使用规范》（项目号：2017—LY—141）、《木质集成家居部件制造通用技术要求》（项目号：2017—LY—142），以及国家标准计划：《个性化定制 分类指南》（项目号：20173834—T—469）、《个性化定制 成熟度模型及评价指标》（项目号：20173835—T—469）、《定制家具 挥发性有害物质现场检测方法》（项目号：20172547—T—607）、《定制家具 通用设计规范》（项目号：20172544—T—607）、《定制家具 质量检验及质量评定》（项目号：20172546—T—607）、《定制家具 组合组装标识技术要求》（项目号：20172546—T—607）等标准。这些国家标准和行业标准的发布，将有效的在国家层面规范和引领定制家居产业的健康发展，推动产业转型升级。

综上所述，关于整体家居和全屋定制要求、实木定制家居产品标准，已经发布的团体标准主要由全国工商联家具装饰业商会和天津、上海市和广州市的地方协会发布，标准的使用企业和使用范围较小；同时，各地积极的团体标准化工作，充分表明定制木质家居产业标准需求旺盛，共性和关键技术标准缺失，国家和行业对急需标准发声不够，需要国家标准和行业标准在更高的层面进行规范。

4.2.3 中国定制木质家居产业标准体系的特征

中国定制木质家居产业标准体系的主要特点：①定制家居产业高度重视产业标准化工作，标准总量相对较多，标准类型多样，包括国家标准、行业标准、地方标准和团体标准。但现行标准多为木门、木地板、定制衣柜、定制厨柜、木楼梯等单一产品相关标准，定制木质家居产业相关的术语、管理、产业链综合等标准缺乏。②重视生产制造标准和基础与综合标准，测量与设计、物流运输、安装与验收、维护保养等标准相对较少。③产业急需的整体家居和全屋定制要求、实木定制家居产品、定制木质家居多为团体标准，缺乏国家标准和行业标准规范，现行标准适用范围小，标准权威性有待提高。

4.2.4 中国定制木质家居产业标准体系存在的问题

4.2.4.1 尚未形成科学完整的标准体系

调查发现，定制木质家居产业标准体系缺乏，重要标准缺失。虽然定制木质家居产业拥有一定数量的标准，但单一产品标准较多，且以产品标准以及部分检验方法标准为主，基础共性和关键技术标准缺乏，全屋定制的整体性、综合性标准少，标准结构不合理，产业标准体系不健全。如目前大部分全屋定制的整体性、综合性标准多为企业标准或团体标准，缺乏相应的国家、行业标准；服务类标准不健全，如在 LY/T 2876—2017《人造板定制衣柜技术规范》、GB/T 18884.4—2015《家用厨房设备第 4 部分：设计与安装》、GB/T 20238—2018《木质地板铺装、验收和使用规范》、LY/T 2387—2014《室内木质门安装与验收规范》等标准内包含了定制衣柜、定制厨柜、木地板、木门等产品的安装、验收要求，但并不完善，且缺乏关于多品类产品的集成安装、验收要求，木墙板、木吊顶等安装、验收等标准缺乏；环保和绿色产品、智能制造以及新产品等的重要标准数量相对较少，难以满足产业发展的需要。

4.2.4.2 标准结构不合理，存在交叉重复问题

截至 2019 年 12 月底，中国定制木质家居已颁布实施的国家标准、行业标准、地方标准、团体标准 301 项，其中生产制造标准占标准总数的 53.8%；基础与综合标准占标准总数的 32.2%。而测量与设计标准 5 项，物流运输标准 2 项，安装与验收标准 21 项，维护保养标准 14 项。现行定制木质家居标准中涉及到定制衣柜、定制厨柜、木地板、木质门等产业相关的产品标准、方法标准较多。但测量与设计、物流运输、安装与验收、维护保养等服务类标准数量相对较少，关于定制木质家居产业链整体、智能制造、环保等基础共性和关键技术标准数量相对较少，且标准结构不合理。

现行定制木质家居产业标准按照标准类型划分，主要有国家标准、行业标准、地方标准、团体标准。其中，国家标准占标准总数的 37.2%；行业标准占标准总数的 35.2%，涉及林业、轻工、国内贸易、安全、环保、化工、建材、建筑、商品检验、物资管理等多个行业；地方标准占标准总数的 17.6%；团体标准占标准总数的 9.9%。标准管理部分较多，部分标准间存在交叉重复问题，如物资管理行业多项木地板铺装相关行业标准 WB/T 1016—2002《木地板铺设面层验收规范》、WB/T 1017—2006《木地板保修期内面层检验规范》、WB/T 1030—2006《木地板铺设技术与质量检测》、WB/T 1037—2008《地面辐射供暖木质地板铺设技术和验收规范》与 GB/T 20238—2018《木质地板铺装、验收和使用规范》存在一定程度的交叉重复；SB/T 10725—2012《木质门安装规范》与 WB/T 1047—2012《木质门安装规范》内容，SB/T 10726—2012《木质门修理、更换和退货规范》与 WB/T 1048—2012《木质门修理、更换和退货规范》内容存在重复问题。

4.2.4.3 产业重要的基础共性、关键技术标准缺乏

产业基础和关键技术标准对规范、引领产业发展具有重要作用。定制木质家居产业重要的基础共性和关键技术标准缺乏，急需修订。定制木质家居产业涉及的基础共性和关键技术标准主要为：整体家居和全屋定制家居要求、实木定制家居产品标准、绿色（包括环保、节能减排）、智能制造、服务类（包括测量、设计、安装、验收、养护等）

等标准。现行标准中整体家居和全屋定制家居要求、实木定制家居产品标准等缺乏国家标准和行业标准规范,产业服务标准占标准总数的14.0%;智能制造相关标准占标准总数的2.3%,标准数量偏少。

4.2.4.4 部分标准标龄过长,标准质量低下

中国定制木质家居产业现行标准的标龄情况如表4-6所示。从表4-6可知,我国62.1%的定制木质家居产业标准实施时间超过5年,其中22.5%的标准实施年龄超过10年,3.7%的标准实施年龄超过15年。根据《中华人民共和国标准化法》规定,标准的复审周期一般不超过5年,对部分标龄过长的标准,必须尽早进行修订。如GB/T 5296.6—2004《消费品使用说明 第6部分:家具》、GB/T 26694—2011《家具绿色设计评价规范》,环保类标准GB 18582—2008《室内装饰装修材料 内墙涂料中有害物质限量》、GB 18581—2009《室内装饰装修材料 溶剂型木器涂料中有害物质限量》、GB 18583—2008《室内装饰装修材料 胶粘剂中有害物质限量》、GB 24410—2009《室内装饰装修材料 水性木器涂料中有害物质限量》等标准,实施时间均已经超过10年,其标准技术要求已经难以适应现在的发展要求,需要及时进行修订,以满足产业不断发展的新需求。同时,还发现部分标准质量低下,需要废止或修订。

表4-6 中国定制木质家居产业标准标龄情况
Tab. 4-6 Situations of standard age of customized wooden household standards in China

序号 No.	标龄(t)(年) Standard age (t) (Years)	标准数量(项) Amount term	百分比(%) Percentage(%)
1	$t<5$	114	37.9
2	$5 \leqslant t<10$	119	39.5
3	$10 \leqslant t<15$	57	18.8
4	$t \geqslant 15$	11	3.7
	合计	301	100

4.3 国外定制木质家居产业标准体系的现状

根据对国际标准化服务网、中国标准服务网等的标准数据进行整理统计和分析,笔者发现现有国际标准化组织、欧洲、法国、德国、英国、日本等定制木质家居相关标准372项,主要涉及定制衣柜、定制厨柜、木门、木地板、木墙板、木楼梯、木吊顶等7大类产品为主的多种定制木质家居产品,涵盖定制木质家居产业基础与综合、测量与设计、生产制造、物流运输、安装与验收、维护保养等相关标准。

通过对国外定制木质家居主要标准的统计分析,了解国外定制木质家居产业标准体系现状,确定国外发达国家定制木质家居产业先进标准,为构建中国定制木质家居产业标准体系提供技术支撑。

4.3.1 国际标准体系

截至2019年2月底,定制木质家居国际标准有70项,主要涉及木门、木地板、木墙板、木楼梯等定制木质家居产品,如表4-7所示。

第4章 国内外定制木质家居产业标准体系的现状分析

表 4-7 ISO 定制木质家居产业相关标准

Tab. 4-7 The standards of ISO involved in customized wooden household industry

序号 No.	标准号 Standard code	标准中文名称 Standard title in Chinese	标准英文名称 Standard title in English	类型/Classification			标准功能 Standard function
				产业链 Industry chain	产品 Product	
1	ISO 3055: 1985	厨房设备 配合尺寸	Kitchen equipment-Coordinating sizes	测量与设计	定制厨柜	产业服务
2	ISO 3881: 1977	建筑结构 模数协调 楼梯和楼梯口协调尺寸	Building construction-Modular co-ordination-Stairs and stair openings-Co-ordinating dimensions	测量与设计	木楼梯	产业服务
3	ISO 6443: 2005	门扇 高度、宽度、厚度和方正度的测量方法	Door leaves-Method for measurement of height, width, thickness and squareness	测量与设计	木门	产业服务
4	ISO 6442: 2005	门扇 通用及局部平整度测量方法	Door leaves-General and local flatness-Measurement method	测量与综合	木门	基础共性
5	ISO 9379: 2005	操作力 试验方法 门	Operating forces-Test method-Doors	基础与综合	木门	基础共性
6	ISO 10077-1: 2017	窗、门和百叶窗的热性能热传递系数的计算 第1部分:总则	Thermal performance of windows, doors and shutters-Calculation of thermal transmittance-Part 1: General	基础与综合	木门	基础共性
7	ISO 10077-2: 2017	窗、门和百叶窗的热性能热传递系数的计算 第2部分:框架的数值方法	Thermal performance of windows, doors and shutters-Calculation of thermal transmittance-Part 2: Numerical method for frames	基础与综合	木门	基础共性
8	ISO 6612: 1980	窗和门高窗 抗风性能试验方法	Windows and door height windows-Wind resistance tests	基础与综合	木门	基础共性
9	ISO 8248: 1985	窗和门高窗 力学性能试验方法	Windows and door height windows-Mechanical tests	基础与综合	木门	基础共性
10	ISO 6613: 1980	窗和门高窗 透气性试验方法	Windows and door height windows-Air permeability test	基础与综合	木门	基础共性
11	ISO 10580: 2010	弹性地板、地毯和强化地板 挥发性有机化合物(VOC)排放的试验方法	Resilient, textile and laminate floor coverings-Test method for volatile organic compound (VOC) emissions	基础与综合	木地板	基础共性
12	ISO 4211-2: 2013	家具 表面光洁度试验 第2部分:耐湿热性能评定	Furniture-Tests for surface finishes-Part 2: Assessment of resistance to wet heat	基础与综合	综合类	基础共性

续表

序号 No.	标准号 Standard code	标准中文名称 Standard title in Chinese	标准英文名称 Standard title in English	类型/Classification			标准功能 Standard function
				产业链 Industry chain	产品 Product		
13	ISO 4211-3: 2013	家具 表面光洁度试验 第3部分：耐干热性能评定	Furniture-Tests for surface finishes-Part 3: Assessment of resistance to dry heat	基础与综合	综合类	基础共性	
14	ISO 4211: 1979	家具 表面耐寒性的评定	Furniture-Assessment of surface resistance to cold liquids	基础与综合	综合类	基础共性	
15	ISO 4211-4: 1988	家具 表面试验 第4部分：耐冲击性的评定	Furniture-Tests for surfaces-Part 4: Assessment of resistance to impact	基础与综合	综合类	基础共性	
16	ISO 7170: 2005	家具 储藏室 强度和耐久性的测定	Furniture-Storage units-Determination of strength and durability	基础与综合	综合类	基础共性	
17	ISO 7171: 2019	家具 储藏室 稳定性测定的试验方法	Furniture-Storage units-Test methods for the determination of stability	基础与综合	综合类	基础共性	
18	ISO 9381: 2005	铰链门或枢转门 抗静扭性能的测定	Hinged or pivoted doors-Determination of the resistance to static torsion	基础与综合	木门	基础共性	
19	ISO 1804: 1972	门 木语	Doors-Terminology	基础与综合	木门	基础共性	
20	ISO 6445: 2005	门 在两种不同气候下的性能试验方法	Doors-Behaviour between two different climates-Test method	基础与综合	木门	基础共性	
21	ISO 15821: 2007	门、窗 动态压力下的水密性试验试验 气旋性	Doorsets and windows-Water-tightness test under dynamic pressure-Cyclonic aspects	基础与综合	木门	基础共性	
22	ISO 8274: 2005	门窗 耐反复启闭试验方法	Windows and doors-Resistance to repeated opening and closing-Test method	基础与综合	木门	基础共性	
23	ISO 12567-1: 2010	门窗热性能 用热箱法测定热传递系数 第1部分：完整门窗	Thermal performance of windows and doors-Determination of thermal transmittance by the hot-box method-Part 1: Complete windows and doors	基础与综合	木门	基础共性	

第4章 国内外定制木质家居产业标准体系的现状分析

续表

序号 No.	标准号 Standard code	标准中文名称 Standard title in Chinese	标准英文名称 Standard title in English	类型/Classification			标准功能 Standard function
				产业链 Industry chain	产品 Product		
24	ISO 12567-2: 2005	门窗热性能 用热箱法测定热传递系数 第2部分：屋顶窗和其他凸出窗	Thermal performance of windows and doors-Determination of thermal transmittance by hot box method-Part 2: Roof windows and other projecting windows	基础与综合	木门		基础共性
25	ISO 8273: 1985	门和整樘门 在不同气候条件下门和整樘门性能试验的标准大气压	Doors and doorsets-Standard atmospheres for testing the performance of doors and doorsets placed between different climates	基础与综合	木门		基础共性
26	ISO 6444: 2005	门扇 连续均匀气候湿度变化下性能的测定	Door leaves-Determination of the behaviour under humidity variations in successive uniform climates	基础与综合	木门		基础共性
27	ISO 8271: 2005	门扇 耐硬体冲击性能的测定	Door leaves-Determination of the resistance to hard body impact	基础与综合	木门		基础共性
28	ISO 38200-2018	木材和人造板产销监管链	Chain of custody of wood and wood-based products	基础与综合	综合类		绿色发展
29	ISO/TR 21136: 2017	木结构 木地板振动性能标准	Timber structures-Vibration performance criteria for timber floors	基础与综合	木地板		基础共性
30	ISO 12460-1: 2007	人造板甲醛释放量的测定 第1部分：用1立方米实验室法测定甲醛释放	Wood-based panels-Determination of formaldehyde release-Part 1: Formaldehyde emission by the 1-cubic-metre chamber method	基础与综合	综合类		绿色发展
31	ISO 12460-3: 2015	人造板甲醛释放量的测定 第3部分：气体分析法	Wood-based panels-Determination of formaldehyde release-Part 3: Gas analysis method	基础与综合	综合类		绿色发展
32	ISO 12460-4: 2016	人造板甲醛释放量的测定 第4部分：干燥器法	Wood-based panels-Determination of formaldehyde release-Part 4: Desiccator method	基础与综合	综合类		绿色发展
33	ISO 12460-5: 2015	人造板甲醛释放量的测定 第5部分：苯取法（又称穿孔法）	Wood-based panels-Determination of formaldehyde release-Part 5: Extraction method (called the perforator method)	基础与综合	综合类		绿色发展
34	ISO 5323: 1984	实木地板和实木地板坯料 术语	Solid wood parquet and raw parquet blocks-Vocabulary	基础与综合	木地板		基础共性

续表

序号 No.	标准号 Standard code	标准中文名称 Standard title in Chinese	标准英文名称 Standard title in English	类型/Classification		标准功能 Standard function
				产业链 Industry chain	产品 Product	
35	ISO 16000-2: 2006	室内空气 第2部分: 甲醛的取样策略	Indoor air-Part 2: Sampling strategy for formaldehyde	基础与综合	综合类	绿色发展
36	ISO 16000-5: 2007	室内空气 第5部分: 挥发性有机化合物 (VOC) 的取样策略	Indoor air-Part 5: Sampling strategy for volatile organic compounds (VOCs)	基础与综合	综合类	绿色发展
37	ISO 16000-7: 2007	室内空气 第7部分: 空气中石棉纤维浓度测定的取样策略	Indoor air-Part 7: Sampling strategy for determination of airborne asbestos fibre concentrations	基础与综合	综合类	绿色发展
38	ISO 16000-9: 2006	室内空气 第9部分: 建筑产品和家具中挥发性有机化合物排放的测定·排放试验箱法	Indoor air-Part 9: Determination of the emission of volatile organic compounds from building products and furnishing-Emission test chamber method	基础与综合	综合类	绿色发展
39	ISO 16000-10: 2006	室内空气 第10部分: 建筑产品和家具中挥发性有机化合物排放的测定 排放试验室法	Indoor air-Part 10: Determination of the emission of volatile organic compounds from building products and furnishing-Emission test cell method	基础与综合	综合类	绿色发展
40	ISO 16000-11: 2006	室内空气 第11部分: 建筑产品和家具中挥发性有机化合物排放的测定-样品的取样、储存和试样的制备	Indoor air-Part 11: Determination of the emission of volatile organic compounds from building products and furnishing-Sampling, storage of samples and preparation of test specimens	基础与综合	综合类	绿色发展
41	ISO 16000-12: 2008	室内空气 第12部分: 多氯联苯 (PCBs)、多氯联苯对二噁英 (PCDDs)、多氯联苯呋喃 (PCDF) 和多环芳烃 (PAHs) 的取样方法	Indoor air-Part 12: Sampling strategy for polychlorinated biphenyls (PCBs), polychlorinated dibenzo-p-dioxins (PCDDs), polychlorinated dibenzofurans (PCDFs) and polycyclic aromatic hydrocarbons (PAHs)	基础与综合	综合类	绿色发展
42	ISO 16000-19: 2012	室内空气 第19部分: 模具的取样策略	Indoor air-Part 19: Sampling strategy for moulds	基础与综合	综合类	绿色发展

第4章 国内外定制木质家居产业标准体系的现状分析

续表

序号 No.	标准号 Standard code	标准中文名称 Standard title in Chinese	标准英文名称 Standard title in English	类型/Classification			标准功能 Standard function
				产业链 Industry chain	产品 Product		
43	ISO 16000-24: 2009	室内空气 第 24 部分: 评估建筑材料中吸附的挥发性有机化合物（除甲醛外）浓度减少的性能试验	Indoor air-part 24: performance test for evaluating the reduction of volatile organic compound (except formaldehyde) concentrations by sorptive building materials first edition	基础与综合	综合类		绿色发展
44	ISO 16000-25: 2011	室内空气 第 25 部分: 建筑产品用半挥发性有机化合物排放的测定 微型室实验法	Indoor air-part 25: determination of the emission of semi-volatile organic compounds by building products-micro-chamber method	基础与综合	综合类		绿色发展
45	ISO 16000-32: 2014	室内空气 第 32 部分: 建筑物污染情况调查	Indoor air-Part 32: Investigation of buildings for the occurrence of pollutants	基础与综合	综合类		绿色发展
46	ISO 15822: 2007	斜向变形开门性能试验方法 抗震性	Test method of doorset opening performance in diagonal deformation-Seismic aspects	基础与综合	木门		基础共性
47	ISO 8275: 1985	整樘门 垂直载荷试验	Doorsets-Vertical load test	基础与综合	木门		基础共性
48	ISO 9380: 1990	整樘门 反复扭转试验	Doorsets-Repeated torsion test	基础与综合	木门		基础共性
49	ISO 8269: 1985	整樘门 静载荷试验	Doorsets-Static loading test	基础与综合	木门		基础共性
50	ISO 8270: 1985	整樘门 软重物体冲击试验方法	Doorsets-Soft heavy body impact test	基础与综合	木门		基础共性
51	ISO 8272: 1985	整樘门 透气性试验	Doorsets-Air permeability test	基础与综合	木门		基础共性
52	ISO 9149: 2010	成卷软木墙面材料 规范	Cork wallcoverings in rolls-Specifications	生产制造	木墙板		基础共性
53	ISO 3813: 2004	弹性地板 软木地板 规范	Resilient floor coverings-Cork floor tiles-Specification	生产制造	木地板		基础共性
54	ISO 11354-1: 2011	高级自动化技术及其应用 建立制造企业过程互操作性的要求 第 1 部分: 企业互操作性框架	Advanced automation technologies and their applications-Requirements for establishing manufacturing enterprise process interoperability-Part 1: Framework for enterprise interoperability	生产制造	综合类		智能制造

续表

序号 No.	标准号 Standard code	标准中文名称 Standard title in Chinese	标准英文名称 Standard title in English	类型/Classification			标准功能 Standard function
				产业链 Industry chain	产品 Product		
55	ISO 11354-2: 2011	高级自动化技术及其应用 建立制造企业过程互操作性的要求 第2部分: 评估企业互操作性的成熟度模型	Advanced automation technologies and their applications-Requirements for establishing manufacturing enterprise process interoperability-Part 2: Maturity model for assessing enterprise interoperability	生产制造	综合类		智能制造
56	ISO 22093: 2011	工业自动化系统和集成 物理设备控制 尺寸测量接口标准 (DMIS)	Industrial automation systems and integration-Physical device control-Dimensional Measuring Interface Standard (DMIS)	生产制造	综合类		智能制造
57	ISO 20534: 2018	工业自动化系统和集成 全球生产网络配置的形式语义模型	Industrial automation systems and integration-Formal semantic models for the configuration of global production networks	生产制造	综合类		智能制造
58	ISO 14306: 2017	工业自动化系统和集成 JT三维可视化文件格式规范	Industrial automation systems and integration-JT file format specification for 3D visualization	生产制造	综合类		智能制造
59	ISO/TR 18828-1: 2018	工业自动化系统和集成 标准化生产过程系统工程 第1部分: 概述	Industrial automation systems and integration-Standardized procedures for production systems engineering-Part 1: Overview	生产制造	综合类		智能制造
60	ISO 18828-2: 2016	工业自动化系统和集成 标准化生产过程系统工程 第2部分: 参考流程无缝生产生产计划	Industrial automation systems and integration-Standardized procedures for production systems engineering-Part 2: Reference process for seamless production planning	生产制造	综合类		智能制造
61	ISO 18828-3: 2017	工业自动化系统与集成 第3部分: 生产标准化流程 生产计划过程中的信息流	Industrial automation systems and integration-Standardized procedures for production systems engineering-Part 3: Information flows in production planning processes	生产制造	综合类		智能制造

第4章 国内外定制木质家居产业标准体系的现状分析

续表

序号 No.	标准号 Standard code	标准中文名称 Standard title in Chinese	标准英文名称 Standard title in English	类型/Classification			标准功能 Standard function
				产业链 Industry chain	产品 Product		
62	ISO 18828-4: 2018	工业自动化系统和集成 生产系统工程 标准化程序 第4部分：生产计划过程中的关键性能指标（KPI）	Industrial automation systems and integration-Standardized procedures for production systems engineering-Part 4: Key performance indicators (KPIs) in production planning processes	生产制造	综合类		智能制造
63	ISO 18828-5: 2019	工业自动化系统和集成 生产系统工程 标准化程序 第5部分：制造变更管理	Industrial automation systems and integration-Standardized procedures for production systems engineering-Part 5: Manufacturing change management	生产制造	综合类		智能制造
64	ISO 631: 1975	拼花地板 通用技术要求	Mosaic parquet panels-General characteristics	生产制造	木地板		基础共性
65	ISO 8724: 2009	软木装饰板 技术条件	Cork decorative panels-Specification	生产制造	木墙板		基础共性
66	ISO 2457: 1976	实木地板 榉木条的分类	Solid wood parquet-Classification of beech strips	生产制造	木地板		基础共性
67	ISO 5320: 1980	实木地板 冷杉、云杉条分类	Solid wood parquet-Classification of fir and spruce strips	生产制造	木地板		基础共性
68	ISO 1072: 1975	实木地板 通用性能	Solid wood parquet-General characteristics	生产制造	木地板		基础共性
69	ISO 1324: 1985	实木地板 橡木条的分类	Solid wood parquet-Classification of oak strips	生产制造	木地板		基础共性
70	ISO 17959: 2014	实木地板通用要求	General requirements for solid wood flooring	生产制造	木地板		基础共性

4.3.1.1 定制木质家居产业链标准

定制木质家居产业链分类的国际标准统计结果，如表4-8所示。统计结果主要包含基础与综合相关标准47项，占标准总数的67.1%；生产制造相关标准19项，占标准总数的27.1%；测量与设计相关标准4项，占标准总数的5.7%；缺乏物流运输、安装与验收和维护保养相关标准。

表4-8 ISO标准按定制木质家居产业链分类的统计结果
Tab. 4-8 Statistics of ISO customized wooden household standards by industry chain

序号 No.	类别 Classification	数量 Total	占比（%） Percentage（%）
1	基础与综合	47	67.1
2	测量与设计	4	5.7
3	生产制造	19	27.1
5	物流运输	0	0
6	安装与验收	0	0
7	维护保养	0	0
	合计	70	100

4.3.1.2 定制木质家居产品标准

定制木质家居主要产品分类的国际标准统计结果，如表4-9所示。其中，木门相关标准24项，占标准总数的34.3%；木地板相关标准10项，占标准总数的14.3%；木墙板标准2项，定制厨柜和木楼梯标准各1项；综合类标准32项，占标准总数的45.7%。

表4-9 ISO标准按定制木质家居产品分类统计结果
Tab. 4-9 Statistics of ISO customized wooden household standards by product types

序号 No.	类别 Classification	数量 Total	占比（%） Percentage（%）
1	定制衣柜	0	0
2	定制厨柜	1	1.4
3	木地板	10	14.3
4	木门	24	34.3
5	木墙板	2	2.9
6	木楼梯	1	1.4
7	木吊顶	0	0
8	综合类	32	45.7
	合计	70	100

4.3.1.3 定制木质家居功能标准

定制木质家居标准按标准功能分类的国际标准统计结果,如表 4-10 所示。统计结果主要包含基础共性标准 40 项,占标准总数的 57.1%;在关键技术标准中,绿色发展(包括环保、节能减排等)标准 16 项,占标准总数的 22.9%;产业服务标准 4 项,占标准总数的 5.7%。

表 4-10 ISO 标准按定制木质家居标准功能分类统计结果
Tab. 4-10 Statistics of ISO customized wooden household standards by Standard functions

序号 No.	类别 Classification	数量 Total	占比(%) Percentage(%)
1	基础共性	40	57.1
2	绿色发展(包括环保、节能减排等)	16	22.9
3	智能制造	10	14.3
4	产业服务	4	5.7
	合计	70	100

4.3.1.4 定制木质家居产业国际标准体系的主要特点

①对基础与综合和生产制造标准较为重视,其中基础与综合相关标准占标准总数的 67.1%,主要为试验方法标准以及环保标准,生产制造标准占标准总数的 27.1%,主要为产品标准;②木门、木地板专项标准较多,定制衣柜、定制厨柜多采用家具类标准,专项标准少;③缺乏物流运输、安装与验收、维护保养相关标准,测量与设计标准相对较少;④对绿色发展、智能制造、产业服务等关键技术标准较为重视,如 ISO 16000-10:2006《室内空气 第 10 部分:建筑产品和家具中挥发性有机化合物排放的测定 排放试验室法》,ISO 38200:2018《木材和人造板产销监管链》等绿色、环保标准。

4.3.2 欧洲标准体系

截至 2019 年 2 月底,欧洲定制木质家居主要标准有 95 项,主要涉及木门、木地板、木楼梯、定制厨柜、吊顶及定制家具等定制木质家居产品,如表 4-11 所示。

4.3.2.1 定制木质家居产业链标准

定制木质家居产业链分类的欧洲标准统计结果,如表 4-12 所示。统计结果主要包含基础与综合相关标准 68 项,占标准总数的 71.6%;生产制造相关标准 22 项,占标准总数的 23.2%;测量与设计相关标准 4 项,占标准总数的 4.2%;维护保养标准 1 项;缺乏物流运输、安装与验收相关标准。其中基础与综合相关标准主要为试验方法标准、环保标准、术语标准。生产制造相关标准主要为产品标准。

表 4-11 欧洲定制木质家居产业相关标准

Tab. 4-11 The standards of Europe involved in customized wooden household industry

序号 No.	标准号 Standard code	标准中文名称 Standard title in Chinese	标准英文名称 Standard title in English	类型/Classification		
				产业链 Industry chain	产品 Product	标准功能 Standard function
1	EN 1116: 2018	家具 厨房家具 厨房用具的协调尺寸	Furniture-Kitchen furniture-Coordinating sizes for kitchen furniture and kitchen appliances	测量与设计	定制厨柜	产业服务
2	EN 15251: 2007	建筑能源性能设计和评估用室内环境输入参数,涉及室内空气质量、热环境、照明和声学	Indoor environmental input parameters for design and assessment of energy performance of buildings addressing indoor air quality, thermal environment, lighting and acoustics	测量与设计	综合类	产业服务
3	CR 1752: 1998	建筑物通风 室内环境的设计标准	Ventilation for buildings-Design criteria for the indoor environment	测量与设计	综合类	产业服务
4	EN 16481: 2014	木楼梯 结构设计 计算方法	Timber stairs-Structural design-Calculation methods	测量与设计	木楼梯	绿色发展
5		北欧生态标签的地板	Nordic Ecolabelling of flooring covering	基础与综合	木地板	绿色发展
6		北欧生态标签的建筑和外墙板	Nordic Ecolabelling of Construction and facade panels	基础与综合	综合类	基础共性
7	EN 12046-2: 2000	操作力 试验方法 第 2 部分: 门	Operating forces-Test method-Part 2: Doors	基础与综合	木门	基础共性
8	EN 1365-6: 2004	承重构件的耐火试验 第 6 部分: 楼梯	Fire resistance tests for loadbearing elements-Part 6: Stairs	基础与综合	木楼梯	基础共性
9	EN ISO 10077-1: 2017	窗、门和百叶窗的热性能热传递系数的计算 第 1 部分: 总则	Thermal performance of windows, doors and shutters-Calculation of thermal transmittance-Part 1: General	基础与综合	木门	基础共性
10	EN ISO 10077-2: 2017	窗、门和百叶窗的热性能热传递系数的计算 第 2 部分: 框架的数值方法	Thermal performance of windows, doors and shutters-Calculation of thermal transmittance-Part 2: Numerical method for frames	基础与综合	木门	基础共性
11	EN 12412-2: 2003	窗、门和百叶窗热性能 热箱法测定热传递系数 第 2 部分: 框架	Thermal performance of windows, doors and shutters-Determination of thermal transmittance by hot box method-Part 2: Frames	基础与综合	木门	基础共性

第4章 国内外定制木质家居产业标准体系的现状分析

续表

序号 No.	标准号 Standard code	标准中文名称 Standard title in Chinese	标准英文名称 Standard title in English	类型/Classification 产业链 Industry chain	产品 Product	标准功能 Standard function
12	EN 12412-4: 2003	窗、门和百叶窗热性能 热箱法测定热传递系数 第4部分: 卷帘盒	Thermal performance of windows, doors and shutters-Determination of thermal transmittance by hot box method-Part 4: Roller shutter boxes	基础与综合	木门	基础共性
13	EN 949: 1998	窗和幕墙、门、百叶窗和百叶窗门抗软重物体冲击的测定	Windows and curtain walling, doors, blinds and shutters-Determination of the resistance to soft and heavy body impact for doors	基础与综合	木门	基础共性
14	EN ISO 10580: 2012	弹性地板、地毯和强化地板 挥发性有机化合物（VOC）排放的试验方法	Resilient, textile and laminate floor coverings-Test method for volatile organic compound (VOC) emissions	基础与综合	木地板	基础共性
15	prEN ISO 16581	弹性和强化地板 家具支腿模拟移动效果的测定	Resilient and laminate floor coverings-Determination of the effect of simulated movement of a furniture leg	基础与综合	木地板	基础共性
16	EN 425: 2002	弹性和强化地板 脚轮试验	Resilient and laminate floor coverings-Castor chair test	基础与综合	木地板	基础共性
17	EN 14749: 2016	家具 家用和厨房储藏装置和厨房工作台 安全要求和试验方法	Furniture-Domestic and kitchen storage units and kitchen-worktops-Safety requirements and test methods	基础与综合	定制厨柜	基础共性
18	CEN/TS 16209: 2011	家具 家具表面性能分类	Furniture-Classification for properties for furniture surfaces	基础与综合	综合类	基础共性
19	EN 12720: 2014	家具 表面耐冷液体性能的评估	Furniture-Assessment of surface resistance to cold liquids	基础与综合	综合类	基础共性
20	EN 12721: 2014	家具 表面耐湿热评估	Furniture-Assessment of surface resistance to wet heat	基础与综合	综合类	基础共性
21	EN 12722+A1: 2013	家具 表面耐干热评估	Furniture-Assessment of surface resistance to dry heat	基础与综合	综合类	基础共性
22	EN 15185: 2011	家具 表面耐摩擦性评定	Furniture. Assessment of the surface resistance to abrasion	基础与综合	综合类	基础共性
23	EN 15187: 2006	家具 曝光量的影响评估	Furniture-Assessment of the effect of light exposure	基础与综合	综合类	基础共性

续表

序号 No.	标准号 Standard code	标准中文名称 Standard title in Chinese	标准英文名称 Standard title in English	类型/Classification			标准功能 Standard function
				产业链 Industry chain	产品 Product		
24	PD CEN/TS 16611: 2016	家具 表面耐微刻痕评估	Furniture-Assessment of the surface resistance to microscratching	基础与综合	综合类	基础共性
25	ENV 13419-1: 1999	建筑产品 VOCs 释放量测试环境箱方法	Building products-Determination of the emission of volatile organic compounds-Part 1: Emission test chamber method	基础与综合	综合类	绿色发展
26	EN 16516: 2017	建筑产品 危险物质释放的评估 室内空气排放量的测定	Construction products: Assessment of release of dangerous substances-Determination of emissions into indoor air	基础与综合	综合类	绿色发展
27	EN 1026: 2016	门窗 透气性试验方法	Windows and doors-Air permeability-Test method	基础与综合	木门	基础共性
28	EN 1027: 2016	门窗 水密性试验方法	Windows and doors-Water tightness-Test method	基础与综合	木门	基础共性
29	EN 1121: 2000	门 两种不同气候间的性能 试验方法	Doors-Behaviour between two different climates-Test method	基础与综合	木门	基础共性
30	EN 1191: 2012	门窗 耐反复打开和关闭的试验方法	Windows and doors-Resistance to repeated opening and closing-Test method	基础与综合	木门	基础共性
31	EN 1192: 1999	门 强度要求的分类	Doors-Classification of strength requirements	基础与综合	木门	基础共性
32	EN 12207: 2016	门窗 透气性分类	Windows and doors-Air permeability-Classification	基础与综合	木门	基础共性
33	EN 12208: 1999	门窗 水密性分类	Windows and doors-Watertightness-Classification	基础与综合	木门	基础共性
34	EN 12210: 2016	门窗 抗风荷载 分类	Windows and doors-Resistance to wind load-Classification	基础与综合	木门	基础共性
35	EN 12211: 2016	门窗 抗风荷载试验方法	Windows and doors-Resistance to wind load-Test method	基础与综合	木门	基础共性
36	EN 12219: 1999	门 气候影响 要求和分类	Doors-Climatic influences-Requirements and classification	基础与综合	木门	基础共性
37	EN 1294: 2000	门扇 连续均匀气候中湿度变化性能的测定	Door leaves-Determination of the behaviour under humidity variations in successive uniform climates	基础与综合	木门	基础共性

第4章 国内外定制木质家居产业标准体系的现状分析

续表

序号 No.	标准号 Standard code	标准中文名称 Standard title in Chinese	标准英文名称 Standard title in English	类型/Classification			标准功能 Standard function
				产业链 Industry chain	产品 Product		
38	EN 130: 1984	门的试验方法 用反复扭转法测定门扇刚度变化的试验	Methods of testing doors-Test for the change in stiffness of the door leaves by repeated torsion	基础与综合	木门		基础共性
39	EN 950: 1999	门扇 抗硬体冲击性的测定	Door leaves-Determination of the resistance to hard body impact	基础与综合	木门		基础共性
40	EN 951: 1998	门扇 高度、宽度、厚度和方正度的测量方法	Door leaves-Method for measurement of height, width, thickness and squareness	基础与综合	木门		基础共性
41	EN 952: 1999	门扇 一般和局部平整度 测量方法	Door leaves-General and local flatness-Measurement method	基础与综合	木门		基础共性
42	EN 12217: 2015	门 操作力 要求和分类	Doors-Operating forces-Requirements and classification	基础与综合	木门		基础共性
43	EN ISO 12567-1: 2010	门窗热性能 用热箱法测定热传递系数 第1部分: 完整门窗	Thermal performance of windows and doors-Determination of thermal transmittance by the hot-box method-Part 1: Complete windows and doors	基础与综合	木门		基础共性
44	EN 13696: 2008	木地板 测定弹性、耐磨性和抗冲击性的试验方法	Wood flooring-Test methods to determine elasticity and resistance to wear and impact resistance	基础与综合	木地板		基础共性
45	CEN/TS 15676: 2007	木地板 防滑性 摆锤试验	Wood flooring-Slip resistance-Pendulum test	基础与综合	木地板		基础共性
46	EN 1533: 2010	木地板 静载荷下弯曲强度的测定试验方法	Wood flooring-Determination of bending strength under static load-Test methods	基础与综合	木地板		基础共性
47	EN 15468: 2016	强化地板 直接应用于印刷和树脂面层的元件 规范 要求和试验方法	Laminate floor coverings-Elements with directly applied printing and resin surface layer-Specifications, requirements and test methods	基础与综合	木地板		基础共性
48	EN 1534: 2010	木地板 耐划痕的测定试验方法	Wood flooring-Determination of resistance to indentation-Test method	基础与综合	木地板		基础共性

续表

序号 No.	标准号 Standard code	标准中文名称 Standard title in Chinese	标准英文名称 Standard title in English	类型/Classification 产业链 Industry chain	产品 Product	标准功能 Standard function
49	EN 1910: 2016	木地板、拼花地板和覆面板-尺寸稳定性的测定	Wood flooring and wood panelling and cladding-Determination of dimensional stability	基础与综合	木地板	基础共性
50	EN 13647: 2011	木地板、拼花地板和覆面板-几何特性的测定	Wood flooring and wood panelling and cladding-Determination of geometrical characteristics	基础与综合	木地板	基础共性
51	EN 13756: 2018	木地板和拼花地板 术语	Wood flooring and parquet-Terminology	基础与综合	木地板	基础共性
52	2010/18/EC	木地板生态标签	Ecolabel for wooden floor coverings	基础与综合	木地板	绿色发展
53	EN 14076: 2013	木楼梯 术语	Timber stairs-Terminology	基础与综合	木楼梯	基础共性
54	EN 17368: 2020	强化地板 用小球测定抗冲击性	Laminate floor coverings-Determination of impact resistance with small ball	基础与综合	木地板	基础共性
55	CEN/TS 13810-2: 2003	人造板 浮式地板 第2部分：试验方法	Wood-based panels-Floating floors-Part 2: Test methods	基础与综合	木地板	基础共性
56	EN 717-1: 2004	人造板 甲醛释放量的测定 第1部分：用气候箱法测定甲醛的排放量	Wood-based panels-Determination of formaldehyde release-Part 1: Formaldehyde emission by the chamber method	基础与综合	综合类	绿色发展
57	EN 717-2: 1994	人造板 甲醛释放量的测定 第2部分：用气体分析法测定甲醛的排放量	Wood-based panels-Determination of formaldehyde release-Part 2: Formaldehyde release by the gas analysis method	基础与综合	综合类	绿色发展
58	EN 717-3: 1996	人造板 甲醛释放量的测定 第3部分：用气烧瓶法测定甲醛的排放量	Wood-based panels-Determination of formaldehyde release-Part 3: Formaldehyde release by the flask method	基础与综合	综合类	绿色发展
59	EN 16487: 2014	声学 吊顶试验规程 吸声	Acoustics-Test code for suspended ceilings-Sound absorption	基础与综合	木吊顶	基础共性
60	EN ISO 16000-2: 2006	室内空气 第2部分：甲醛的取样方法	Indoor air-Part 2: Sampling strategy for formaldehyde	基础与综合	综合类	绿色发展

第4章 国内外定制木质家居产业标准体系的现状分析

续表

序号 No.	标准号 Standard code	标准中文名称 Standard title in Chinese	标准英文名称 Standard title in English	类型/Classification		标准功能 Standard function
				产业链 Industry chain	产品 Product	
61	EN ISO 16000-5: 2007	室内空气 第5部分：挥发性有机化合物（VOC）的取样方法	Indoor air-Part 5: Sampling strategy for volatile organic compounds	基础与综合	综合类	绿色发展
62	EN ISO 16000-7: 2007	室内空气 第7部分：空气中石棉纤维浓度测定的取样方法	Indoor air-Part 7: Sampling strategy for determination of airborne asbestos fibre concentrations	基础与综合	综合类	绿色发展
63	EN ISO 16000-9: 2006	室内空气 第9部分：建筑产品和家具中挥发性有机化合物排放的测定 排放试验箱法	Indoor air-Part 9: Determination of the emission of volatile organic compounds from building products and furnishing-Emission test chamber method	基础与综合	综合类	绿色发展
64	EN ISO 16000-10: 2006	室内空气 第10部分：建筑产品和家具中挥发性有机化合物排放的测定 排放试验室法	Indoor air-Part 10: Determination of the emission of volatile organic compounds from building products and furnishing-Emission test cell method	基础与综合	综合类	绿色发展
65	EN ISO 16000-11: 2006	室内空气 第11部分：建筑产品和家具中挥发性有机化合物排放的测定 样品的取样、储存和试样的制备	Indoor air-Part 11: Determination of the emission of volatile organic compounds from building products and furnishing-Sampling, storage of samples and preparation of test specimens	基础与综合	综合类	绿色发展
66	EN ISO 16000-12: 2008	室内空气 第12部分：多氯联苯（PCBs）、多氯联苯对二噁英（PCDDs）、多氯联苯呋喃（PCDF）和多环芳烃（PAHs）的取样方法	Indoor air-Part 12: Sampling strategy for polychlorinated biphenyls (PCBs), polychlorinated dibenzo-p-dioxins (PCDDs), polychlorinated dibenzofurans (PCDFs) and polycyclic aromatic hydrocarbons (PAHs)	基础与综合	综合类	绿色发展
67	EN ISO 16000-15: 2008	室内空气 第15部分：二氧化氮（NO$_2$）的取样方法	Indoor air-Part 15: Sampling strategy for nitrogen dioxide (NO$_2$)	基础与综合	综合类	绿色发展

续表

序号 No.	标准号 Standard code	标准中文名称 Standard title in Chinese	标准英文名称 Standard title in English	类型/Classification		标准功能 Standard function
				产业链 Industry chain	产品 Product	
68	EN ISO 16000-19: 2014	室内空气 第19部分：模具的取样方法	Indoor air-Part 19: Sampling strategy for moulds	基础与综合	综合类	绿色发展
69	EN ISO 16000-26: 2012	室内空气 第26部分：二氧化碳（CO₂）的取样方法	Indoor air-Part 26: Sampling strategy for carbon dioxide (CO_2)	基础与综合	综合类	绿色发展
70	EN ISO 16000-32: 2014	室内空气 第32部分：建筑物污染物的调查	Indoor air-Part 32: Investigation of buildings for the occurrence of pollutants	基础与综合	综合类	绿色发展
71	EN 14412: 2004	室内空气质量 气体和蒸气浓度测定用扩散采样器 选择、使用和维护指南	Indoor air quality-Diffusive samplers for the determination of concentrations of gases and vapours-Guide for selection, use and maintenance	基础与综合	综合类	绿色发展
72	CEN/TS 15680: 2007	预制木楼梯 机械试验方法	Prefabricated timber stairs-Mechanical test methods	基础与综合	木楼梯	基础共性
73	EN 15644: 2008	传统设计的实木预制楼梯 规范和要求	Traditionally designed prefabricated stairs made of solid wood-Specifications and requirements	生产制造	木楼梯	基础共性
74	EN 13964: 2014	吊顶 要求和试验方法	Suspended ceilings-Requirements and test methods	生产制造	木吊顶	基础共性
75	EN ISO/IEC 27037: 2016	信息技术 安全技术 数字证据的识别、收集、获取和保存指南	Information technology-Security techniques-Guidelines for identification, collection, acquisition and preservation of digital evidence	生产制造	综合类	智能制造
76	EN ISO 11354-1: 2011	工业过程测量、控制和自动化 数字化工厂的框架 第3部分 数字化工厂生产系统生命周期管理中的应用	Industrial-process measurement, control and automation. Digital Factory framework. Part 3. Application of Digital Factory for life cycle management of production systems	生产制造	综合类	智能制造

第4章 国内外定制木质家居产业标准体系的现状分析

续表

序号 No.	标准号 Standard code	标准中文名称 Standard title in Chinese	标准英文名称 Standard title in English	类型/Classification 产业链 Industry chain	产品 Product	标准功能 Standard function
77	EN ISO/IEC 15419: 2010	信息技术 自动识别和数据捕获技术 条形码数字成像和打印性能试验	Information technology-Automatic identification and data capture techniques-Bar code digital imaging and printing performance testing	生产制造	综合类	智能制造
78	EN 62591: 2011	工业通讯网络-无线通讯网络和通讯协议 无线HART (IEC 62591—2010)	Industrial communication networks-Wireless communication network and communication profiles-WirelessHART 〈(hoch) TM〉(IEC 62591: 2010)	生产制造	综合类	智能制造
79	EN 17213: 2010	门窗 环境产品声明 窗和行人用门的产品分类规则	Windows and doors-Environmental Product Declarations-Product category rules for windows and pedestrian doorsets	生产制造	木门	基础共性
80	EN 14351-1: 2006 +A2: 2016	门窗产品标准、性能特性 第1部分: 窗和外部行人用门	Windows and doors-Product standard, performance characteristics-Part 1: Windows and external pedestrian doorsets	生产制造	木门	基础共性
81	EN 14351-2: 2018	门窗产品标准、性能特征 第2部分: 内部行人用门	Windows and doors-Product standard, performance characteristics-Part 2: Internal pedestrian doorsets	生产制造	木门	基础共性
82	EN 1529: 1999	门扇 高度、宽度、厚度和方正度 公差等级	Doors leaves-Height, width, thickness and squareness-Tolerance classes	生产制造	木门	基础共性
83	EN 1530: 1999	门扇 一般和局部平整度 公差等级	Door leaves-General and local flatness-Tolerance classes	生产制造	木门	基础共性
84	EN 13226: 2009	木地板 带榫槽的实木拼花地板	Wood flooring-Solid parquet elements with grooves and/or tongues	生产制造	木地板	基础共性
85	EN 13489: 2017	木地板和多层拼花地板	Wood-flooring and parquet-Multi-layer parquet elements	生产制造	木地板	基础共性
86	EN 13228: 2011	木地板 带锁扣的悬浮式铺设的实木地板	Wood flooring-Solid wood overlay flooring elements including blocks with an interlocking system	生产制造	木地板	基础共性

续表

序号 No.	标准号 Standard code	标准中文名称 Standard title in Chinese	标准英文名称 Standard title in English	类型/Classification			标准功能 Standard function
				产业链 Industry chain	产品 Product		
87	EN 13442: 2013	木地板、拼花地板和覆面板 耐化学试剂的测定	Wood flooring and wood panelling and cladding-Determination of the resistance to chemical agents	生产制造	木地板	基础共性
88	EN 13488: 2002	木地板 马赛克木地板	Wood flooring-Mosaic parquet elements	生产制造	木地板	基础共性
89	EN 13629: 2012	木地板 实心单板和预装配硬木板	Wood flooring-Solid individual and pre-assembled hardwood boards	生产制造	木地板	基础共性
90	EN 13990: 2004	木地板 针叶材实木地板	Wood flooring-Solid softwood floor boards	生产制造	木地板	基础共性
91	EN 14342: 2013	木地板和拼花地板 特性，合格评定和标记	Wood flooring and parquet-Characteristics, evaluation of conformity and marking	生产制造	木地板	基础共性
92	EN 14762: 2006	木地板 合格评定的抽样程序	Wood flooring-Sampling procedures for evaluation of conformity	生产制造	木地板	基础共性
93	EN 17009: 2016	除木材外的木基材料地板 特性、合格评定和标记	Flooring of lignified materials other than wood-Characteristics, evaluation of conformity and marking	生产制造	木地板	基础共性
94	EN 13810-1: 2002	人造板 浮式地板 第1部分：性能规范和要求	Wood-based panels-Floating floors-Part 1: Performance specifications and requirements	生产制造	木地板	基础共性
95	EN 14873-2: 2005	家具拆卸活动 私人家具和私人物品的储存 第2部分：服务的提供	Furniture removal activities-Storage of furniture and personal effects for private individuals-Part 2: Provision of the service	维护保养	综合类	产业服务

表 4-12 欧洲标准按定制木质家居产业链分类的统计结果
Tab. 4-12 Statistics of European customized wooden household standards by industry chain

序号 No.	类别 Classification	数量 Total	占比（%） Percentage（%）
1	基础与综合	68	71.6
2	测量与设计	4	4.2
3	生产制造	22	23.2
4	物流运输	0	0
5	安装与验收	0	0
6	维护保养	1	1.1
	合计	95	100

4.3.2.2 定制木质家居产品标准

定制木质家居主要产品分类英国标准统计结果，如表 4-13 所示。统计结果主要包含木门相关标准 28 项，占标准总数的 29.5%；木地板相关标准 26 项，占标准总数的 27.4%；木楼梯相关标准 5 项，占标准总数的 5.3%；木吊顶和定制厨柜标准各 2 项；综合类标准 32 项，占标准总数的 33.7%。

表 4-13 欧洲标准按定制木质家居产品分类的统计结果
Tab. 4-13 Statistics of European customized wooden household standards by product types

序号 No.	类别 Classification	数量 Total	占比（%） Percentage（%）
1	定制衣柜	0	0
2	定制厨柜	2	2.1
3	木地板	26	27.4
4	木门	28	29.5
5	木墙板	0	0.0
6	木楼梯	5	5.3
7	木吊顶	2	2.1
8	综合类	32	33.7
	合计	95	100

4.3.2.3 定制木质家居功能标准

标准功能分类的英国标准统计结果，如表 4-14 所示。统计结果主要包含基础共性标准 66 项，占标准总数的 69.5%；关键技术标准中，绿色发展（包括环保、节能减排等）标准 20 项，占标准总数的 21.1%；产业服务标准 5 项，占标准总数的 5.3%。

表 4-14 欧洲标准按定制木质家居标准功能分类的统计结果

Tab. 4-14　Statistics of European customized wooden household standards by Standard functions

序号 No.	类别 Classification	数量 Total	占比（%） Percentage（%）
1	基础共性	66	69.5
2	绿色发展（包括环保、节能减排等）	20	21.1
3	智能制造	4	4.2
4	产业服务	5	5.3
	合计	95	100

4.3.2.4　欧洲定制木质家居标准体系的主要特点

①对基础与综合相关标准较为重视，基础与综合相关标准占标准总数的 71.6%，多为试验方法标准、环保标准等；②有 4 项测量与设计标准，如 EN 1116：2018《家具 厨房家具 厨房家具和厨房用具的协调尺寸》等，但缺乏物流运输、安装与验收标准，且维护保养标准相对较少；③木门、木地板专项标准较多，定制衣柜、定制厨柜多采用家具类标准，专项标准少；④对绿色发展（包括环保、节能减排等）标准较为重视，包括室内空气质量相关的环保标准，以及绿色产品认证相关标准，如 EN ISO 16000-9：2006《室内空气 第 9 部分：建筑产品和家具中挥发性有机化合物排放的测定-排放试验箱法》、《北欧生态标签的地板》等标准。

4.3.3　法国标准体系

截至 2019 年 2 月底，法国定制木质家居主要标准有 42 项，主要涉及木门、木地板、厨柜等定制木质家居产品，如表 4-15 所示。

4.3.3.1　定制木质家居产业链的标准

定制木质家居产业链分类的法国标准的统计结果，如表 4-16 所示。统计结果主要包含基础与综合相关标准 29 项，占标准总数的 69.0%；生产制造相关标准 10 项，占标准总数的 23.8%；测量与设计相关标准 2 项，物流运输标准 1 项；缺乏安装与验收和维护保养相关标准。其中基础与综合相关标准主要为试验方法标准、术语标准。生产制造相关标准主要为产品标准。

第4章 国内外定制木质家居产业标准体系的现状分析

表 4-15 法国定制木质家居产业相关标准

Tab. 4-15 The standards of French involved in customized wooden household industry

序号 No.	标准号 Standard code	标准中文名称 Standard title in Chinese	标准英文名称 Standard title in English	类型/Classification			标准功能 Standard function
				产业链 Industry chain	产品 Product		
1	NF D62-023 * NF EN 1116: 2004	厨房家具 厨房家具用具的协调尺寸	Kitchen furniture-Co-ordinating sizes for kitchen furniture and kitchen appliances	测量与设计	木地板		产业服务
2	NF P20-512 * NF EN 951: 1999	门扇 高度、宽度、厚度和方正度的测量方法	Door leaves. Method for measurement of height, width, thickness and squareness	测量与设计	木门		产业服务
3	NF D65-005 * NF EN 14749: 2016	家具 家用和厨房储藏装置和厨房工作台 安全要求和试验方法	Furniture-Domestic and kitchen storage units and kitchen-worktops-Safety requirements and test methods	基础与综合	定制厨柜		基础共性
4	NF P20-606 * NF EN 1529: 2000	门扇 高度、宽度、厚度和方正度 公差等级	Door leaves-Height, width, thickness and squareness-Tolerance classes	基础与综合	木门		基础共性
5	NF P20-515 * NF EN 950: 2000	门扇 抗硬物冲击的测定	Door leaves-Determination of the resistance to hard body impact	基础与综合	木门		基础共性
6	NF P20-513 * NF EN 1294: 2000	门扇 连续均匀气候中湿度变化下性能的测定	Door leaves-Determination of the behaviour under humidity variations in successive uniform climates	基础与综合	木门		基础共性
7	NF P20-604 * NF EN 952: 2000	门扇 一般和局部平整度 测量方法	Door leaves-General and local flatness-Measurement method	基础与综合	木门		基础共性
8	NF P20-605 * NF EN 1530: 2000	门扇 一般和局部平整度 公差等级	Door leaves-General and local flatness-Tolerance classes	基础与综合	木门		基础共性
9	NF B53-645 * NF EN 13696: 2009	木地板 测定弹性、耐磨性和抗冲击性的试验方法	Wood Flooring-Test methods to determine elasticity and resistance to wear and impact resistance	基础与综合	木地板		基础共性

91

续表

序号 No.	标准号 Standard code	标准中文名称 Standard title in Chinese	标准英文名称 Standard title in English	类型/Classification		标准功能 Standard function
				产业链 Industry chain	产品 Product	
10	XP B53-853 * XP CEN/TS 15676: 2008	木地板 防滑性 摆锤试验	Wood flooring-Slip resistance-Pendulum test	基础与综合	木地板	基础共性
11	NF B53-651 * NF EN 14762: 2006	木地板 合格评定的抽样程序	Wood flooring-Sampling procedures for evaluation of conformity	基础与综合	木地板	基础共性
12	NF B53-643 * NF EN 1533: 2010	木地板 静载荷下弯曲强度的测定试验方法	Wood flooring-Determination of bending strength under static load-Test methods	基础与综合	木地板	基础共性
13	NF B53-646 * NF EN 1534: 2011	木地板 耐划痕的测定 试验方法	Wood flooring-Determination of resistance to indentation-Test method	基础与综合	木地板	基础共性
14	NF B53-636 * NF EN 13756: 2003	木地板 术语	Wood flooring-Terminology	基础与综合	木地板	基础共性
15	NF B53-644 * NF EN 1910: 2016	木地板、拼花地板和覆面板 尺寸稳定性的测定	Wood flooring and wood paneling and cladding-Determination of dimensional stability	基础与综合	木地板	基础共性
16	NF B53-649 * NF EN 13647: 2011	木地板、拼花地板和覆面板 几何特性的测定	Wood flooring and wood panelling and cladding-Determination of geometrical characteristics	基础与综合	木地板	基础共性
17	NF B53-653 * NF EN 13442: 2013	木地板、拼花地板和覆面板 耐化学试剂的测定	Wood flooring and wood panelling and cladding-Determination of the resistance to chemical agents	基础与综合	木地板	基础共性
18	NF P21-210: 2016	木楼梯 词汇	Wooden stairs-Vocabulary	基础与综合	木楼梯	基础共性
19	NF B54-080-1 * NF EN 13810-1: 2003	人造板浮式地板 第1部分：性能规范和要求	Wood-based panels-Floating floors-Part 1: performance specifications and requirements	基础与综合	木地板	基础共性

第4章 国内外定制木质家居产业标准体系的现状分析

续表

序号 No.	标准号 Standard code	标准中文名称 Standard title in Chinese	标准英文名称 Standard title in English	类型/Classification		标准功能 Standard function
				产业链 Industry chain	产品 Product	
20	XP B54-080-2 * XP CEN/TS 13810-2: 2003	人造板 浮式地板 第2部分：试验方法	Wood-based panels-Floating floors-Part 2: test methods	基础与综合	木地板	基础共性
21	NF B51-272-2: 1995	人造板 甲醛释放量测定 气体分析法	Wood-based panels. Determination of formaldehyde release. Part 2: formaldehyde release by the gas analysis method	基础与综合	综合类	绿色发展
22	NF B51-273-4 * NF EN ISO 12460-4: 2016	人造板 甲醛释放量的测定 苯取法（也称为"穿孔法"）	Wood-based panels-Determination of formaldehyde release- Part 5: extraction method (called the perforator method)	基础与综合	综合类	绿色发展
23	NF B51-273-3 * NF EN ISO 12460-3: 2016	人造板 甲醛释放量的测定 第3部分：气体分析法	Wood-based panels-Determination of formaldehyde release- Part 3: gas analysis method	基础与综合	综合类	绿色发展
24	NF B51-273-4 * NF EN ISO 12460-4: 2016	人造板 甲醛释放量的测定 第4部分：干燥器法	Wood-based panels-Determination of formaldehyde release- Part 4: desiccator method	基础与综合	综合类	绿色发展
25	NF B51-272-1 * NF EN 717-1: 2005	人造板 甲醛释放量的测定 第1部分：小室法	Wood-based panels-Determination of formaldehyde release- Part 1: formaldehyde emission by the chamber method.	基础与综合	综合类	绿色发展
26	NF X43-404-10 * NF EN ISO 16000-10: 2006	室内空气 第10部分：建筑产品和家具释放挥发性有机化合物的测定 释放试验容器法	Indoor air-Part 10: determination of the emission of volatile organic compounds from building products and furnishing-Emission test cell method	基础与综合	综合类	绿色发展
27	NF X43-404-11 * NF EN ISO 16000-11: 2006	室内空气 第11部分：建筑产品和家具释放挥发性有机化合物测定 取样、样品储藏和试验样品的准备	Indoor air-Part 11: determination of the emission of volatile organic compounds from building products and furnishing-Sampling, storage of samples and preparation of test specimens	基础与综合	综合类	绿色发展

续表

序号 No.	标准号 Standard code	标准中文名称 Standard title in Chinese	标准英文名称 Standard title in English	类型/Classification		标准功能 Standard function
				产业链 Industry chain	产品 Product	
28	NF X43-404-24 * NF ISO 16000-24: 2010	室内空气 第24部分：吸附在建筑材料中的挥发性有机化合物（除甲醛外）浓度的减少评估用性能试验	Indoor air-Part 24: performance test for evaluating the reduction of volatile organic compounds (except formaldehyde) concentrations by sorptive building materials	基础与综合	综合类	绿色发展
29	NF X43-404-5 * NF EN ISO 16000-5: 2007	室内空气 第5部分：挥发性有机化合物（VOCs）的取样策略	Indoor air-Part 5: sampling strategy for volatile organic compounds (VOCs)	基础与综合	综合类	绿色发展
30	NF X43-404-6 * NF ISO 16000-6: 2012	室内空气 第6部分：通过在泰纳克斯TA吸收剂上活性取样，热解吸和MS或MS/FID气相色谱法测定室内试验室空气中挥发性有机化合物的含量	Indoor air-Part 6: determination of volatile organic compounds in indoor and test chamber air by active sampling on Tenax TA (R) sorbent, thermal desorption and gas chromatography using MS or MS/FID	基础与综合	综合类	绿色发展
31	NF X43-404-9 * NF EN ISO 16000-9: 2006	室内空气 第9部分：建筑产品和家具释放挥发性有机化合物的测定 试验室排放法	Indoor air-Part 9: determination of the emission of volatile organic compounds from building products and furnishings-Emission test chamber method	基础与综合	综合类	绿色发展
32	NF P68-204 * NF EN 13964: 2014	吊顶要求和试验方法	Suspended ceilings-Requirements and test methods	生产制造	木地板	基础共性
33	NF Z68-131-1 * NF EN ISO 11354-1: 2011	高级自动化技术及其应用 建立制造企业过程互操作性的要求-第1部分：企业互操作性框架	Advanced automation technologies and their applications-Requirements for establishing manufacturing enterprise process interoperability-Part 1: framework for enterprise interoperability	生产制造	综合类	智能制造
34	NF B53-656 * NF EN 13488: 2003	木地板 拼花地板构件	Wood flooring-Mosaic parquet elements	生产制造	木地板	基础共性

第 4 章　国内外定制木质家居产业标准体系的现状分析

续表

序号 No.	标准号 Standard code	标准中文名称 Standard title in Chinese	标准英文名称 Standard title in English	类型/Classification			标准功能 Standard function
				产业链 Industry chain	产品 Product	
35	NF B53-659 * NF EN 13629: 2012	木地板 实心单板和预装配硬木板	Wood flooring-Solid individual and pre-assembled hardwood boards	生产制造	木地板	基础共性
36	NF B53-655 * NF EN 13226: 2009	木地板 榫槽结构实木地板构件	Wood flooring-Solid wood parquet elements with grooves and/or tongues	生产制造	木地板	基础共性
37	NF B53-658 * NF EN 13990: 2004	木地板 针叶材实木地板	Wood flooring-Solid softwood floor boards	生产制造	木地板	基础共性
38	NF B53-657 * NF EN 13489: 2017	木地板和拼花地板 多层镶木地板构件	Wood-flooring and parquet-Multi-layer parquet elements	生产制造	木地板	基础共性
39	XP B53-669: 2012	木地板和拼花地板 使用分类	Wood and parquet flooring-Use classification	生产制造	木地板	基础共性
40	NF B53-668 * NF EN 14342: 2013	木地板和拼花地板 特性、合格评定和标记	Wood flooring and parquet-Characteristics, evaluation of conformity and marking	生产制造	木地板	基础共性
41	NF P23-311: 2013	木制室内门和整樘门 技术规范	Wooden interior doors and doorsets-Technical specification	生产制造	木门	基础共性
42	NF H03-001: 2013	包装 木质包装 术语	Packaging-Wooden packaging-Vocabulary	物流运输	综合类	产业服务

表 4-16 法国标准按定制木质家居产业链分类的统计结果
Tab. 4-16 Statistics of French customized wooden household standards by industry chain

序号 No.	类别 Classification	数量 Total	占比（%）Percentage（%）
1	基础与综合	29	69.0
2	测量与设计	2	4.8
3	生产制造	10	23.8
4	物流运输	1	2.4
5	安装与验收	0	0
6	维护保养	0	0
	合计	42	100

4.3.3.2 定制木质家居产品标准

定制木质家居主要产品分类法国标准的统计结果，如表4-17所示。统计结果主要包含木地板相关标准20项，占标准总数的47.6%；木门相关标准7项，占标准总数的16.7%；定制厨柜和木楼梯标准各1项；综合类标准13项，占标准总数的31.0%。

表 4-17 法国标准按定制木质家居产品分类统计结果
Tab. 4-17 Statistics of French customized wooden household standards by product types

序号 No.	类别 Classification	数量 Total	占比（%）Percentage（%）
1	定制衣柜	0	0
2	定制厨柜	1	2.4
3	木地板	20	47.6
4	木门	7	16.7
5	木墙板	0	0.0
6	木楼梯	1	2.4
7	木吊顶	0	0.0
8	综合类	13	31.0
	合计	42	100

4.3.3.3 定制木质家居功能标准

定制木质家居标准按标准功能分类法国标准的统计结果，如表4-18所示。统计结果主要包含基础共性标准27项，占标准总数的64.3%；关键技术标准中，绿色（包括环保、节能减排等）标准11项，占标准总数的26.2%；产业服务标准3项，占标准总数的7.1%。

表 4-18 法国标准按定制木质家居标准功能分类的统计结果
Tab. 4-18 Statistics of French customized wooden household standards by standard functions

序号 No.	类别 Classification	数量 Total	占比（%） Percentage（%）
1	基础共性	27	64.3
2	绿色发展（包括环保、节能减排等）	11	26.2
3	智能制造	1	2.4
4	产业服务	3	7.1
	合计	42	100

4.3.3.4 法国定制木质家居标准体系主要特点

①对基础与综合和生产制造标准较为重视，其中基础与综合类标准占标准总数的69.0%，主要为试验方法标准以及环保标准，生产制造标准占标准总数的23.8%，主要为产品标准；②木门、木地板专项标准较多，其他产品标准较少；③缺乏安装与验收、维护保养相关标准，物流运输、测量与设计标准相对较少；④对绿色发展（包括环保、节能减排等）标准较为重视，绿色标准站标准总数的26.2%，主要为室内空气质量标准等。

4.3.4 德国标准体系

截至 2019 年 2 月底，德国定制木质家居主要标准有 46 项，主要涉及木门、木地板、木楼梯、厨柜、吊顶及定制家具等定制木质家居产品，如表 4-19 所示。

4.3.4.1 定制木质家居产业链的标准

定制木质家居产业链分类的德国标准的统计结果，如表 4-20 所示。统计结果主要包含基础与综合相关标准 30 项，占标准总数的 65.2%；生产制造相关标准 12 项，占标准总数的 26.1%；安装与验收标准 2 项；测量与设计、维护保养标准各 1 项；缺乏物流运输相关标准。其中基础与综合相关标准主要为试验方法标准，生产制造相关标准主要为产品标准。

表 4-19 德国定制木质家居产业相关标准

Tab. 4-19 The standards of German involved in customized wooden household industry

序号 No.	标准号 Standard code	标准中文名称 Standard title in Chinese	标准英文名称 Standard title in English	类型/Classification		产品 Product	标准功能 Standard function
				产业链 Industry chain			
1	DIN 18356: 2016	德国建筑合同程序（VOB）第 C 部分：建筑合同通用技术规范（ATV）拼花地板和木块地板铺设	German construction contract procedures (VOB) -Part C: General technical specifications in construction contracts (ATV) -Laying of parquet flooring and wood block flooring	安装与验收		木地板	产业服务
2	DIN 18357: 2016	德国建筑合同程序（VOB）第 C 部分：建筑合同通用技术条件门窗五金安装	German construction contract procedures (VOB) -Part C: General technical specifications in construction contracts (ATV) -Mounting of door and window hardware	安装与验收		木门	产业服务
3	DIN EN 1116: 2016	家具 厨房家具和厨房用具的协调尺寸	Furniture-Kitchen furniture-Coordinating sizes for kitchen furniture and kitchen appliances	测量与设计		定制厨柜	产业服务
4	DE-UZ 76	低释放木质复合材料	Low-emission Composite Wood Panels	基础与综合		综合类	绿色发展
5	DE-UZ 176	低释放实木和木基复合材料的地板覆盖物，板材和室内门	Low-Emission Floor Coverings, Panels and Doors for Interiors made of Wood and Wood-Based Materials	基础与综合		综合类	绿色发展
6	DIN EN 14749: 2016	家具 家用和厨房储藏装置和厨房工作台 安全要求和试验方法	Furniture-Domestic and kitchen storage units and kitchen-worktops-Safety requirements and test methods	基础与综合		定制厨柜	基础共性
7	DIN EN 12721: 2014	家具 表面耐湿热评估	Furniture-Assessment of surface resistance to wet heat	基础与综合		综合类	基础共性
8	DIN EN 12720: 2014	家具 表面耐冷液体性能的评估	Furniture-Assessment of surface resistance to cold liquids	基础与综合		综合类	基础共性
9	DIN EN 15185: 2011	家具 表面耐摩擦性评定	Furniture-Assessment of the surface resistance to abrasion	基础与综合		综合类	基础共性
10	DIN EN 15187: 2006	家具 曝光量的影响评估	Furniture-Assessment of the effect of light exposure	基础与综合		综合类	基础共性

第 4 章 国内外定制木质家居产业标准体系的现状分析

续表

序号 No.	标准号 Standard code	标准中文名称 Standard title in Chinese	标准英文名称 Standard title in English	类型/Classification			标准功能 Standard function
				产业链 Industry chain	产品 Product	
11	DIN EN 16516: 2015	建筑产品 危险物质释放的评估 室内空气排放量的测定	Construction products; Assessment of release of dangerous substances-Determination of emissions into indoor air	基础与综合	综合类	绿色发展
12	DIN EN 1529: 2000	门扇 高度、宽度、厚度和方正度 公差等级	Door leaves-Height, width, thickness and squareness-Tolerance classes	基础与综合	木门	基础共性
13	DIN EN 951: 1999	门扇 高度、宽度、厚度和方正度的测量方法	Door leaves-Method for measurement of height, width, thickness and squareness	基础与综合	木门	基础共性
14	DIN EN 950: 1999	门扇 抗硬体冲击的测定	Door leaves-Determination of the resistance to hard body impact	基础与综合	综合类	基础共性
15	DIN EN 1294: 2000	门扇 连续均匀气候中湿度变化下性能的测定	Door leaves-Determination of the behaviour under humidity variations in successive uniform climates	基础与综合	木门	基础共性
16	DIN EN 1530: 2000	门扇 一般和局部平面度 公差等级	Door leaves-General and local flatness-Tolerance classes	基础与综合	木门	基础共性
17	DIN EN 952: 1999	门扇 一般和局部平整度 测量方法	Door leaves-General and local flatness-Measurement method	基础与综合	木门	基础共性
18	DIN ISO 38200: 2017	木材和人造板产销监管链	Chain of custody of wood and wood-based products	基础与综合	综合类	绿色发展
19	DIN EN 13696: 2009	木地板 测定弹性、耐磨性和抗冲击性试验方法	Wood flooring-Test methods to determine elasticity and resistance to wear and impact resistance	基础与综合	木地板	基础共性
20	DIN EN 14762: 2006	木地板 合格评定的抽样程序	Wood flooring-Sampling procedures for evaluation of conformity	基础与综合	木地板	基础共性
21	DIN EN 1533: 2010	木地板 静载荷下弯曲强度的测定试验方法	Wood flooring-Determination of bending strength under static load-Test methods	基础与综合	木地板	基础共性
22	DIN EN 1534: 2011	木地板 耐划痕的测定 试验方法	Wood flooring-Determination of resistance to indentation-Test method	基础与综合	木地板	基础共性

续表

序号 No.	标准号 Standard code	标准中文名称 Standard title in Chinese	标准英文名称 Standard title in English	类型/Classification		标准功能 Standard function
				产业链 Industry chain	产品 Product	
23	DIN EN 14342: 2013	木地板 特性，合格评定和标记	Wood flooring-Characteristics, evaluation of conformity and marking	基础与综合	木地板	基础共性
24	DIN EN 1910: 2016	木地板、拼花地板和覆面板 尺寸稳定性的测定	Wood flooring and wood panelling and cladding-Determination of dimensional stability	基础与综合	木门	基础共性
25	DIN EN 13647: 2011	木地板、拼花地板和覆面板 几何特性的测定	Wood flooring and wood panelling and cladding-Determination of geometrical characteristics	基础与综合	木地板	基础共性
26	DIN EN 13442: 2013	木地板、拼花地板和覆面板 耐化学试剂的测定	Wood flooring and wood panelling and cladding-Determination of the resistance to chemical agents	基础与综合	木地板	基础共性
27	DIN EN 13756: 2017	木地板和拼花地板 术语	Wood flooring and parquet-Terminology; Trilingual version	基础与综合	木地板	基础共性
28	DIN EN 717.1: 2005	人造板甲醛释放量的测定 第1部分：用气候箱法测定甲醛的排放量	Wood-based panels-Determination of formaldehyde release-Part 1: Formaldehyde emission by the chamber method	基础与综合	综合类	绿色发展
29	DIN EN 717.2: 1995	人造板甲醛释放量的测定 第2部分：用气体分析法测定甲醛的排放量	Wood-based panels-Determination of formaldehyde release-Part 2: Formaldehyde release by the gas analysis method	基础与综合	综合类	绿色发展
30	DIN EN 717.3: 1996	人造板甲醛释放量的测定 第3部分：用气烧瓶法测定甲醛的排放量	Wood-based panels-Determination of formaldehyde release-Part 3: Formaldehyde release by the flask method	基础与综合	综合类	绿色发展
31	DIN EN ISO 12460-3: 2016	人造板甲醛释放量的测定 第3部分：气体分析法	Wood-based panels-Determination of formaldehyde release-Part 3: Gas analysis method	基础与综合	综合类	基础共性
32	DIN EN 16487: 2014	声学 吊顶试验规程 吸声	Acoustics-Test code for suspended ceilings-Sound absorption	基础与综合	木吊顶	基础共性

第4章 国内外定制木质家居产业标准体系的现状分析

续表

序号 No.	标准号 Standard code	标准中文名称 Standard title in Chinese	标准英文名称 Standard title in English	类型/Classification			标准功能 Standard function
				产业链 Industry chain	产品 Product		
33	DIN EN 14412: 2004	室内空气质量 气体和蒸气浓度测定用扩散采样器 选择、使用和维护指南	Indoor air quality-Diffusive samplers for the determination of concentrations of gases and vapours-Guide for selection, use and maintenance	基础与综合	综合类		绿色发展
34	DIN EN 13964: 2014	吊顶 要求和试验方法	Suspended ceilings-Requirements and test methods	生产制造	木吊顶		基础共性
35	DIN EN ISO 11354-1: 2012	高级自动化技术及其应用 建立制造企业过程互操作性的要求 第1部分：企业互操作性框架	Advanced automation technologies and their applications-Requirements for establishing manufacturing enterprise process interoperability-Part 1: Framework for enterprise interoperability	生产制造	综合类		智能制造
36	DIN EN 62591: 2017	工业通讯网络 无线通讯网络和通讯协议-无线 HART (IEC 62591—2010)	Industrial communication networks-Wireless communication network and communication profiles-Wireless HART (IEC 62591: 2010)	生产制造	综合类		智能制造
37	DIN EN 13226: 2009	木地板 带榫槽的实木拼花地板	Wood flooring-Solid parquet elements with grooves and/or tongues	生产制造	木地板		基础共性
38	DIN EN 13228: 2011	木地板 带锁扣的悬浮式铺设的实木地板	Wood flooring-Solid wood overlay flooring elements including blocks with an interlocking system	生产制造	木地板		基础共性
39	DIN EN 13489: 2003	木地板 多层拼花地板构件	Wood flooring-Multi-layer parquet elements	生产制造	木地板		基础共性
40	DIN EN 13488: 2003	木地板 拼花地板构件	Wood flooring-Mosaic parquet elements	生产制造	木地板		基础共性
41	DIN EN 13629: 2012	木地板 实心单板和预装配硬木板	Wood flooring-Solid individual and pre-assembled hardwood boards	生产制造	木地板		基础共性
42	DIN EN 13990: 2004	木地板 针叶材地板	Wood flooring-Solid softwood floor boards	生产制造	木地板		基础共性

续表

序号 No.	标准号 Standard code	标准中文名称 Standard title in Chinese	标准英文名称 Standard title in English	类型/Classification			标准功能 Standard function
				产业链 Industry chain	类型 Product	产品	
43	DIN EN 17009: 2016	木质材料（木材除外）地板 特性、合格评定和标记	Flooring of lignified materials other than wood-Characteristics, evaluation of conformity and marking	生产制造	综合类	基础共性
44	DIN EN 14221: 2007	内窗、内门扇和内门框用木材和人造板 要求和规范	Timber and wood-based materials in internal windows, internal door leaves and internal doorframes-Requirements and specifications	生产制造	木门	基础共性
45	DIN EN 14220: 2007	外窗、外门扇和外门框用木材和人造板 要求和规范	Timber and wood-based materials in external windows, external door leaves and external doorframes-Requirements and specifications	生产制造	木门	基础共性
46	DIN EN 14873-2: 2005	家具拆卸活动 私人家具和私人物品的储存 第2部分：服务的提供	Furniture removal activities-Storage of furniture and personal effects for private individuals-Part 2: Provision of the service	维护保养	综合类	产业服务

第4章 国内外定制木质家居产业标准体系的现状分析

表 4-20 德国标准按定制木质家居产业链分类的统计结果
Tab. 4-20 Statistics of German customized wooden household standards by industry chain

序号 No.	类别 Classification	数量 Total	占比（%） Percentage（%）
1	基础与综合	30	65.2
2	测量与设计	1	2.2
3	生产制造	12	26.1
4	物流运输	0	0.0
5	安装与验收	2	4.3
6	维护保养	1	2.2
	合计	46	100

4.3.4.2 定制木质家居产品的标准

定制木质家居主要产品分类的德国标准的统计结果，如表4-21所示。统计结果主要包含木地板相关标准15项，占标准总数的32.6%；木门相关标准9项，占标准总数的19.6%；定制厨柜标准2项，木吊顶标准1项；综合类标准18项，占标准总数的39.1%。

表 4-21 德国标准按定制木质家居产品分类的统计结果
Tab. 4-21 Statistics of German customized wooden household standards by product types

序号 No.	类别 Classification	数量 Total	占比（%） Percentage（%）
1	定制衣柜	0	0
2	定制厨柜	2	4.3
3	木地板	15	32.6
4	木门	9	19.6
5	木墙板	0	0
6	木楼梯	0	0
7	木吊顶	2	4.3
8	综合类	18	39.1
	合计	46	100

4.3.4.3 定制木质家居功能的标准

定制木质家居标准按标准功能分类的德国标准统计结果，如表4-22所示。统计结果主要包含基础共性标准32项，占标准总数的69.6%；关键技术标准中，绿色（环保、节能减排标准）标准8项，占标准总数的17.4%；产业服务标准4项，智能制造标准2项。

表 4-22 德国标准按定制木质家居标准功能分类的统计结果
Tab. 4-22 Statistics of German customized wooden household standards by Standard functions

序号 No.	类别 Classification	数量 Total	占比（%） Percentage（%）
1	基础共性	32	69.6
2	绿色发展（包括环保、节能减排等）	8	17.4
3	智能制造	2	4.3
4	产业服务	4	8.7
	合计	46	100

4.3.4.4 德国定制木质家居标准体系主要特点

①对基础与综合相关标准比较重视，占标准总数的 65.2%，主要为试验方法标准；②缺乏物流运输标准，测量与设计、安装与验收、维护保养相关标准相对较少；③木门、木地板专项标准较多，其他产品标准较少；④重视绿色发展标准，有 8 项绿色、生态标签标准，如 DE-UZ 76《低释放木质复合材料》、DE-UZ 176《低释放实木和木基复合材料的地板覆盖物、板材和室内门》。

4.3.5 英国标准体系

截至 2019 年 2 月底，英国定制木质家居标准有 54 标准，主要涉及木门、木地板、厨柜及定制家具等定制木质家居产品，如表 4-23 所示。

4.3.5.1 定制木质家居产业链的标准

定制木质家居产业链分类的英国标准统计结果，如表 4-24 所示。统计结果主要包含基础与综合相关标准 31 项，占标准总数的 57.4%；生产制造相关标准 17 项，占标准总数的 31.5%；测量与设计相关标准 4 项，占标准总数的 7.4%；物流运输、安装与验收相关标准各 1 项，缺乏维护保养标准。其中基础与综合相关标准主要为试验方法标准，生产制造相关标准主要为产品标准。

第 4 章　国内外定制木质家居产业标准体系的现状分析

表 4-23　英国定制木质家居产业相关标准

Tab. 4-23　The standards of UK involved in customized wooden household industry

序号 No.	标准号 Standard code	标准中文名称 Standard title in Chinese	标准英文名称 Standard title in English	类型/Classification			
				产业链 Industry chain	产品 Product	标准功能 Standard function
1	BS 8201: 2011	木地板和人造板安装实施规程	Code of practice for installation of flooring of wood and wood-based panels	安装与验收	木地板	产业服务
2	BS 4592-0: 2006 + A1: 2012	工业用地板、楼梯踏板和扶手　一般设计要求和安装建议	Flooring, stair treads and handrails for industrial use. Common design requirements and recommendations for installation	测量与设计	综合类	产业服务
3	BS 4787-1: 1980	内外木门、门扇和门框 尺寸要求规范	Internal and external wood doorsets, door leaves and frames. Specification for dimensional requirements	测量与设计	木门	产业服务
4	BS 5578-2: 1978	建筑施工 楼梯模数协调 楼梯和楼梯口协调尺寸	Building construction-stairs. Modular co-ordination: specification for co-ordinating dimensions for stairs and stair openings	测量与设计	木楼梯	产业服务
5	BS EN 1116: 2018	家具 厨房家具和厨房用具的协调尺寸	Furniture Kitchen furniture. Coordinating sizes for Kitchen furniture and Kitchen appliances	测量与设计	定制厨柜	产业服务
6	BS 3962-1: 1980	木制家具饰面的试验方法 用 85°镜面光泽度测量法评估低角度眩光	Methods of test for finishes for wooden furniture. Assessment of low angle glare by measurement of specular gloss at 85°	基础与综合	综合类	基础共性
7	BS 3962-5: 1980	木制家具饰面的试验方法 表面抗冷寒和油脂的评定	Methods of test for finishes for wooden furniture. Assessment of surface resistance to cold oils and fats	基础与综合	综合类	基础共性
8	BS 3962-6: 1980	木制家具饰面的试验方法 抗机械损伤的评估	Methods of test for finishes for wooden furniture. Assessment of resistance to mechanical damage	基础与综合	综合类	基础共性
9	BS 4875-8: 1998	家具 家具的强度和稳定性 测定非家用储存家具稳定性的方法	Furniture-Strength and stability of furniture-Methods for determination of stability of non-domestic storage furniture	基础与综合	综合类	基础共性

续表

序号 No.	标准号 Standard code	标准中文名称 Standard title in Chinese	标准英文名称 Standard title in English	类型/Classification		标准功能 Standard function
				产业链 Industry chain	产品 Product	
10	BS 4875-7: 2006	家具的强度和稳定性 家用和储存家具性能要求	Strength and stability of furniture. Domestic and contract storage furniture. Performance requirements	基础与综合	综合类	基础共性
11	BS 6222-3: 2017	家用厨房设备·表面涂饰的耐久性及表面涂饰和封边材料的附着力的性能要求规范	Domestic kitchen equipment-Performance requirements for durability of surface finish and adhesion of surfacing and edging materials-Specification	基础与综合	定制厨柜	基础共性
12	BS EN 16516: 2017	建筑产品 危险物质释放的评估 室内空气排放量的测定	Construction products: Assessment of release of dangerous substances-Determination of emissions into indoor air	基础与综合	综合类	绿色发展
13	BS 5278: 1976	门 门扇尺寸及方正度缺陷测量	doors. Measurement of dimensions and of defects of squareness of door leaves	基础与综合	木门	基础共性
14	BS 5277: 1976	门 门扇总平面度缺陷测量	doors. Measurement of defects of general flatness of door leaves	基础与综合	木门	基础共性
15	BS 5369: 1987	门的试验方法 连续均匀气候下门扇湿度变化下的性能	Methods of testing doors; behaviour under humidity variations of door leaves placed in successive uniform climates	基础与综合	木门	基础共性
16	BS EN 1294: 2000	门扇 连续均匀气候中湿度变化下性能的测定	door leaves. Determination of the behaviour under humidity variations in successive uniform climates	基础与综合	木门	基础共性
17	BS EN 1529: 2000	门扇 高度、宽度、厚度和方正度公差等级	door leaves. Height, width, thickness and squareness. Tolerance classes	基础与综合	木门	基础共性
18	BS EN 951: 1999	门扇 高度、宽度、厚度和方正度的测量方法	door leaves. Method for measurement of height, width, thickness and squareness	基础与综合	木门	基础共性

第4章 国内外定制木质家居产业标准体系的现状分析

续表

序号 No.	标准号 Standard code	标准中文名称 Standard title in Chinese	标准英文名称 Standard title in English	产业链 Industry chain	产品 Product	标准功能 Standard function
19	BS EN 950: 1999	门扇 抗硬物撞击的测定	door leaves. Determination of the resistance to hard body impact	基础与综合	木门	基础共性
20	BS EN 952: 1999	门扇 一般平整度和局部平整度 测量方法	door leaves. General and local flatness. Measurement method	基础与综合	木门	基础共性
21	BS EN 1530: 2000	门扇 一般平整度和局部平整度. 公差等级	door leaves. General and local flatness. Tolerance classes	基础与综合	木门	基础共性
22	BS EN 16718: 2015	木材和人造板产品 木材和人造板产品中总有机碳（TOC）的用量	Wood and wood based products. Dosage of the total organic carbon (TOC) in wood and wood based products	基础与综合	综合类	绿色发展
23	BS EN 13696: 2008	木地板 测定弹性、耐磨性和抗冲击性的试验方法	Wood flooring. Test methods to determine elasticity and resistance to wear and impact resistance	基础与综合	木地板	基础共性
24	DD CEN/TS 15676: 2007	木地板 防滑性 摆锤试验	Wood flooring. Slip resistance. Pendulum test	基础与综合	木地板	基础共性
25	BS EN 14762: 2006	木地板 合格评定抽样程序	Wood flooring. Sampling procedures for evaluation of conformity	基础与综合	木地板	基础共性
26	BS EN 1534: 2010	木地板 耐划痕的测定 试验方法	Wood flooring. Determination of resistance to indentation. Test method	基础与综合	木地板	基础共性
27	BS EN 13647: 2011	木地板、拼花地板和覆面板 几何特性的测定	Wood flooring and wood panelling and cladding. Determination of geometrical characteristics	基础与综合	木地板	基础共性
28	BS EN 13442: 2013	木地板、拼花地板和覆面板 耐化学试剂性的测定	Wood flooring and wood panelling and cladding. Determination of the resistance to chemical agents	基础与综合	木地板	基础共性
29	BS EN 1910: 2016	木地板、拼花地板和覆面板 尺寸稳定性的测定	Wood flooring and wood panelling and cladding. Determination of dimensional stability	基础与综合	综合类	基础共性
30	BS EN 1533: 2010	木地板 静载荷下弯曲强度的测定 试验方法	Wood flooring. Determination of bending strength under static load. Test methods	基础与综合	木地板	基础共性

续表

序号 No.	标准号 Standard code	标准中文名称 Standard title in Chinese	标准英文名称 Standard title in English	类型/Classification		标准功能 Standard function
				产业链 Industry chain	产品 Product	
31	BS EN 13756: 2018	木地板和拼花地板 木语	wood flooring and parquet-Terminology	基础与综合	木地板	基础共性
32	BS EN 717.1: 2004	人造板甲醛释放量的测定 第1部分: 气候箱法	Wood-based panels-Determination of formaldehyde release-Part 1: Formaldehyde emission by the chamber method	基础与综合	综合类	绿色发展
33	BS EN 717.2: 1994	人造板甲醛释放量的测定 第2部分: 气体分析法	Wood-based panels-Determination of formaldehyde release-Part 2: Formaldehyde release by the gas analysis method	基础与综合	综合类	绿色发展
34	BS EN 717.3: 1996	人造板甲醛释放量的测定 第3部分: 气烧瓶法	Wood-based panels-Determination of formaldehyde release-Part 3: Formaldehyde release by the flask method	基础与综合	综合类	绿色发展
35	BS EN 16487: 2014	声学 吊顶试验规范 吸声	Acoustics-Test code for suspended ceilings-Sound absorption	基础与综合	木吊顶	基础共性
36	BS EN 14412: 2004	室内空气质量 气体和蒸汽浓度测定用扩散采样器·选择、使用和维护指南	Indoor air quality-Diffusive samplers for the determination of concentrations of gases and vapours-Guide for selection, use and maintenance	基础与综合	综合类	绿色发展
37	BS 459: 1988	室外用镶合板木门扇规范	Specification for matchboarded wooden door leaves for external use	生产制造	木门	基础共性
38	BS 3130-6: 1981	包装术语表 木质包装	Glossary of packaging terms-wooden packaging	物流运输	综合类	产业服务
39	BS EN 13964: 2014	吊顶 要求和试验方法	Suspended ceilings. Requirements and test methods	生产制造	综合类	基础共性
40	BS ISO 11354-2: 2011	高级自动化技术及其应用 建立制造企业过程互操作性的要求 第2部分: 评估企业互操作性的成熟度模型	Advanced automation technologies and their applications. Requirements for establishing manufacturing enterprise process interoperability. Maturity model for assessing enterprise interoperability	生产制造	综合类	智能制造
41	BS PD IEC/TR 62794: 2012	工业过程测量、控制和自动化 生产设施表示用参考模型(数字工厂)	Industrial-process measurement, control and automation-Reference model for representation of production facilities (Digital Factory)	生产制造	综合类	智能制造

第4章 国内外定制木质家居产业标准体系的现状分析

续表

序号 No.	标准号 Standard code	标准中文名称 Standard title in Chinese	标准英文名称 Standard title in English	类型/Classification			标准功能 Standard function
				产业链 Industry chain	产品 Product		
42	BS ISO/IEC 33020: 2015	信息技术 过程评估 过程能力评价的过程度量框架	Information technology. Process assessment. Process measurement framework for assessment of process capability	生产制造	综合类		智能制造
43	BS ISO/IEC 33003: 2015	信息技术 过程评估 过程测量框架要求	Information technology. Process assessment. Requirements for process measurement frameworks	生产制造	综合类		智能制造
44	BS EN 14749: 2016	家具 家用和厨房储存装置和厨房工作台 安全要求和试验方法	Furniture. Domestic and Kitchen storage units and Kitchen-worktops. Safety requirements and test methods	生产制造	定制厨柜		基础共性
45	BS EN 13226: 2009	木地板 带榫槽的实木拼花地板	Wood flooring. Solid parquet elements with grooves and/or tongues	生产制造	木地板		基础共性
46	BS EN 13228: 2011	木地板 带锁扣的悬浮式铺设的实木地板	Wood flooring. Solid wood overlay flooring elements including blocks with an interlocking system	生产制造	木地板		基础共性
47	BS EN 13489: 2002	木地板 多层地板构件	Wood flooring. Multi-layer parquet elements	生产制造	木地板		基础共性
48	BS EN 13488: 2002	木地板 拼花地板构件	Wood flooring. Mosaic parquet elements	生产制造	木地板		基础共性
49	BS EN 14761: 2006+A1: 2008	木地板 实木地板 垂直型和模块砖	Wood flooring. Solid wood parquet. Vertical finger and module brick	生产制造	木地板		基础共性
50	BS EN 13629: 2012	木地板 实心单板和预装配硬木板	Wood flooring. Solid individual and pre-assembled hardwood boards	生产制造	木地板		基础共性
51	BS EN 13990: 2004	木地板 针叶材地板	Wood flooring. Solid softwood floor boards	生产制造	木地板		基础共性
52	BS EN 13489: 2017	木地板和拼花地板 多层地板构件	Wood-flooring and parquet. Multi-layer parquet elements	生产制造	木地板		基础共性
53	BS EN 14342: 2013	木地板和拼花地板 特性、合格评定和标记	Wood flooring and parquet. Characteristics, evaluation of conformity and marking	生产制造	木地板		基础共性
54	BS 8214: 2016	木质防火门组件 工作守则	Timber-based fire door assemblies. Code of practice	生产制造	木门		基础共性

表 4-24 英国标准按定制木质家居产业链分类的统计结果
Tab. 4-24 Statistics of UK customized wooden household standards by industry chain

序号 No.	类别 Classification	数量 Total	占比（％） Percentage（％）
1	基础与综合	31	57.4
2	测量与设计	4	7.4
3	生产制造	17	31.5
4	物流运输	1	1.9
5	安装与验收	1	1.9
6	维护保养	0	0
	合计	54	100

4.3.5.2 定制木质家居产品标准

定制木质家居主要产品分类的英国标准统计结果，如表 4-25 所示。统计结果主要包含木地板相关标准 18 项，占标准总数的 33.3％；木门相关标准 12 项，占标准总数的 22.2％；定制厨柜标准 3 项，木吊顶和木楼梯标准各 1 项；综合类标准 19 项，占标准总数的 35.2％。

表 4-25 英国标准按定制木质家居产品分类的统计结果
Tab. 4-25 Statistics of UK customized wooden household standards by product types

序号 No.	类别 Classification	数量 Total	占比（％） Percentage（％）
1	定制衣柜	0	0
2	定制厨柜	3	5.6
3	木地板	18	33.3
4	木门	12	22.2
5	木墙板	0	0
6	木楼梯	1	1.9
7	木吊顶	1	1.9
8	综合类	19	35.2
	合计	54	100

4.3.5.3 定制木质家居功能标准

定制木质家居标准按标准功能分类的英国标准统计结果，如表 4-26 所示。统计结果主要包含基础共性标准 38 项，占标准总数的 70.4％；关键技术标准中，绿色发展（包括环保、节能减排等）和产业服务标准各 6 项，标准总数的 11.1％。

表 4-26 英国标准定制木质家居标准功能分类的统计结果
Tab. 4-26 Statistics of UK customized wooden household standards by Standard functions

序号 No.	类别 Classification	数量 Total	占比（%） Percentage（%）
1	基础共性	38	70.4
2	绿色发展（包括环保、节能减排等）	6	11.1
3	智能制造	4	7.4
4	产业服务	6	11.1
	合计	54	100

4.3.5.4 英国定制木质家居标准体系主要特点

①对产业链基础与综合标准比较重视，占标准总数的 57.4%，主要为试验方法标准。②有 4 项测量设计相关标准，如 BS EN 1116：2018《家具 厨房家具 厨房家具和厨房用具的协调尺寸》等，有一项木地板安装标准 BS 8201：2011《木地板和人造板安装实施规程》，其他物流运输、安装验收等标准相对较少。③木门、木地板专项标准较多，其他产品标准较少。④有 6 项绿色发展相关标准，如 BS EN 16516：2017《建筑产品 危险物质释放的评估 室内空气排放量的测定》等。

4.3.6 日本标准体系

截至 2019 年 2 月底，日本定制木质家居相关标准主要有 65 项，主要涉及木门、木地板、厨柜、木墙板、吊顶等，如表 4-27 所示。

4.3.6.1 定制木质家居产业链的标准

定制木质家居标准产业链分类的日本标准统计结果，如表 4-28 所示。统计结果主要包含基础与综合相关标准 44 项，占标准总数的 67.7%；物流运输相关标准 10 项，占标准总数的 15.4%；生产制造相关标准 8 项，占标准总数的 12.3%；测量与设计相关标准 2 项，安装与验收标准 1 项，维护保养相关标准缺失。

表 4-27 日本定制木质家居产业相关标准

Tab. 4-27 The standards of Japan involved in customized wooden household industry

序号 No.	标准号 Standard code	标准中文名称 Standard title in Chinese	标准英文名称 Standard title in English	类型/Classification		
				产业链 Industry chain	产品 Product	标准功能 Standard function
1	JIS A4414:2005	住宅用贮藏柜安装材料	Storage partition components for dwelling	安装与验收	综合类	产业服务
2	JIS A0017:1998	厨房设备 尺寸	Kitchen equipment-Coordinating sizes	测量与设计	定制厨柜	产业服务
3	JIS A0150:1999	建筑（通则）设计绘图的实施规程	Drawing office practice for architecture and building (General rules)	测量与设计	综合类	产业服务
4	JIS A1906:2015	带小室的降低室内空气污染的吸附建筑材料用性能试验 挥发性有机化合物（VOC）和无甲醛醛类的空气污染物的恒定浓度的吸附量的测量	Performance test of sorptive building materials of reducing indoor air pollution with small chamber-Measurement of adsorption flux with supplying constant concentration of contaminant air of VOC and aldehydes without formaldehyde	基础与综合	综合类	绿色发展
5	JIS A1455:2002	地板材料及地板防静电性能测定和评价方法	Anti-static effect of floor coverings and installed floors-Methods of measurement and evaluation	基础与综合	综合类	基础共性
6	JIS A1407:1994	地板滑度的试验方法（摆锤式）	Method of test for floor slipperiness (Pendulum type)	基础与综合	综合类	基础共性
7	JIS S1061:2004	家用家具 学习桌	Domestic furniture-Student desks	基础与综合	综合类	基础共性
8	JIS S1201:1998	家具 储物柜 稳定性的试验方法	Furniture-Storage units-determination of stability	基础与综合	综合类	基础共性
9	JIS A1531:1998	家具 表面抗冷液的评估	Furniture-Assessment of surface resistance to cold liquids	基础与综合	综合类	基础共性
10	JIS S1200:2012	家具 存储单元件 强度和耐用性测定	Furniture-Storage units-Determination of strength and durability	基础与综合	综合类	基础共性
11	JIS S1062:2004	家用家具 学习椅	Domestic furniture-Student chairs	基础与综合	综合类	基础共性
12	JIS S1017:1994	家具性能试验方法通则	General rule for test method of furniture	基础与综合	综合类	基础共性
13	JIS S1018:1995	家具抗振动地震滚转试验方法	Test methods of vibration and earthquake tumbling for furniture	基础与综合	综合类	基础共性

第4章 国内外定制木质家居产业标准体系的现状分析

续表

序号 No.	标准号 Standard code	标准中文名称 Standard title in Chinese	标准英文名称 Standard title in English	类型/Classification			标准功能 Standard function
				产业链 Industry chain	产品 Product	
14	JIS A 1460: 2015	建筑板材甲醛排放的测定 干燥器法	Determination of the emission of formaldehyde from building boards-Desiccator method	基础与综合	综合类	绿色发展
15	JIS A1470-1: 2002	建筑材料对室内湿度的吸放性试验 第1部分：湿度测试法 根据制备试验条件的变动测试建筑材料的吸放性	Test method of adsorption/desorption efficiency for building materials to regulate an indoor humidity-part 1: response method of humidity	基础与综合	综合类	基础共性
16	JIS A1470-2: 2002	建筑材料对室内湿度的吸放性试验 第2部分：密封箱测试法 根据密封箱内的湿度变化测试建筑材料的吸放性	Test method of adsorption/desorption efficiency for building materials to regulate an indoor humidity-Part 2 Sealed box method	基础与综合	综合类	基础共性
17	JIS A1912: 2015	建筑材料和建筑相关制品用挥发性有机化合物和无甲醛醛类的排放的测定 大室法	Determination of the emission of volatile organic compounds and aldehydes without formaldehyde by building materials and building related products-Large chamber method	基础与综合	综合类	绿色发展
18	JIS A1453: 1973	建筑材料及建筑构件的耐磨性试验方法（砂纸法）	Method of abrasion test for building materials and part of building construction (Abrasive-Paper Method)	基础与综合	综合类	基础共性
19	JIS A1475: 2004	建筑材料平均含水率的测量方法	Method of test for hygroscopic sorption properties of building materials	基础与综合	综合类	基础共性
20	JIS A1902-1: 2015	建筑产品 用挥发性有机化合物和醛的排放测定 取样、试样制备和试验条件 第1部分：板、壁纸和地板材料	Determination of the emission of volatile organic compounds and aldehydes by building products-Sampling, preparation of test specimens and testing condition-Part 1: Boards, wallpaper and floor materials	基础与综合	综合类	绿色发展
21	JIS A1901: 2015	建筑产品用挥发性有机化合物和醛类排放量测定 小室法	Determination of the emission of volatile organic compounds and aldehydes by building products-Small chamber method	基础与综合	综合类	绿色发展

续表

序号 No.	标准号 Standard code	标准中文名称 Standard title in Chinese	标准英文名称 Standard title in English	类型/Classification			标准功能 Standard function
				产业链 Industry chain	产品 Product		
22	JIS A1301: 1994	建筑物木结构部分的防火试验方法	Method of fire test for wooden structural parts of buildings	基础与综合	综合类	基础共性
23	JIS A1321: 1994	建筑物内部装饰装修材料及施工方法的阻燃性能试验方法	Testing method for incombustibility of internal finish material and procedure of buildings	基础与综合	综合类	基础共性
24	JIS A1460: 2015	建筑用板甲醛释放量的实验方法-干燥器法	Determination of the emission of formaldehyde from building boards. Desiccator method	基础与综合	综合类	基础共性
25	JIS A1408: 2001	建筑用板弯曲及冲击试验方法	Test methods od bending and impact for building boards	基础与综合	综合类	基础共性
26	JIS A1437: 1992	建筑用户内部装修材的耐湿性试验方法	Test Method for moisture resistance of boards for interior system of building	基础与综合	综合类	基础共性
27	JIS A1438: 1992	建筑用外墙板的耐水性试验方法	test methods for water resistance of exterior wall boards for building	基础与综合	木墙板	基础共性
28	JIS A1904: 2015	建筑制品用半挥发性有机化合物排放的测定 微小室法	Determination of the emission of semi volatile organic compounds by building products-Micro chamber method	基础与综合	综合类	绿色发展
29	JIS A1903: 2015	建筑制品用挥发性有机化合物（VOC）排放的测定 被动法	Determination of the emission of volatile organic compounds (VOC) by building products-Passive method	基础与综合	综合类	绿色发展
30	JIS A1514: 1993	门、窗防结露性能的试验方法	Test method of dew condensation for windows and doors	基础与综合	木门	基础共性
31	JIS A1515: 1998	门、窗耐风阻性能的试验方法	Windows and doorsets—Wind resistance test	基础与综合	木门	基础共性
32	JIS A1516: 1998	门、窗 气密性试验	Windows and doorsets — Air permeability test	基础与综合	木门	基础共性
33	JIS A1513: 1996	门、窗 试验方法通则	Windows and doorsets—General rule for test method	基础与综合	木门	基础共性
34	JIS A1517: 1996	门、窗 动态压力水密性试验方法	Windows and doorsets—Watertightness test under dynamic pressure	基础与综合	木门	基础共性
35	JIS A0151: 1961	门、窗标识	Symbols for windows and doors	基础与综合	木门	基础共性

第4章 国内外定制木质家居产业标准体系的现状分析

续表

序号 No.	标准号 Standard code	标准中文名称 Standard title in Chinese	标准英文名称 Standard title in English	类型/Classification		标准功能 Standard function
				产业链 Industry chain	产品 Product	
36	JIS A1520: 1988	门、窗的隔声试验方法	Method for Field Measurements of Sound Insulation of Windows and doors	基础与综合	木门	基础共性
37	JIS A1519: 1996	门、窗的开关力试验方法	determination of closing and opening forces for windows and doors	基础与综合	木门	基础共性
38	JIS A1522: 1996	门、窗的框架机械变形试验方法	Windows and doorsets-Mechanical deformation test of edge rail	基础与综合	木门	基础共性
39	JIS A4710: 2004	门、窗的隔热性能	Test method of thermal resistance for windows and doors	基础与综合	木门	基础共性
40	JIS A1528: 1997	门扇尺寸及直角度的测定方法	Doors leaves-Measuremengt of dimensions and defects of squareness	基础与综合	木门	基础共性
41	JIS A1527: 1997	门的平面度测定方法	Doors leaves-Measuremengt of defects of general flatness	基础与综合	木门	基础共性
42	JIS A1526: 1997	门的术语	Doors Terminology	基础与综合	木门	基础共性
43	Eco Mark Product Category No. 111	木质或相似物制板材认证标准	Eco Mark Product Category No. 111 "Board made of wood or the like Version 2.4" Certification Criteria	基础与综合	综合类	绿色发展
44	JIS A1524: 1996	整樘门垂直载荷试验方法	Doorsets-Vertical load test	基础与综合	木门	基础共性
45	JIS A1525: 1996	整樘门重复开关试验方法	Doorsets-Repeated opening and closing test	基础与综合	木门	基础共性
46	JIS A1529: 1997	整樘门的静载荷试验方法	Doorsets-static loading test	基础与综合	木门	基础共性
47	JIS A1523: 1996	整樘门的扭转强度试验方法	Doorsets-Static torsion test	基础与综合	木门	基础共性
48	JIS A4420: 2005	厨房设备的构件	components for kitchen equipments	生产制造	定制厨柜	基础共性
49	JIS A6504: 1994	建筑构件（木质壁板）	Building Components (Wood panel for wall)	生产制造	木墙板	基础共性
50	JIS A6506: 1994	建筑构件（木质地板）	Building Components (Wood panel for floor)	生产制造	木地板	基础共性
51	JIS A6509: 1994	建筑构件（木质屋顶板）	Building Components (Wood panel for roof)	生产制造	木吊顶	基础共性

续表

序号 No.	标准号 Standard code	标准中文名称 Standard title in Chinese	标准英文名称 Standard title in English	类型/Classification 产业链 Industry chain	产品 Product	标准功能 Standard function
52	JIS A5902: 2004	榻榻米	TATAMI	生产制造	综合类	基础共性
53	JIS A6512: 1992	移动式隔断	Movable partitions	生产制造	木墙板	基础共性
54	JIS A4702: 2000	整樘门	Doorsets	生产制造	木门	基础共性
55	JIS B3700-225: 2003	工业自动化系统和集成 产品数据的表示和交换 第225部分应用协议：用明确形状表示的建筑部件	Industrial automation systems and integration-Product data representation and exchange-Part 225: Application protocol: Building elements using explicit shape representation	生产制造	综合类	智能制造
56	JIS Z0150: 2001	包装 包装货物卸货注意标识	Packaging-Pictorial marking for handling of goods	物流运输	综合类	产业服务
57	JIS Z0202: 1994	包装货物跌落试验方法	Method of drop test for packaged freights	物流运输	综合类	产业服务
58	JIS Z0203: 2000	包装货物 试验的前期处理	Packaged freights-Conditioning for testing	物流运输	综合类	产业服务
59	JIS Z0205: 1998	包装货物 水平冲击试验方法	Packaged freights-Method of horizontal impact tests	物流运输	综合类	产业服务
60	JIS Z0119: 2002	包装及产品设计用的产品冲击强度试验方法	Mechanical-shock fragility testing methods for packaging and products design	物流运输	综合类	产业服务
61	JIS Z0108: 2005	包装术语	Glossary of terms for packaging	物流运输	综合类	产业服务
62	JIS Z0152: 1996	包装物品处理注意标识	Marking for attention in handling of packaged goods	物流运输	综合类	产业服务
63	JIS B3900-1: 2007	工业自动化系统和集成 交替使用性的软件生产能力状况 第1部分：框架	Industrial automation systems and integration-Manufacturing software capability profiling for interoperability-Part 1: Framework	物流运输	综合类	智能制造
64	JIS Z0200: 1999	货物包装 评价试验方法通则（仅限日本）	Packaged freights-general rules of testing (japanese only)	物流运输	综合类	产业服务
65	JIS Z0111: 2006	物流术语	Glossary of terms for physical distribution	物流运输	综合类	产业服务

表 4-28 日本标准按定制木质家居产业链分类的统计结果
Tab. 4-28 Statistics of Japan customized wooden household standards by industry chain

序号 No.	类别 Classification	数量 Total	占比（%）Percentage（%）
1	基础与综合	44	67.7
2	测量与设计	2	3.1
3	生产制造	8	12.3
4	物流运输	10	15.4
5	安装与验收	1	1.5
6	维护保养	0	0
	合计	65	100

4.3.6.2 定制木质家居产品的标准

定制木质家居主要产品分类的日本标准统计结果，如表 4-29 所示。统计结果主要包含木门相关标准 18 项，占标准总数的 27.7%；木墙板标准 3 项，定制厨柜标准 2 项，木地板和木吊顶标准各 1 项；综合类标准 40 项，占标准总数的 61.5%。

表 4-29 日本标准按定制木质家居产品分类的统计结果
Tab. 4-29 Statistics of Japan customized wooden household standards by product types

序号 No.	类别 Classification	数量 Total	占比/% Percentage（%）
1	定制衣柜	0	0
2	定制厨柜	2	3.1
3	木地板	1	1.5
4	木门	18	27.7
5	木墙板	3	4.6
6	木楼梯	0	0
7	木吊顶	1	1.5
8	综合类	40	61.5
	合计	65	100

4.3.6.3 定制木质家居功能的标准

定制木质家居标准按标准功能分类的日本标准统计结果，如表 4-30 所示。统计结果主要包含基础共性标准 43 项，占标准总数的 66.2%；关键技术标准中，绿色（包括环保、节能减排等）标准 8 项，占标准总数的 12.3%；产业服务标准 12 项，标准总数的 18.5%。

表 4-30 日本标准按定制木质家居标准功能分类的统计结果
Tab. 4-30 Statistics of Japan customized wooden household standards by Standard functions

序号 No.	类别 Classification	数量 Total	占比（%） Percentage（%）
1	基础共性	43	66.2
2	绿色发展（包括环保、节能减排等）	8	12.3
3	智能制造	2	3.1
4	产业服务	12	18.5
	合计	65	100

4.3.6.4 日本定制木质家居标准体系的主要特点

①重视定制木质家居产业链基础与综合标准，多为产品质量要求；②物流运输标准比较完善，缺乏维护保养标准，测量与设计、安装与验收标准相对较少；③从建筑整体的角度规范家居制品和原材料质量要求的标准较多，如 JIS A6504—1994《建筑构件（木质壁板）》、JIS A6506—1994《建筑构件（木质地板）》、JIS A6509—1994《建筑构件（木质屋顶板）》等；④重视绿色发展（包括环保、节能减排等）标准，绿色标准占总量的 12.3%，如 JIS A1901—2015《建筑产品用挥发性有机化合物和醛类排放量测定小室法》等。

4.4 国内外定制木质家居产业标准的对比分析

4.4.1 国内外定制木质家居产业标准的共性分析

根据国内外定制木质家居产业标准的分析，总结共性特点如下。

（1）高度重视定制木质家居产品相关试验方法标准。试验方法标准是是产品质量控制的基础标准，是定制木质家居标准体体系中基础与综合标准的重要组成部分。ISO、法国、德国、欧洲、英国、日本、中国等试验方法标准均很多，主要涉及木门、木地板等定制木质家居制品。

（2）高度重视定制木质家居生产制造标准。生产制造标准是规范产品质量和提升产品质量的基础，对产业发展具有重要作用，是定制木质家居标准体体系中生产制造环节的重要基础。现行国内外生产制造标准主要以木门、木地板、定制厨柜、木墙板、木吊顶、木楼梯等定制木质家居产品标准为主。

（3）从定制木质家居产业链分类对比发现，基础与综合、生产制造标准在各国标准中份额均较大，而测量与设计、物流运输、安装与验收、维护保养等方面标准相对较少，标准结构不均衡；从定制木质家居主要产品分类对比发现，各国标准中木门和木地板的专项标准相对较多，而定制衣柜、定制厨柜、木墙板和木楼梯等数量较少；从定制木质家居标准功能分类对比发现，各国基础共性标准数量均较多，而关键技术标准相对较少。

4.4.2 借鉴和启示

构建中国定制木质家居标准体系,应充分借鉴和参考国际和国外先进标准。通过国内外定制木质家居产业标准的对比分析发现,应该加强绿色发展标准、产业服务和智能制造标准制修订,并列入本研究拟构建的中国定制木质家居标准体系中。

4.4.2.1 加强绿色发展标准制的修订

ISO 和欧洲等国的环保标准非常重视建筑物产品和家具有毒有害物质排放量、空气质量要求等方面标准,如 ISO 16000-9:2006《室内空气 第9部分:建筑产品和家具中挥发性有机化合物排放的测定 排放试验箱法》、ISO 16000-10:2006《室内空气 第10部分:建筑产品和家具中挥发性有机化合物排放的测定 排放试验室法》、ISO 16000-11:2006《室内空气 第11部分:建筑产品和家具中挥发性有机化合物排放的测定 样品的取样、储存和试样的制备》。此外,国外对于生态标签(绿色产品)标准、节能减排标准较为重视,并先后发布了《欧盟木地板生态标签》标准、北欧白天鹅环保标章标准《结构板和外墙板》、《木地板》、德国蓝天使标准 DE-UZ 76《低释放木质复合材料》、DE-UZ 176《低释放实木和木基复合材料的地板覆盖物、板材和室内门》和日本生态标签标准《木制或相似物制板材认证标准》等,这些生态标签标准为中国绿色产品标准制定提供了重要的参考。

中国的环保标准数量较多,主要集中在对原材料和产品的要求方面,如 GB 18580—2017《室内装饰装修材料 人造板及其制品中甲醛释放限量》、GB/T 35601—2017《绿色产品评价 人造板和木质地板》等。在空气质量要求等环保标准方面偏少。

在绿色(环保、节能减排等)标准方面,应借鉴国外先进的绿色环保、低碳等标准,加强定制木质家居环保标准化工作。

4.4.2.2 加强产业服务标准制修订

国内外关于定制木质家居测量与设计、物流运输、安装验收等服务类标准的数量普遍偏少。但日本物流运输标准相对较多,包括包装与物流术语、包装材料、包装质量检测方法等,如 JIS Z0150:2001《包装 包装货物卸货注意标识》、JIS Z0200:1999《货物包装 评价试验方法通则(仅限日本)》等,通过对物料运输环节标准的规范,可以减少因此造成的质量问题。中国并无针对定制木质家居产业的物流运输标准,应加大测量与设计、物流运输、安装验收等服务类标准制定,加强定制家居产业服务标准化工作。

在物流运输标准方面,应借鉴日本物流运输标准,结合定制木质家居产业物流运输特点,制定与定制木质家居产业应用直接相关的物流运输标准。

4.4.2.3 加强智能制造标准制修订

智能制造是定制木质家居发展的重点方向,也是《中国制造 2025》的重要工作内容,应高度重视智能制造标准制修订工作。当前智能制造相关的国际标准化组织主要包括:①IEC/SMB/SG8:智能制造/工业 4.0 战略工作组;②ISO/IEC JTC1 SWG3 PLANNING 规划工作组——智能机器特别任务组;③ISO/TMB/SAG:工业 4.0 战略咨询组;④美国工业互联网联盟;⑤信息物理系统公共工作组;⑥IEC/TC65/WG16:数字工厂工作组;⑦IEC/MSB:"未来工厂"白皮书;⑧IEC/SC65E/WG10:智能设备管理工作组。目前发布智能制造标准主要集中在现场总线、系统集成、能效、安全与保障、数字工厂、增材制造、工业机器人等方面。由于国际智能制造标准数量众多，因此本书中仅收录如 ISO/TR 18828-1：2018《工业自动化系统和集成 标准化生产过程系统工程 第 1 部分：概述》、ISO 18828-2：2016《工业自动化系统和集成 标准化生产过程系统工程 第 2 部分：参考流程无缝生产计划》、ISO 18828-3：2017《工业自动化系统与集成 生产系统工程标准化流程 第 3 部分：生产计划过程中的信息流》、ISO 18828-4：2018《工业自动化系统和集成 生产系统工程的标准化程序 第 4 部分：生产计划过程中的关键性能指标（KPI）》、ISO 18828-5：2019《工业自动化系统和集成 生产系统工程标准化程序 第 5 部分：制造变更管理》等部分具有代表性的通用智能制造标准。此外，欧洲、法国、德国、英国、日本也发布了一定数量的智能制造标准，引领和规范产业发展。

中国智能制造标准方面，工业和信息化部和国家标准化管理委员会发布的《国家智能制造标准体系建设指南》（2018 版）中的关键技术标准体系中的智能服务（BC）体系中明确包含"大规模个性化定制标准"子体系等内容，指出 2019 年要累计制修订 300 项以上智能制造标准（工业和信息化部，国家标准化管理委员会，2018）。目前，国家标准委和工信部等立项了《智能制造能力等级评价方法》《基于云制造的智能工厂架构要求》《智能制造 系统架构》《智能工厂 安全监测有效性评估方法》《智能工厂建设导则 第 1 部分：物理工厂智能化系统》《智能工厂 工业自动化系统时钟同步管理与测量通用规范》《智能工厂 安全控制要求》《智能工厂 工业控制异常监测工具技术要求》《智能工厂 过程工业能源管控系统技术要求》等国家标准或行业标准，这些标准主要是通用标准，也将适用于定制木质家居产业。

在智能制造标准方面，应借鉴或采用 ISO 等智能制造标准，结合定制木质家居产业生产实践经验，加强对定制木质家居产业应用相关的智能制造等标准规范，加强定制家居智能制造标准化工作。

4.5 小　　结

以分析定制木质家居产业标准体系的系统环境为目标，研究了中国定制木质家居产业标准体系现状和国际标准化组织、欧洲、法国、德国、英国、日本定制木质家居产业标准体系现状，进行了国内外定制木质家居产业标准对比分析，得出以下结论。

（1）中国定制木质家居产业标准体系现行标准 301 项，包括国家标准 112 项，行业标准 106 项，地方标准 53 项，团体标准 30 项；中国定制木质家居产业尚未形成科学完整的标准体系，标准结构不合理、存在交叉重复问题，测量与设计、物流运输、整体安装与验收、维护保养标准、产业服务、绿色发展、智能制造等产业重要的基础共性、关键技术标准缺乏，部分标准标龄过长、标准质量低下。

（2）通过研究国外定制木质家居标准体系现状发现，现有 ISO 以及国外发达国家定制木质家居相关标准 372 项，其中 ISO 标准 70 项，欧洲标准 95 项，法国标准 42 项，德国标准 46 项，英国标准 54 项，日本标准 65 项。

（3）根据对定制木质家居产业国际标准和国内外先进国家标准的分析发现，国内外定制木质家居标准体系共同特点为：高度重视定制木质家居产品相关试验方法标准，主要涉及木门、木地板等定制木质家居制品；高度重视定制木质家居生产制造标准，尤其以木门、木地板、定制厨柜、木墙板、木吊顶、木楼梯等定制木质家居产品标准为主；从定制木质家居产业链分类对比发现，基础与综合、生产制造标准在各国标准中份额均较大，而测量与设计、物流运输、安装与验收、维护保养等方面标准相对较少，标准结构不均衡；从定制木质家居主要产品分类对比发现，木门和木地板的专项标准相对较多，而定制衣柜、定制厨柜、木墙板和木楼梯等数量较少；从定制木质家居标准功能分类对比发现，各国基础共性标准数量均较多，而关键技术标准相对较少。

（4）通过分类对比和分析了国内外定制木质家居产业标准体系构成要素发现，国际标准化组织和国外部分发达国家重视定制木质家居产业绿色发展、智能制造、产业服务类标准，值得在构建中国定制木质家居标准体系的过程中借鉴和参考。

第 5 章 中国定制木质家居产业标准体系的构建

为落实《消费品标准和质量提升规划（2016—2020 年)》和《国家智能制造标准体系建设指南》(2018 版)的要求，开展个性化定制消费品标准体系建设，研究构建中国定制木质家居产业标准体系，以先进标准体系引领定制木质家居产业质量和服务的提升，推动定制木质家居产业转型升级。

本研究以标准化系统工程理论为指导，根据标准体系理论及其构建方法，结合定制木质家居产业特征和发展趋势，提出了构建中国定制木质家居产业标准体系的依据和原则，构建满足产业发展需求、先进适用的定制家居产业标准体系，构建定制木质家居标准体系框架，编制产业标准体系表，提出定制木质家居产业急需制定的共性和关键技术标准，旨在解决标准缺失、滞后、交叉重复等问题，并规范和指导定制木质家居产业标准化工作，进而推动定制木质家居产业高质量发展。

5.1 中国定制木质家居产业标准体系的构建依据

（1）《中华人民共和国标准化法》《国家标准管理办法》《林业标准化管理办法》《国家标准化体系建设发展规划（2016—2020 年)》《林业标准化"十三五"发展规划》《消费品标准和质量提升规划（2016—2020 年)》等相关法律法规和政策规定。

（2）落实工业和信息化部、国家标准化管理委员会发布的《国家智能制造标准体系建设指南》(2018 版)要求，将国家智能制造标准体系中与定制家居产业有关的基础共性技术标准、关键技术标准和行业应用标准等智能制造标准纳入中国定制木质家居产业标准体系中，特别是智能服务体系中的"大规模个性化定制标准"内容，这部分标准是定制家居产业智能制造的基础标准。同时，定制家居产业也应发挥行业特点，和智能制造产业跨界联合研发定制家居产业的互联互通等智能制造标准。

（3）GB/T 13016—2018《标准体系表构建原则和要求》规定了标准体系构建的基本原则、一般方法及标准体系表内容要求，适用于各类标准体系的规划、设计和评价。本标准体系构建的体系框架设计、标准体系明细表的编制根据该标准要求进行。

（4）标准体系的构建应满足中国定制木质家居产业发展的基本需要，规范产品和服务质量；标准体系的构建应有利于产业竞争力的提升；标准体系的构建应符合产业高质量发展的战略方向。

（5）借鉴国外发达国家相关先进标准，基于中国定制木质家居产业相关的国家标准、行业标准、地方标准和团体标准，根据定制木质家居产业发展需要，编制标准体系表。

5.2 中国定制木质家居产业标准体系的构建原则

5.2.1 总体原则

5.2.1.1 明确构建目标，服务产业发展原则

通过对产业发展现状、需求和标准现状的分析研究，发现现有标准体系结构存在的问题，构建中国定制木质家居产业标准体系，提出目前中国定制木质家居产业领域急需制修订的共性和关键技术标准清单，加快标准化工作进展，引导定制木质家居产业高质量发展，促进定制木质家居产业转型升级。

5.2.1.2 全面性、系统性和协调性原则

中国定制木质家居涉及定制衣柜、定制厨柜、木地板、木门、木墙板、木楼梯、木吊顶等多个产品。定制木质家居产业链的全流程，包括测量设计、生产制造、物流运输、安装验收、维护保养等多个阶段。构建中国定制木质家居产业标准体系，应综合考虑定制木质家居产业链的不同阶段以及定制木质家居产业的不同领域，坚持全面性、系统性和协调性原则。

5.2.1.3 兼容性和开放性原则

中国定制木质家居产业标准体系的构建应符合产业发展动态需求，随着定制木质家居产业的发展，产业标准体系也将发生动态变化。因此构建中国定制木质家居产业标准体系，应坚持兼容性和开放性原则，完善定制木质家居产业标准体系。

5.2.2 具体原则

（1）加强绿色发展等标准的制定，重点在绿色产品、环保要求、清洁生产等方面。

（2）加强智能制造标准的制定，重点是落实工业和信息化部和国家标准化管理委员会发布的《国家智能制造标准体系建设指南》（2018版）；加强智能制造基础共性技术标准、关键技术标准，特别是"大规模个性化定制标准"，加强定制家居产业应用智能制造标准。

（3）加强产业服务类标准的制修订，重点是测量与设计、物流运输、安装验收、售后服务等标准。

（4）加强对国际和国外先进标准的借鉴和转化，重视新兴的团体标准。

5.3 中国定制木质家居产业标准体系的结构分析

标准体系的结构是体系内标准的内在联系形式。系统论认为系统的功能与系统的结构间互相作用，不同的系统结构导致系统具备不同的功能。根据定制木质家居产业标准体系构建目标（第2章）和系统环境分析结果（第3章、第4章）等研究，开展本标准体系结构的设计。基于标准化系统工程理论和方法，标准体系的结构划分为层次结构、序列结构、专业结构等（岳高峰，等，2011）。中国定制木质家居产业标准体系的层次结构、序列结构、专业结构分析如下。

5.3.1 中国定制木质家居产业标准体系的层次结构

中国定制木质家居产业标准体系的层次结构方面，中高层次制约低层次，同层次间呈并列关系。根据中国定制木质家居产业标准体系范围，可将定制木质家居产业标准体系的层次结构分为定制木质家居产业基础与综合标准、产业链专业通用标准、子专业标准3个层级，如图5-1所示。

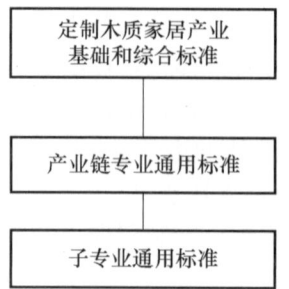

图 5-1　中国定制木质家居产业标准体系层次结构示意图

Fig. 5-1　Schematic diagramfor hierachical structure of customized wooden household industry standard system in China

5.3.2 中国定制木质家居产业标准体系的序列结构

根据定制木质家居产业链的环节构建了定制木质家居产业标准体系的序列结构，如图5-2所示。从图5-2可见，定制木质家居产业链序列结构，包括测量、设计、生产制造、物流运输、安装、验收、维护保养等环节。

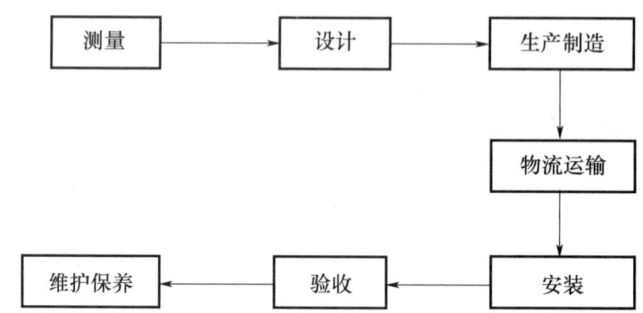

图 5-2　中国定制木质家居产业标准体系序列结构示意图

Fig. 5-2　Schematic diagramfor sequence structure of customized wooden household industry standard system in China

5.3.3 中国定制木质家居产业标准体系的专业结构

中国定制木质家居产业标准体系的专业结构根据标准体系对象和类型不同，专业定义不同，如全国的国家标准体系，专业为农业、工业、服务业等；某一行业或产业标准体系，则为大类的产品。中国定制木质家居产业标准体系属于产业标准体系，这里的专业结构应为以产品分类的标准结构。

笔者通过对定制木质家居产业发展情况的研究发现，定制木质家居产品主要包含定制衣柜、定制厨柜、木地板、木门、木墙板、木楼梯、木吊顶等7大类产品，根据产品的专业类别构建了定制木质家居产业标准体系的专业结构，如图5-3所示。

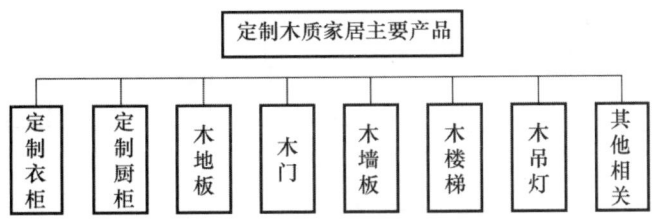

图5-3 中国定制木质家居产业标准体系专业结构示意图

Fig. 5-3 Schematic diagramfor specialty structure of customized wooden household industry standard system in China

5.3.4 中国定制木质家居产业标准体系的结构间关系

魏尔曼曾提出标准体系的三维结构理论，采用层次、领域和种类作为三维空间的坐标轴，构成标准体系的内容范围，如图5-4所示。利用该模型的思想，将定制木质家居标准体系的结构间关系表达如图5-5、图5-6所示，这两个三维结构是构建定制木质家居产业标准体系框架、编制标准体系表的理论基础。

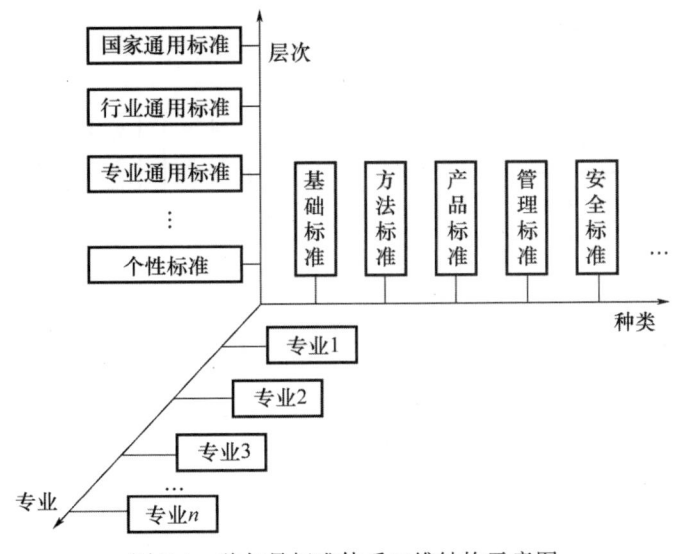

图5-4 魏尔曼标准体系三维结构示意图

Fig. 5-4 Varman three-dimensional structure of standard system

图5-5为根据层次维、序列维和专业维3个维度构建的定制木质家居产业标准体系的三维空间，这个三维空间是构建标准体系框架的理论基础。层次维是指定制木质家居产业基础与综合标准、产业链专业通用标准、子专业标准；序列维是指定制木质家居产业链的测量与设计、生产制造、物流运输、安装与验收、维护保养标准；专业维是指定制衣柜、定制厨柜、木地板、木门、木墙板、木楼梯、木吊顶等产品标准。

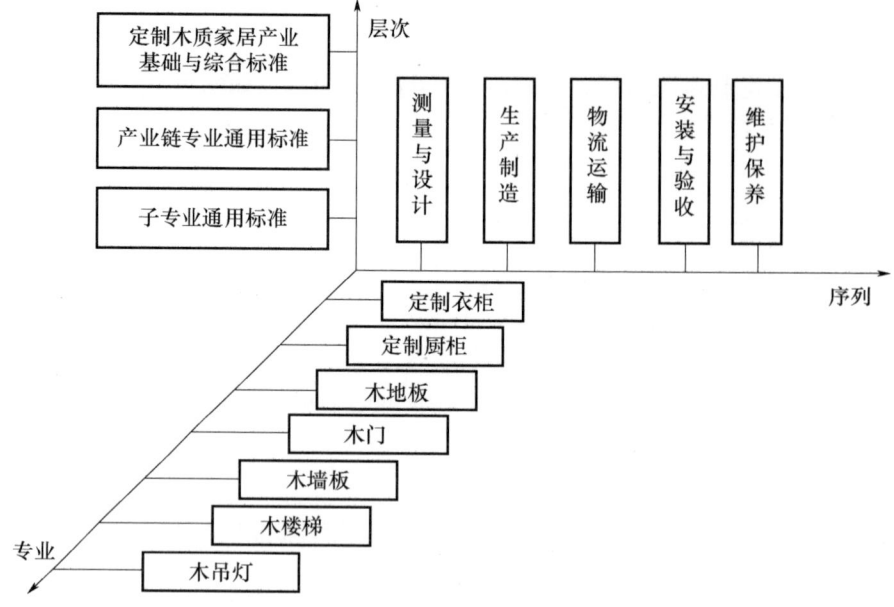

图 5-5 中国定制木质家产业标准体系三维结构示意图（a）
Fig. 5-5 Three-dimensional structure of customized wooden household industry standard system（a）

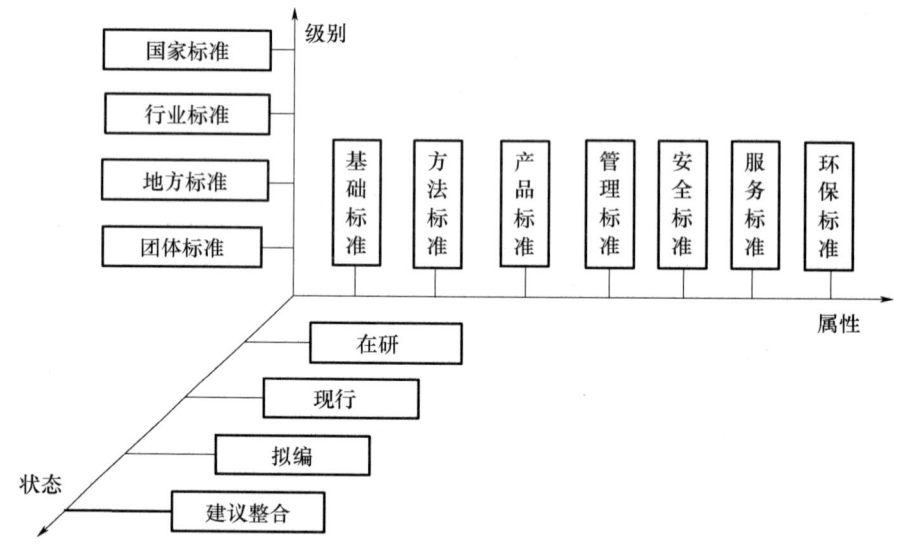

图 5-6 中国定制木质家产业标准体系三维结构示意图（b）
Fig. 5-6 Three-dimensional structure of customized wooden household industry standard system（b）

而图 5-6 是根据标准的级别、属性、状态维度构建的定制木质家居产业标准体系的三维空间，这个三维空间是构建标准体系编制标准体系表的理论基础。其中，标准级别主要包括国家标准、行业标准、地方标准和团体标准；属性维包括定制木质家居产业相关的基础标准、方法标准、产品标准、管理标准、安全标准、服务标准、环保标准等；状态维包括现行标准，在研标准，拟编制标准以及建议整合的标准。

5.3.5 中国定制木质家居产业标准体系的结构模型(框架)

结合定制木质家居产业标准体系的层次结构、序列结构、专业结构设计以及对结构间关系的分析,构建中国定制木质家居产业标准体系结构模型(框架),如图5-7所示。将定制木质家居标准体系根据层次结构划分为3层,第1层为定制木质家居产业通用的基础与综合标准,第2层为根据序列结构划分的测量与设计、生产制造、物流运输、安装与验收、维护保养相关的专业通用标准,第3层为子专业通用标准。

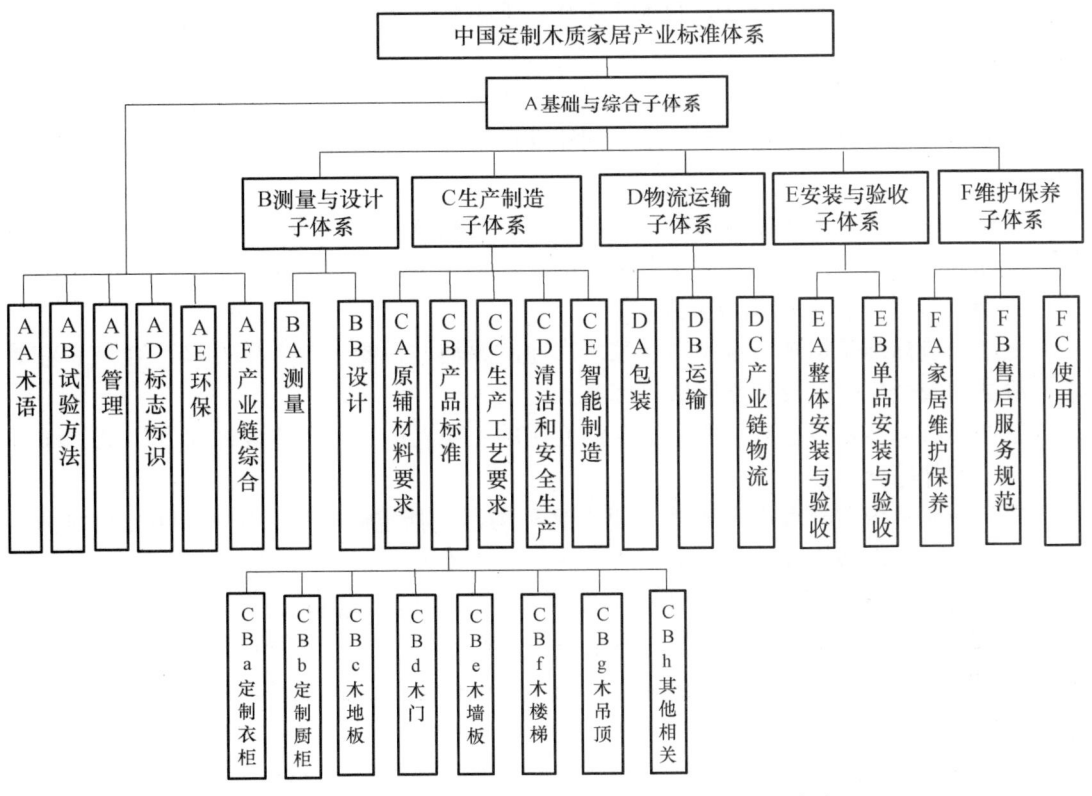

图 5-7 中国定制木质家居产业标准体系结构模型(框架)

Fig. 5-7 Thestructure model (framework) of customized wooden household industry standard system in China

5.3.6 定制木质家居产业标准子体系的构成要素

标准体系的构成元素是具体的标准。开展定制木质家居产业标准子体系的构成要素分析,是在标准体系结构分析的基础上,对标准子体系分析涉及的各类标准进行分析,为标准明细表的编制奠定基础。

1. 基础与综合子体系的构成要素

基础与综合标准是指定制木质家居产业的通用基础标准,主要包括定制木质家居产业的术语、试验方法、管理、标志标识、环保、产业链综合等标准。

术语标准包括定制木质家居产业链术语、产品术语、原辅材料术语及生产制造术语等标准。

试验方法标准包括定制木质家居产品质量检测试验方法、抽样检验规则等标准。

管理标准是指定制木质家居产业相关的管理标准，包括产业生产管理、营销管理、信息流管理、企业管理等标准。

标志标识标准是指定制木质家居产业及产品标志标识等标准。

环保标准定制木质家居产业相关的环保标准，包括有毒有害物质释放量、绿色工厂、绿色产品评价等标准。

产业链综合标准是指针对定制木质家居产业链整体要求和全屋定制家居要求的相关基础标准。

2. 测量与设计子体系的构成要素

测量与设计子体系是指定制木质家居企业向消费者提供上门测量以及定制设计服务的体系。

测量标准是指规范定制木质家居生产前期上门测量行为的标准。

设计标准是指规范定制木质家居生产的家居总体设计、部件和产品设计的标准。

3. 生产制造子体系的构成要素

生产制造标准是指规范定制木质家居产业的原辅材料要求、产品要求、生产工艺要求、清洁和安全生产以及智能制造等标准。

原辅材料标准是指定制木质家居生产使用的主要人造板、人造板饰面专用纸、饰面板、五金配件等标准。

产品标准是指定制木质家居的主要产品种类，包括定制衣柜、定制厨柜、木地板、木门、木墙板、木楼梯及其他定制木质家居产品质量要求标准。

生产工艺要求是指定制木质家居主要产品种类，包括定制衣柜、定制厨柜、木地板、木门、木墙板、木楼梯及其他定制木质家居产品生产工艺要求标准。

清洁和安全生产标准是指定制木质家居生产过程中关于清洁生产和安全生产、节能减排的标准。

智能制造是指定制木质家居产业涉及自动化加工、信息化设计、智能制造、智能家居要求相关标准。

4. 物流运输子体系构成要素

物流运输标准是指规范定制木质家居产品包装、物流运输的标准。

包装是指规范定制木质家居产品包装要求、储存等的标准。

物流运输是指规范定制木质家居产品各类运输方式、各环节运输要求、产业链物流管理等的标准。

5. 安装与验收子体系构成要素

安装与验收标准是指规范定制木质家居安装流程的标准，包括定制家居整体安装与验收要求，单品安装与验收要求等标准。

定制家居整体安装与验收要求标准是指将家居制品安装作为一个整体来考虑，规范安装次序、时间、协调不同品类间安装衔接等标准。

定制家居单品安装与验收要求是指定制木质家居主要产品品类：定制衣柜、定制厨柜、木地板、木门、木墙板、木楼梯及其他定制木质家居产品，从部件到产品的安装与验收要求标准。

6. 维护保养子体系构成要素

维护保养标准是指规范定制木质家居产品维护保养的标准，包括家居维护保养、售后服务规范及使用标准。

家居维护保养标准是指定制木质家居制品维护保养相关要求，如对室内温湿度、光照、水源等要求的标准。

售后服务规范标准是指对定制木质家居企业提供给消费者的售后服务做出规范的标准。

使用标准是指规范定制木质家居产品使用注意事项的标准。

5.4 中国定制木质家居产业标准体系的明细表和编制说明

根据定制木质家居产业标准体系结构分析结果，结合产业基础与综合、测量与设计、生产制造、物流运输、安装与验收、维护保养等子体系的构成要素，根据 GB/T 13016—2018《标准体系表编制原则和要求》要求，编制了中国定制木质家居产业标准体系明细表。中国定制木质家居产业标准体系明细表如表 5-1 所示。中国定制木质家居产业标准体系编制说明如下。

5.4.1 基础与综合子体系

基础与综合子体系共计 157 项标准。其中定制木质家居产业术语标准 15 项，包括定制木质家居原材料、产品相关术语如 GB/T 18259—2018《人造板及其表面装饰术语》、GB/T 28202—2011《家具工业术语》，以及拟编制的《定制木质家居产业术语》等。

试验方法标准共计 76 项标准，主要是定制衣柜、定制厨柜、木门、木墙板、木地板等性能试验方法。

管理标准共计 12 项标准，包括拟编制的推荐性林业行业标准《定制木质家居产业链管理要求》《定制木质家居企业经营管理标准》《定制木质家居产业生产管理规范》等。

标志标识标准包括地方标准 DB11/T 1241—2015《家具标识标注通则》、DB12/T 384—2008《家具产品标识标注规范》、DB37/T 2008—2011《木家具产（商）品-标识》及拟编的《定制木质家居产品标志标识》等 5 项行业标准或国家标准。

表 5-1 中国定制木质家居产业标准体系明细表

Tab. 5-1 List of customized wooden household industry standard system in China

序号 No.	体系编号 System number	标准名称 Standard title	标准号 Standard code	采标号 Number	标准级别 Standard level	标准状态 Standard state	备注 Remarks
		A 基础与综合					
		AA 术语					
1	AA-01	生物质术语	GB/T 30366—2013		推荐性国家标准	现行	
2	AA-02	木塑复合材料术语	JC/T 2222—2014		推荐性行业标准 JC 建材	现行	
3	AA-03	木材工业胶粘剂术语	LY/T 1280—2008		推荐性行业标准 LY 林业	现行	
4	AA-04	竹材人造板术语	LY/T 1660—2006		推荐性行业标准 LY 林业	现行	
5	AA-05	人造板及其表面装饰术语	GB/T 18259—2018		推荐性国家标准	现行	
6	AA-06	定制家居产品 人造板定制衣柜 第1部分：术语和定义	T/GCHA 1.1—2018		团体标准（广东省定制家居协会）	现行	
7	AA-07	家用厨房设备 第1部分：术语	GB/T 18884.1—2015		推荐性国家标准	现行	
8	AA-08	建筑门窗术语	GB/T 5823—2008		推荐性国家标准	现行	
9	AA-09	板式家具成品名词术语 第1部分：柜架类家具成品名词术语	QB/T 2913.1—2007		推荐性行业标准 QB 轻工	现行	
10	AA-10	板式家具成品名词术语 第2部分：桌（台）类家具成品名词术语	QB/T 2913.2—2007		推荐性行业标准 QB 轻工	现行	
11	AA-11	家具工业术语	20191307-T-607		推荐性国家标准	在研	
12	AA-12	数字化车间 术语和定义	GB/T 37413—2019		推荐性国家标准	现行	

第5章 中国定制木质家居产业标准体系的构建

续表

序号 No.	体系编号 System number	标准名称 Standard title	标准号 Standard code	采标号 Number	标准级别 Standard level	标准状态 Standard state	备注 Remarks
13	AA-13	制造业信息化 技术术语	GB/T 18725—2008		推荐性国家标准	现行	
14	AA-14	制造业自动化 术语	GB/T 15312—2008		推荐性国家标准	现行	
15	AA-15	定制木质家居产业术语			推荐性国家标准	拟编制	
		AB 试验方法					
16	AB-01	人造板及饰面人造板理化性能试验方法	GB/T 17657—2013		推荐性国家标准	现行	
17	AB-02	室内装饰装修材料 人造板及其制品中甲醛释放量试验方法	DB35/T 1605—2016		地方标准-福建	现行	
18	AB-03	家用厨房设备 第3部分：试验方法与检验规则	GB/T 18884.3—2015		推荐性国家标准	现行	
19	AB-04	建筑墙板试验方法	GB/T 30100—2013		推荐性国家标准	现行	
20	AB-05	悬浮式拼装地板有害物质释放量检测方法	DB13/T 2591—2017		地方标准-河北	现行	
21	AB-06	实木地板木材标准照片及鉴别方法	DB45/T 854—2012		地方标准-广西	现行	
22	AB-07	木质地板饰面层中铅、镉、铬、汞重金属元素含量测定	GB/T 33042—2016		推荐性国家标准	现行	
23	AB-08	抗菌木（竹）质地板 抗菌性能检测方法与抗菌效果	LY/T 1926—2010		推荐性行业标准-LY 林业	现行	
24	AB-09	木质地板冲击噪声测试方法	LY/T 2487—2015		推荐性行业标准-LY 林业	现行	
25	AB-10	户外地板耐久性试验方法	SB/T 10951—2012		推荐性行业标准 SB 国内贸易	现行	
26	AB-11	整樘门 软重物体撞击试验	GB/T 14155—2008	等同采用ISO国际标准 ISO 8270：1985	推荐性国家标准	现行	
27	AB-12	门扇 抗硬物撞击性能检测方法	GB/T 22632—2008		推荐性国家标准	现行	
28	AB-13	门扇 湿度影响稳定性检测方法	GB/T 22635—2008		推荐性国家标准	现行	

续表

序号 No.	体系编号 System number	标准名称 Standard title	标准号 Standard code	采标号 Number	标准级别 Standard level	标准状态 Standard state	备注 Remarks
29	AB-14	门扇尺寸、直角度和平面度检测方法	GB/T 22636—2008		推荐性国家标准	现行	
30	AB-15	门两侧在不同气候条件下的变形检测方法	GB/T 24494—2009	修改采用ISO国际标准 ISO 6445:2005	推荐性国家标准	现行	
31	AB-16	整樘门 垂直荷载试验	GB/T 29049—2012		推荐性国家标准	现行	
32	AB-17	平开门和旋转门 抗静扭曲性能的测定	GB/T 29530—2013	等同采用ISO国际标准 ISO 9381:2005	推荐性国家标准	现行	
33	AB-18	门的启闭力试验方法	GB/T 29555—2013	修改采用ISO国际标准 ISO 9379:2005	推荐性国家标准	现行	
34	AB-19	门窗反复启闭耐久性试验方法	GB/T 29739—2013	修改采用ISO国际标准 ISO 8274:2005	推荐性国家标准	现行	
35	AB-20	门在地震作用下角变形时的开启性能试验方法	GB/T 34553—2017	修改采用ISO国际标准 ISO 15822:2007	推荐性国家标准	现行	
36	AB-21	定制家具 质量检验及质量评定	20172546-T-607		推荐性国家标准	在研	
37	AB-22	木家具中挥发性有机化合物散发特性的密闭舱C-history快速检测方法	20153759-T-607		推荐性国家标准	在研	
38	AB-23	家具化学安全测试方法 第1部分：甲醛	20172536-T-607		推荐性国家标准	在研	
39	AB-24	家具中挥发性有机物现场快速采集设备技术要求	20172538-T-607		推荐性国家标准	在研	
40	AB-25	家具中挥发性有机物的筛查检测方法 气相色谱质谱法	20172543-T-607		推荐性国家标准	在研	
41	AB-26	家具表面漆膜理化性能试验 第2部分：耐湿热测定法	20172548-T-607		推荐性国家标准	在研	
42	AB-27	家具表面漆膜理化性能试验 第3部分：耐干热测定法	20172549-T-607		推荐性国家标准	在研	

第5章 中国定制木质家居产业标准体系的构建

续表

序号 No.	体系编号 System number	标准名称 Standard title	标准号 Standard code	采标号 Number	标准级别 Standard level	标准状态 Standard state	备注 Remarks
43	AB-28	家具放射性安全测试方法	20172550-T-607		推荐性国家标准	在研	
44	AB-29	家具中挥发性有机物释放量标识方法	20180881-T-607		推荐性国家标准	在研	
45	AB-30	木家具中挥发性有机物 现场快速检测方法	20181028-T-607		推荐性国家标准	在研	
46	AB-31	家具部件中挥发性有机物 现场快速检测方法	20181029-T-607		推荐性国家标准	在研	
47	AB-32	家具力学性能试验 第4部分：柜类稳定性	GB/T 10357.4—2013		推荐性国家标准	现行	
48	AB-33	家具力学性能试验 第5部分：柜类强度和耐久性	GB/T 10357.5—2011		推荐性国家标准	现行	
49	AB-34	火焰引燃家具和组件的燃烧性能试验方法	GB/T 27904—2011		推荐性国家标准	现行	
50	AB-35	家具用连接件技术要求及试验方法	GB/T 28203—2011		推荐性国家标准	现行	
51	AB-36	家具中挥发性有机化合物的测定	GB/T 31106—2014		推荐性国家标准	现行	
52	AB-37	家具中挥发性有机化合物检测用气候舱通用技术条件	GB/T 31107—2014		推荐性国家标准	现行	
53	AB-38	家具中有害物质检测方法 总则	GB/T 32437—2015		推荐性国家标准	现行	
54	AB-39	家具中挥发性有机物释放量的测定 小型散发试验舱法	GB/T 32443—2015		推荐性国家标准	现行	
55	AB-40	家具中重金属锑、砷、钡、硒、六价铬的评定方法	GB/T 36021—2018		推荐性国家标准	现行	
56	AB-41	木家具中氨释放量试验方法	GB/T 36022—2018		推荐性国家标准	现行	
57	AB-42	家具表面耐冷液测定法	GB/T 4893.1—2005		推荐性国家标准	现行	
58	AB-43	家具表面耐湿热测定法	GB/T 4893.2—2005		推荐性国家标准	现行	
59	AB-44	家具表面耐干热测定法	GB/T 4893.3—2005		推荐性国家标准	现行	
60	AB-45	家具表面漆膜理化性能试验 第4部分：附着力交叉切割测定法	GB/T 4893.4—2013		推荐性国家标准	现行	
61	AB-46	家具表面漆膜理化性能试验 第5部分：厚度测定法	GB/T 4893.5—2013		推荐性国家标准	现行	

续表

序号 No.	体系编号 System number	标准名称 Standard title	标准号 Standard code	采标号 Number	标准级别 Standard level	标准状态 Standard state	备注 Remarks
62	AB-47	家具表面漆膜理化性能试验 第6部分：光泽测定法	GB/T 4893.6—2013		推荐性国家标准	现行	
63	AB-48	家具表面漆膜理化性能试验 第7部分：耐冷热温差测定法	GB/T 4893.7—2013		推荐性国家标准	现行	
64	AB-49	家具表面漆膜理化性能试验 第8部分：耐磨性测定法	GB/T 4893.8—2013		推荐性国家标准	现行	
65	AB-50	家具表面漆膜理化性能试验 第9部分：抗冲击强度测定法	GB/T 4893.9—2013		推荐性国家标准	现行	
66	AB-51	家具实木胶接合顺纹压缩剪切强度的测定	QB 1093—1991		推荐性行业标准-QB轻工	现行	
67	AB-52	家具实木胶接合耐水性的测定	QB 1094—1991		推荐性行业标准-QB轻工	现行	
68	AB-53	家具实木胶接件剪切强度的测定	QB/T 1093—2013		推荐性行业标准-QB轻工	现行	
69	AB-54	家具实木胶接件耐水性的测定	QB/T 1094—2013		推荐性行业标准-QB轻工	现行	
70	AB-55	家具五金 杯状暗铰链力学性能试验方法	QB/T 1243—1991		推荐性行业标准-QB轻工	现行	
71	AB-56	家具表面漆膜耐盐浴测定法	QB/T 1950—2013		推荐性行业标准-QB轻工	现行	
72	AB-57	木家具 质量检验及质量评定	QB/T 1951.1—2010		推荐性行业标准-QB轻工	现行	
73	AB-58	家具表面软质覆面材料剥离强度的测定	QB/T 4448—2013		推荐性行业标准-QB轻工	现行	
74	AB-59	家具表面硬质覆面材料剥离强度的测定	QB/T 4449—2013		推荐性行业标准-QB轻工	现行	
75	AB-60	家具空气喷涂涂着率测定方法	QB/T 4784—2015		推荐性行业标准-QB轻工	现行	
76	AB-61	进出口木制品、家具检验规程 抽样与制样	SN/T 2500—2010		推荐性行业标准-SN商检	现行	
77	AB-62	进出口家具涂层中特定元素迁移及总铅含量的测定	SN/T 2792—2011		推荐性行业标准-SN商检	现行	
78	AB-63	进出口室内木制品及木制家具安全技术规范	SN/T 2875—2011		推荐性行业标准-SN商检	现行	
79	AB-64	出境木家具检验检疫操作规程	SN/T 3068—2011		推荐性行业标准-SN商检	现行	
80	AB-65	家具中总挥发性有机化合物的检测方法	SN/T 3613—2013		推荐性行业标准-SN商检	现行	
81	AB-66	家具多孔弹性材料燃烧试验方法 重量损失法	SN/T 4005—2013		推荐性行业标准-SN商检	现行	

第5章 中国定制木质家居产业标准体系的构建

续表

序号 No.	体系编号 System number	标准名称 Standard title	标准号 Standard code	采标号 Number	标准级别 Standard level	标准状态 Standard state	备注 Remarks
82	AB-67	家具产品及其材料中多溴联苯和多溴联苯醚的测定 第1部分：气相色谱 质谱法	SN/T 4555.1—2016		推荐性 行业标准-SN 商检	现行	
83	AB-68	家具产品及其材料中多溴联苯和多溴联苯醚的测定 第2部分：气相色谱-电子捕获检测器法	SN/T 4555.2—2016		推荐性 行业标准-SN 商检	现行	
84	AB-69	家具产品及其材料中多溴联苯和多溴联苯醚的测定 第3部分：高效液相色谱法	SN/T 4555.3—2016		推荐性 行业标准-SN 商检	现行	
85	AB-70	家具产品及其材料中苯用偶氮染料的测定方法	20191305-T-607		推荐性国家标准	在研	
86	AB-71	家具中2,4-二氨基甲苯、4,4′-二氨基二苯甲烷的测定	20191303-T-607		推荐性国家标准	在研	
87	AB-72	家具产品及其材料中苯的测定方法	20191304-T-607		推荐性国家标准	在研	
88	AB-73	木家具生产过程质量安全状态监测与评价方法	20191302-T-607		推荐性国家标准	在研	
89	AB-74	家具产品及其材料中邻苯二甲酸酯增塑剂的测定方法	20190988-T-607		推荐性国家标准	在研	
90	AB-75	办公家具 办公工作椅 稳定性、强度和耐久性测试方法	20172541-T-607	同采用ISO国际标准 ISO 21015：2007	推荐性国家标准	在研	
91	AB-76	家具表面漆膜理化性能试验 第1部分：耐冷液测定法	20184778-T-607		推荐性国家标准	在研	
AC 管理							
92	AC-01	绿色制造 制造企业绿色供应链管理 采购控制	2018 0846-T-469		推荐性国家标准	在研	
93	AC-02	绿色制造 制造企业绿色供应链管理 评价规范	2018 0847-T-469		推荐性国家标准	在研	
94	AC-03	定制木质家居产业链管理要求			推荐性林业行业标准	拟编制	
95	AC-04	定制木质家居企业经营管理标准			推荐性林业行业标准	拟编制	

续表

序号 No.	体系编号 System number	标准名称 Standard title	标准号 Standard code	采标号 Number	标准级别 Standard level	标准状态 Standard state	备注 Remarks
96	AC-05	定制木质家居产业生产管理规范			推荐性林业行业标准	拟编制	
97	AC-06	定制木质家居企业计划管理			推荐性林业行业标准	拟编制	
98	AC-07	定制木质家居企业技术管理			推荐性林业行业标准	拟编制	
99	AC-08	定制木质家居企业质量管理			推荐性林业行业标准	拟编制	
100	AC-09	定制木质家居企业人事管理			推荐性林业行业标准	拟编制	
101	AC-10	定制木质家居企业财务管理			推荐性林业行业标准	拟编制	
102	AC-11	定制木质家居企业设备管理			推荐性林业行业标准	拟编制	
103	AC-12	定制木质家居企业物流管理			推荐性林业行业标准	拟编制	
AD 标志标识							
104	AD-01	定制家具组合组装标识技术要求	20172545-T-607		推荐性国家标准	在研	
105	AD-02	家具标识标注通则	DB11/T 1241—2015		地方标准-北京	现行	
106	AD-03	家具产品标识标注规范	DB12/T 384—2008		地方标准-天津	现行	
107	AD-04	木家具产（商）品标识	DB37/T 2008—2011		地方标准-山东	现行	
108	AD-05	定制木质家居产品标志标识			推荐性林业行业标准	拟编制	
AE 环保							
109	AE-01	基于甲醛释放率的饰面人造板室内承载限量指南	20180665-T-432		推荐性国家标准	在研	
110	AE-02	木家具中高关注度挥发性有机物限量	20172537-T-607		推荐性国家标准	在研	
111	AE-03	绿色人造板及其制品技术要求	LY/T 2870—2017		推荐性行业标准-LY 林业	现行	
112	AE-04	定制家居产品 人造板定制衣柜 第3部分：有害物质限量及气味等级	T/GCHA 1.3—2018		团体标准（广东省定制家居协会）	现行	

第5章 中国定制木质家居产业标准体系的构建

续表

序号 No.	体系编号 System number	标准名称 Standard title	标准号 Standard code	采标号 Number	标准级别 Standard level	标准状态 Standard state	备注 Remarks
113	AE-05	环境标志产品技术要求 厨柜	HJ/T 432—2008		推荐性行业标准-HJ 环境保护	现行	
114	AE-06	木质复合地板中的甲醛释放限量	T/DBXH 001—2018		团体标准（湖州市南浔区地板协会）	现行	
115	AE-07	室内木质门有害物质限量	DB65/T 3926—2016		地方标准-新疆	现行	
116	AE-08	定制家具挥发性有害物质现场检测方法	20172547-T-607		推荐性国家标准	在研	
117	AE-09	定制木质家居空气质量要求			推荐性国家标准	拟编制	
118	AE-10	家具部件及室内装饰装修材料挥发性有机物释放限量	T/CNFA 003—2017		团体标准（中国家具协会）	现行	
119	AE-11	木家具有害物质限量等级细分	T/GIEHA 004—2018		团体标准（广东省室内环境卫生行业协会）	现行	
120	AE-12	木家具中挥发性有害物质及重金属迁移限量要求	20073020-Q-607		推荐性国家标准	在研	
121	AE-13	绿色产品评价 家具	GB/T 35607—2017		推荐性国家标准	现行	
122	AE-14	绿色产品评价 木塑制品	GB/T 35612—2017		推荐性国家标准	现行	
123	AE-15	绿色产品评价 墙体材料	GB/T 35605—2017		推荐性国家标准	现行	
124	AE-16	绿色产品评价 人造板和木质地板	GB/T 35601—2017		推荐性国家标准	现行	
125	AE-17	绿色产品评价 涂料	GB/T 35602—2017		推荐性国家标准	现行	
126	AE-18	绿色产品评价通则	GB/T 33761—2017		推荐性国家标准	现行	
127	AE-19	绿色工厂评价通则	GB/T 36132—2018		推荐性国家标准	现行	
128	AE-20	室内装饰装修材料 壁纸中有害物质限量	GB 18585—2001		强制性国家标准	现行	
129	AE-21	室内装饰装修材料 胶粘剂中有害物质限量	GB 18583—2008		强制性国家标准	现行	

续表

序号 No.	体系编号 System number	标准名称 Standard title	标准号 Standard code	采标号 Number	标准级别 Standard level	标准状态 Standard state	备注 Remarks
130	AE-22	室内装饰装修材料 木家具中有害物质限量	GB 18584—2001		强制性国家标准	现行	
131	AE-23	室内装饰装修材料 内墙涂料中有害物质限量	GB 18582—2008		强制性国家标准	现行	
132	AE-24	室内装饰装修材料 人造板及其制品中甲醛释放限量	GB 18580—2017		强制性国家标准	现行	
133	AE-25	室内装饰装修材料 溶剂型木器涂料中有害物质限量	GB 18581—2009		强制性国家标准	现行	
134	AE-26	室内装饰装修材料 水性木器涂料中有害物质限量	GB 24410—2009		强制性国家标准	现行	
135	AE-27	人造板及其制品甲醛释放量分级	2018 4830-T-432		推荐性国家标准	在研	
136	AE-28	地采暖用木质地板甲醛释放量承载量指南	2018-LY-164		推荐性行业标准-LY 林业	在研	
137	AE-29	人造板饰面材料中铅、镉、铬、汞重金属元素含量测定	20190596-T-432		推荐性国家标准	在研	
138	AE-30	人造板及其制品 VOCs 室内承载量指南	2018-LY-157		推荐性行业标准-LY 林业	在研	
139	AE-31	人造板及其制品 VOCs 释放值	2018-LY-161		推荐性行业标准-LY 林业	在研	
140	AE-32	人造板及其制品气味评价方法	2018-LY-158		推荐性行业标准-LY 林业	在研	
141	AE-33	非甲醛类热塑性树脂胶合板	2019-LY-096		推荐性行业标准-LY 林业	在研	
142	AE-34	绿色工厂要求 定制衣柜			推荐性国家标准	拟编制	
143	AE-35	绿色工厂要求 木地板			推荐性国家标准	拟编制	
144	AE-36	绿色工厂要求 定制厨柜			推荐性国家标准	拟编制	
145	AE-37	绿色工厂要求 木质门			推荐性国家标准	拟编制	
146	AE-38	绿色产品评价 木质门			推荐性国家标准	拟编制	
147	AE-39	绿色产品评价 定制衣柜			推荐性国家标准	拟编制	
148	AE-40	绿色产品评价 定制厨柜			推荐性国家标准	拟编制	
149	AE-41	定制家居绿色制造通用技术要求			推荐性国家标准	拟编制	

第 5 章 中国定制木质家居产业标准体系的构建

续表

序号 No.	体系编号 System number	标准名称 Standard title	标准号 Standard code	采标号 Number	标准级别 Standard level	标准状态 Standard state	备注 Remarks
		AF 产业链综合					
150	AF-01	木质集成家居安装、验收和使用规范	2017-LY-141		推荐性行业标准-LY 林业	在研	
151	AF-02	木质集成家居部件制造通用技术要求	2017-LY-142		推荐性行业标准-LY 林业	在研	
152	AF-03	全屋实木定制家居通用产品标准			团体标准（全国工商联家具装饰业商会）	在研	
153	AF-04	中国家装整装产品标准			团体标准（全国工商联家具装饰业商会）	在研	
154	AF-05	全屋定制木（制）家具	T/SHHJ 011—2018		团体标准（上海市化学建材行业协会）	现行	
155	AF-06	实木定制家居产品	T/CFDCC 0203—2018		团体标准（中华全国工商业联合会家具装饰业商会）	现行	
156	AF-07	定制木质家居通用技术要求			推荐性国家标准	拟编制	
157	AF-08	建筑环境对定制木质家居整体要求			推荐性国家标准	拟编制	
		BA 测量					
158	BA-01	定制木质家居通用测量要求			推荐性国家标准	拟编制	
		BB 设计					
159	BB-01	建筑门窗洞口尺寸系列	20151949-T-333		推荐性国家标准	在研	
160	BB-02	定制家具通用设计规范	20172544-T-607		推荐性国家标准	在研	
161	BB-03	住宅全装修设计标准	DB11/T 1197—2015		地方标准-北京	现行	
162	BB-04	家具绿色设计评价规范	GB/T 26694—2011		推荐性国家标准	现行	

139

续表

序号 No.	体系编号 System number	标准名称 Standard title	标准号 Standard code	采标号 Number	标准级别 Standard level	标准状态 Standard state	备注 Remarks
163	BB-05	住宅装修木制品模数	GB/T 31434—2015		推荐性国家标准	现行	
164	BB-06	家具桌、椅、凳类主要尺寸	GB/T 3326—2016		推荐性国家标准	现行	
165	BB-07	家具柜类主要尺寸	GB/T 3327—2016		推荐性国家标准	现行	
166	BB-08	定制木质家居通用设计要求			推荐性国家标准	拟编制	
CA 原辅材料							
167	CA-01	中密度纤维板	GB/T 11718—2009	等同采用ISO国际标准：ISO/DIS 16895-2	推荐性国家标准	现行	
168	CA-02	高密度纤维板	GB/T 31765—2015	非等效采用ISO国际标准：ISO 16895-2：2010	推荐性国家标准	现行	
169	CA-03	刨花板	GB/T 4897—2015	修改采用ISO国际标准：ISO 16893-2：2010	推荐性国家标准	现行	
170	CA-04	浸渍胶膜纸饰面纤维板和刨花板	GB/T 15102—2017		推荐性国家标准	现行	
171	CA-05	浸渍胶膜纸饰面胶合板和细木工板	GB/T 34722—2017		推荐性国家标准	现行	
172	CA-06	装饰装修胶粘剂制造、使用和标识通用要求	GB/T 22377—2008		推荐性国家标准	现行	
173	CA-07	室内装饰装修用溶剂型醇酸木器涂料	GB/T 23995—2009		推荐性国家标准	现行	
174	CA-08	室内装饰装修用溶剂型聚氨酯木器涂料	GB/T 23997—2009		推荐性国家标准	现行	
175	CA-09	室内装饰装修用溶剂型硝基木器涂料	GB/T 23998—2009		推荐性国家标准	现行	
176	CA-10	室内装饰装修用水性木器涂料	GB/T 23999—2009		推荐性国家标准	现行	
177	CA-11	室内装饰装修用天然树脂木器涂料	GB/T 27811—2011		推荐性国家标准	现行	
178	CA-12	定制家居产品 人造板定制衣柜 第2部分：原材料验收规范	T/GCHA 1.2—2018		团体标准（广东省定制家居协会）	现行	

第5章 中国定制木质家居产业标准体系的构建

续表

序号 No.	体系编号 System number	标准名称 Standard title	标准号 Standard code	采标号 Number	标准级别 Standard level	标准状态 Standard state	备注 Remarks
179	CA-13	橱柜门板	DB22/T 1667—2012		地方标准-吉林	现行	
180	CA-14	浸渍纸层压木质地板用表层耐磨纸	GB/T 26390—2011		推荐性国家标准	现行	
181	CA-15	人造板饰面专用纸	GB/T 28995—2012		推荐性国家标准	现行	
182	CA-16	木门窗用木材及人造板规范	GB/T 34742—2017		推荐性国家标准	现行	
183	CA-17	室内木质地板安装配套材料	GB/T 24599—2009		推荐性国家标准	现行	
184	CA-18	木地板铺装胶粘剂	HG/T 4223—2011		推荐性行业标准-HG 化工	现行	
185	CA-19	地板基材用纤维板	LY/T 1611—2011		推荐性行业标准-LY 林业	现行	
186	CA-20	实木复合地板用胶合板	LY/T 1738—2008		推荐性行业标准-LY 林业	现行	
187	CA-21	实木地板坯料	LY/T 2058—2012		推荐性行业标准-LY 林业	现行	
188	CA-22	木地板用紫外光固化涂料	LY/T 2710—2016		推荐性行业标准-LY 林业	现行	
189	CA-23	活动地板基材用石膏纤维板	LY/T 2372—2014		推荐性行业标准-LY 林业	现行	
190	CA-24	强化木地板底层用平衡原纸	QB/T 4758—2014		推荐性行业标准-QB 轻工	现行	
191	CA-25	室内木质门用纤维板	LY/T 2386—2014		推荐性行业标准-LY 林业	现行	
192	CA-26	木塑门套线	LY/T 2714—2016		推荐性行业标准-LY 林业	现行	
193	CA-27	木门门锁、铰链孔槽组合加工机	LY/T 2733—2016		推荐性行业标准-LY 林业	现行	
194	CA-28	装饰门用附属配件	QB/T 4518—2013		推荐性行业标准-QB 轻工	现行	
195	CA-29	门吸和门扣	QB/T 4596—2013		推荐性行业标准-QB 轻工	现行	
196	CA-30	楼梯用木质踏板	LY/T 1976—2011		推荐性行业标准-LY 林业	现行	
197	CA-31	木质踢脚线	LY/T 1987—2011		推荐性行业标准-LY 林业	现行	
198	CA-32	木线条	GB/T 20446—2006		推荐性国家标准	现行	

续表

序号 No.	体系编号 System number	标准名称 Standard title	标准号 Standard code	采标号 Number	标准级别 Standard level	标准状态 Standard state	备注 Remarks
199	CA-33	装饰用木线条	DB35/T 808—2008		地方标准-福建	现行	
200	CA-34	室内装修用木方	LY/T 2057—2012		推荐性行业标准-LY 林业	现行	
201	CA-35	家具五金 杯状暗铰链安装尺寸	QB/T 1242—1991		推荐性行业标准-QB 轻工	现行	
202	CA-36	家具五金 抽屉导轨	QB/T 2454—2013		推荐性行业标准-QB 轻工	现行	
203	CA-37	家具用封边条技术要求	QB/T 4463—2013		推荐性行业标准-QB 轻工	现行	
204	CA-38	家具用蜂窝板部件技术要求	QB/T 4464—2013		推荐性行业标准-QB 轻工	现行	
205	CA-39	家居用缓冲型抽屉导轨	T/CNHA 1001—2016		团体标准（中国五金制品协会）	现行	
206	CA-40	家居用缓冲型暗铰链	T/CNHA 1002—2016		团体标准（中国五金制品协会）	现行	
207	CA-41	家居用功能五金 拉篮	T/CNHA 1008—2017		团体标准（中国五金制品协会）	现行	
208	CA-42	家具五金 自弹型和液压缓冲型杯状暗铰链	DB44/T 1055—2012		地方标准-广东	现行	
209	CA-43	家具配件 万向脚轮	DB44/T 941—2011		地方标准-广东	现行	
210	CA-44	室内墙面轻质装饰板用免钉胶	JC/T 2186—2013		推荐性行业标准-JC 建材	现行	
211	CA-45	建筑门用提升推拉五金系统	JG/T 308—2011		推荐性行业标准 JG 建筑工程	现行	
212	CA-46	定制木质家居用木材和人造板			推荐性国家标准	拟编制	
213	CA-47	定制木质家居用连接件			推荐性国家标准	拟编制	

第 5 章 中国定制木质家居产业标准体系的构建

续表

序号 No.	体系编号 System number	标准名称 Standard title	标准号 Standard code	采标号 Number	标准级别 Standard level	标准状态 Standard state	备注 Remarks
		CB 产品标准					
		CBa 定制衣柜					
214	CBa-01	原木复合衣柜			团体标准（全国工商联家具装饰业商会）	在研	
215	CBa-02	人造板定制衣柜技术规范	LY/T 2876—2017		推荐性行业标准-LY 林业	现行	
216	CBa-03	木制柜	QB/T 2530—2011		推荐性行业标准-QB 轻工	现行	
		CBb 定制厨柜					
217	CBb-01	家用厨房设备 第 2 部分：通用技术要求	GB/T 18884.2—2015		推荐性国家标准	现行	
218	CBb-02	厨房家具	QB/T 2531—2010		推荐性行业标准-QB 轻工	现行	
219	CBb-03	厨柜安全技术条件	DB51/ 327—2008		地方标准-四川	现行	
220	CBb-04	整体橱柜 第 1 部分：通用技术条件	DB53/T 297.1—2009		地方标准-云南	现行	
221	CBb-05	住宅厨房及相关设备基本参数	GB/T 11228—2008		推荐性国家标准	现行	
		CBc 木地板					
222	CBc-01	浸渍纸层压板饰面多层实木复合地板	20171614-T-432		推荐性国家标准	在研	
223	CBc-02	浸渍纸层压木质地板	20171615-T-432		推荐性国家标准	在研	
224	CBc-03	改性实木地板	DB13/T 1590—2012		地方标准-河北	现行	
225	CBc-04	嵌花实木复合地板	DB13/T 1595—2012		地方标准-河北	现行	
226	CBc-05	融木香杉实木集成地板	DB45/T 1127—2014		地方标准-广西	现行	
227	CBc-06	实木地板 第 1 部分：技术要求	GB/T 15036.1—2018		推荐性国家标准	现行	
228	CBc-07	实木地板 第 2 部分：检验方法	GB/T 15036.2—2018		推荐性国家标准	现行	
229	CBc-08	实木复合地板	GB/T 18103—2013		推荐性国家标准	现行	
230	CBc-09	竹集成材地板	GB/T 20240—2017		推荐性国家标准	现行	

续表

序号 No.	体系编号 System number	标准名称 Standard title	标准号 Standard code	采标号 Number	标准级别 Standard level	标准状态 Standard state	备注 Remarks
231	CBc-10	浸渍纸层压秸秆复合地板	GB/T 23471—2018		推荐性国家标准	现行	
232	CBc-11	木塑地板	20191874-T-432		推荐性国家标准	在研	
233	CBc-12	阻燃木质复合地板	GB/T 24509—2009		推荐性国家标准	现行	
234	CBc-13	竹木复合层积地板	GB/T 27649—2011		推荐性国家标准	现行	
235	CBc-14	热处理实木地板	GB/T 28992—2012		推荐性国家标准	现行	
236	CBc-15	重组竹地板	GB/T 30364—2013		推荐性国家标准	现行	
237	CBc-16	高耐磨漆饰实木地板	GB/T 31745—2015		推荐性国家标准	现行	
238	CBc-17	栎木实木地板	GB/T 34743—2017		推荐性国家标准	现行	
239	CBc-18	地采暖用实木地板技术要求	GB/T 35913—2018		推荐性国家标准	现行	
240	CBc-19	竹地板	LY/T 1573—2000		推荐性行业标准-LY 林业	现行	
241	CBc-20	实木集成地板	LY/T 1614—2011		推荐性行业标准-LY 林业	现行	
242	CBc-21	软木类地板	LY/T 1657—2015		推荐性行业标准-LY 林业	现行	
243	CBc-22	地采暖用木质地板	LY/T 1700—2018		推荐性行业标准-LY 林业	现行	
244	CBc-23	装饰单板层压木质地板	LY/T 1739—2008		推荐性行业标准-LY 林业	现行	
245	CBc-24	室内高湿场所用木质地板	LY/T 1854—2009		推荐性行业标准-LY 林业	现行	
246	CBc-25	涂饰浸渍纸层压木质地板	LY/T 1858—2009		推荐性行业标准-LY 林业	现行	
247	CBc-26	仿古木质地板	LY/T 1859—2009		推荐性行业标准-LY 林业	现行	
248	CBc-27	户外用木地板	2018-LY-127		推荐性行业标准-LY 林业	在研	
249	CBc-28	重组木地板	LY/T 1984—2011		推荐性行业标准-LY 林业	现行	
250	CBc-29	直接印刷木地板	LY/T 1986—2011		推荐性行业标准-LY 林业	现行	

第5章 中国定制木质家居产业标准体系的构建

续表

序号 No.	体系编号 System number	标准名称 Standard title	标准号 Standard code	采标号 Number	标准级别 Standard level	标准状态 Standard state	备注 Remarks
251	CBc-30	涂饰定向结构麦秸板地板	LY/T 2562—2015		推荐性行业标准-LY 林业	现行	
252	CBc-31	以定向刨花板为基材的复合地板	LY/T 2563—2015		推荐性行业标准-LY 林业	现行	
253	CBc-32	竹材饰面木质地板	LY/T 2713—2016		推荐性行业标准-LY 林业	现行	
254	CBc-33	浸渍纸层压定向刨花板地板	LY/T 2880—2017		推荐性行业标准-LY 林业	现行	
255	CBc-34	拼花实木复合地板	T/DBXH 002—2018		团体标准（湖州市南浔区地板协会）	现行	
256	CBc-35	实木地板	T/ZZB 005—2015		团体标准（浙江省浙江制造品牌建设促进会）	现行	
257	CBc-36	实木复合地板	T/ZZB 006—2015		团体标准（浙江省浙江制造品牌建设促进会）	现行	
258	CBc-37	重组竹竹地板	T/ZZB 0079—2016		团体标准（浙江省浙江制造品牌建设促进会）	现行	
259	CBc-38	阻燃木质地板	WB/T 1049—2012		推荐性行业标准-WB 物资管理	现行	
260	CBc-39	地采暖木质地板	20192925-T-432		推荐性国家标准	在研	
261	CBc-40	木蜡油地板	2019-LY-097		推荐性行业标准-LY 林业	在研	
262	CBc-41	室内高湿场所和室外木地板	2018-LY-125		推荐性行业标准-LY 林业	在研	
CBd 木门							
263	CBd-01	铝木门	DB44/T 1881—2016		地方标准-广东	现行	
264	CBd-02	工艺实木门及实木门	DB52/T 551—2010		地方标准-贵州	现行	

续表

序号 No.	体系编号 System number	标准名称 Standard title	标准号 Standard code	采标号 Number	标准级别 Standard level	标准状态 Standard state	备注 Remarks
265	CBd-03	木门窗	GB/T 29498—2013		推荐性国家标准	现行	
266	CBd-04	木门分类和通用技术要求	GB/T 35379—2017		推荐性国家标准	现行	
267	CBd-05	实木门窗	JC/T 2081—2011		推荐性行业标准-JC 建材	现行	
268	CBd-06	建筑用木塑门	JC/T 2221—2014		推荐性行业标准-JC 建材	现行	
269	CBd-07	建筑木门、木窗	JG/T 122—2000		推荐性行业标准-JG 建筑工程	现行	
270	CBd-08	木复合门	JG/T 303—2011		推荐性行业标准-JG 建筑工程	现行	
271	CBd-09	集成材木门窗	JG/T 464—2014		推荐性行业标准-JG 建筑工程	现行	
272	CBd-10	室内木质门	LY/T 1923—2010		推荐性行业标准-LY 林业	现行	
273	CBd-11	室内竹质门	LY/T 2614—2016		推荐性行业标准-LY 林业	现行	
274	CBd-12	实木复合门	SB/T 10952—2012		推荐性行业标准-SB 国内贸易	现行	
275	CBd-13	建筑用生态室内门	T/CFDCC 0202—2017		团体标准（中华全国工商业联合会家具装饰业商会）	现行	
276	CBd-14	原木复合门	T/ZSMY 001—2017		团体标准（中山市门业协会）	现行	
277	CBd-15	木质复合免漆门	T/ZZB 0179—2017		团体标准（浙江省浙江制造品牌建设促进会）	现行	

第5章 中国定制木质家居产业标准体系的构建

续表

序号 No.	体系编号 System number	标准名称 Standard title	标准号 Standard code	采标号 Number	标准级别 Standard level	标准状态 Standard state	备注 Remarks
278	CBd-16	实木复合烤漆门	T/ZZB 0180—2017		团体标准（浙江省浙江制造品牌建设促进会）	现行	
279	CBd-17	实木复合木镶板门	T/ZZB 0214—2017		团体标准（浙江省浙江制造品牌建设促进会）	现行	
280	CBd-18	木质门	WB/T 1024—2006		推荐性行业标准-WB 物资管理	现行	
CBe 木墙板							
281	CBe-01	室外装饰用木塑墙板	JC/T 2224—2014		推荐性行业标准-JC 建材	现行	
282	CBe-02	饰面木质墙板	LY/T 1697—2017		推荐性行业标准-LY 林业	现行	
283	CBe-03	木塑复合外挂墙板	LY/T 2715—2016		推荐性行业标准-LY 林业	现行	
284	CBe-04	建筑装饰用塑木复合墙板	QB/T 4492—2013		推荐性行业标准-QB 轻工	现行	
285	CBe-05	竹木纤维集成墙面	T/CADBM 3—2018		团体标准（中国建筑装饰装修材料协会）	现行	
CBf 木楼梯							
286	CBf-01	木质楼梯	GB/T 28994—2012		推荐性国家标准	现行	
287	CBf-02	住宅内用成品楼梯	JG/T 405—2013		推荐性行业标准-JG 建筑工程	现行	
288	CBf-03	住宅楼梯栏杆、扶手	JG 3002.3—1992		推荐性行业标准-JG 建筑工程	现行	
289	CBf-04	居住建筑室内用木质楼梯	LY/T 1789—2008		推荐性行业标准-LY 林业	现行	

续表

序号 No.	体系编号 System number	标准名称 Standard title	标准号 Standard code	采标号 Number	标准级别 Standard level	标准状态 Standard state	备注 Remarks
			CBg 木吊顶				
290	CBg-01	建筑用集成吊顶	JG/T 413—2013		推荐性行业标准-JG 建筑工程	现行	
			CBe 其他相关				
291	CBe-01	可拆装家具拆装技术要求	GB/T 32442—2015		推荐性国家标准	现行	
292	CBe-02	竹制家具通用技术条件	GB/T 32444—2015		推荐性国家标准	现行	
293	CBe-03	木家具通用技术条件	GB/T 3324—2017		推荐性国家标准	现行	
294	CBe-04	进出口木制品、家具通用技术要求	SN/T 4038—2014		推荐性行业标准-SN 商检	现行	
295	CBe-05	定制家具	T/CNFA 001—2017		团体标准（中国家具协会）	现行	
296	CBe-06	木家具通用技术条件	T/NBJJ 001—2018		团体标准（宁波市家具商会）	现行	建议整合 GB/T 33 24—2017
			CC 生产工艺要求				
297	CC-01	竹木复合地板生产线验收通则	GB/T 26912—2011		推荐性国家标准	现行	
298	CC-02	板式家具板件加工生产线验收通则	GB/T 34721—2017		推荐性国家标准	现行	
299	CC-03	定制木质家居生产线验收通则			推荐性国家标准	拟编制	
300	CC-04	定制木质家居生产工艺			推荐性国家标准	拟编制	
			CD 清洁和安全生产				
301	CD-01	木材及其制品生产企业木材综合利用评价方法	20083005-T-322		推荐性国家标准	在研	

第 5 章　中国定制木质家居产业标准体系的构建

续表

序号 No.	体系编号 System number	标准名称 Standard title	标准号 Standard code	采标号 Number	标准级别 Standard level	标准状态 Standard state	备注 Remarks
302	CD-02	清洁生产评价指标体系 木家具制造业	GB/T 37648—2019		推荐性国家标准	现行	
303	CD-03	实木复合地板生产综合能耗	20170941-T-432		推荐性国家标准	在研	
304	CD-04	家具制造业防尘防毒技术规范	AQ 4211—2010		强制性行业标准-AQ 安全生产	现行	
305	CD-05	家具制造业企业安全生产标准化规范	AQ/T 7010—2013		推荐性行业标准-AQ 安全生产	现行	
306	CD-06	木质家具制造业大气污染物排放标准	DB11/ 1201—2015		地方标准-北京	现行	
307	CD-07	工业企业清洁生产审核报告编制技术规范	DB11/T 1040—2013		地方标准-北京	现行	
308	CD-08	清洁生产评价指标体系 家具制造业	DB11/T 1138—2014		地方标准-北京	现行	
309	CD-09	工业清洁生产审核技术通则	DB11/T 1156—2015		地方标准-北京	现行	
310	CD-10	安全生产等级评定技术规范 第 10 部分：木材加工企业	DB11/T 1322.10—2017		地方标准-北京	现行	
311	CD-11	安全生产等级评定技术规范 第 11 部分：家具制造企业	DB11/T 1322.11—2017		地方标准-北京	现行	
312	CD-12	安全生产等级评定技术规范 第 1 部分：总则	DB11/T 1322.1—2017		地方标准-北京	现行	
313	CD-13	安全生产等级评定技术规范 第 2 部分：安全生产通用要求	DB11/T 1322.2—2017		地方标准-北京	现行	
314	CD-14	安全生产等级评定技术规范 第 1 部分：总则	DB12/T 724.1—2017		地方标准-天津	现行	
315	CD-15	安全生产等级评定技术规范 第 2 部分：安全生产通用要求	DB12/T 724.2—2017		地方标准-天津	现行	
316	CD-16	作业场所职业危害检测规范 第 5 部分：木制家具行业	DB13/T 1416.5—2011		地方标准-河北	现行	
317	CD-17	清洁生产审核评估和验收技术导则	DB13/T 1579—2012		地方标准-河北	现行	
318	CD-18	安全生产等级评定技术规范 第 1 部分：总则	DB13/T 2510.1—2017		地方标准-河北	现行	
319	CD-19	安全生产等级评定技术规范 第 2 部分：安全生产通用要求	DB13/T 2510.2—2017		地方标准-河北	现行	

续表

序号 No.	体系编号 System number	标准名称 Standard title	标准号 Standard code	采标号 Number	标准级别 Standard level	标准状态 Standard state	备注 Remarks
320	CD-20	清洁生产标准 人造板行业（刨花板）	DB23/T 1394—2010		地方标准-黑龙江	现行	
321	CD-21	家具制造业大气污染物排放标准	DB31/ 1059—2017		地方标准-上海	现行	
322	CD-22	实木复合地板生产单位产品能耗限额	DB31/ 730—2013		地方标准-上海	现行	
323	CD-23	清洁生产审核评估、验收通则	DB31/T 662—2012		地方标准-上海	现行	
324	CD-24	清洁生产审核报告编制通则	DB31/T 739—2014		地方标准-上海	现行	
325	CD-25	木制品制造企业安全生产基本要求	DB33/T 2058—2017		地方标准-浙江	现行	
326	CD-26	重组竹地板单位产品能耗定额及计算方法	DB33/T 952—2014		地方标准-浙江	现行	
327	CD-27	家具制造行业挥发性有机化合物排放标准	DB44/ 814—2010		地方标准-广东	现行	
328	CD-28	木家具清洁生产规范	DB44/T 1538—2015		地方标准-广东	现行	
329	CD-29	强制性清洁生产审核评估和验收技术规范	DB53/T 640—2014		地方标准-云南	现行	
330	CD-30	木工（材）车间安全生产通则	GB 15606—2008		强制性国家标准	现行	
331	CD-31	挥发性有机物无组织排放控制标准	GB 37822—2019		强制性国家标准	现行	
332	CD-32	工业清洁生产审核指南编制通则	GB/T 21453—2008		推荐性国家标准	现行	
333	CD-33	工业企业清洁生产审核 技术导则	GB/T 25973—2010		推荐性国家标准	现行	
334	CD-34	人造板工业清洁生产技术要求	GB/T 29903—2013		推荐性国家标准	现行	
335	CD-35	人造板工业清洁生产评价指标体系	GB/T 29904—2013		推荐性国家标准	现行	
336	CD-36	实木地板生产综合能耗	2018-LY-064		推荐性行业标准-LY 林业	在研	
337	CD-37	浸渍纸层压木质地板生产综合能耗	2019-LY-092		推荐性行业标准-LY 林业	在研	
338	CD-38	竹地板生产综合能耗	LY/T 2551—2015		推荐性行业标准-LY 林业	现行	
339	CD-39	人造板制造企业清洁生产审核指南	LY/T 2719—2016		推荐性行业标准-LY 林业	现行	

续表

序号 No.	体系编号 System number	标准名称 Standard title	标准号 Standard code	采标号 Number	标准级别 Standard level	标准状态 Standard state	备注 Remarks
340	CD-40	木塑地板生产综合能耗	LY/T 2919—2017		推荐性行业标准-LY 林业	现行	
341	CD-41	定制木质家居生产污染物排放要求			推荐性林业行业标准	拟编制	
342	CD-42	定制木质家居 清洁生产标准			推荐性林业行业标准	拟编制	
343	CD-43	定制木质家居原材料综合利用方法			推荐性林业行业标准	拟编制	
344	CD-44	定制木质家居生产综合能耗			推荐性林业行业标准	拟编制	
CE 智能制造							
345	CE-01	个性化定制 分类指南	20173834-T-469		推荐性国家标准	在研	
346	CE-02	个性化定制 成熟度模型及评价指标	20173835-T-469		推荐性国家标准	在研	
347	CE-03	智能制造 大规模个性化定制 设计规范	20182037-T-339		推荐性国家标准	在研	
348	CE-04	智能制造 大规模个性化定制 生产规范	20182038-T-339		推荐性国家标准	在研	
349	CE-05	智能制造 大规模个性化定制 术语	20182036-T-339		推荐性国家标准	在研	
350	CE-06	智能制造 大规模个性化定制 通用要求	20182042-T-339		推荐性国家标准	在研	
351	CE-07	智能制造 大规模个性化定制 需求交互规范	20182035-T-339		推荐性国家标准	在研	
352	CE-08	智能制造 对象标识要求	GB/T 37695—2019		推荐性国家标准	现行	
353	CE-09	智能制造能力等级评价方法	20173536-T-339		推荐性国家标准	在研	
354	CE-10	基于云制造的智能工厂架构要求	20173694-T-339		推荐性国家标准	在研	
355	CE-11	智能制造 系统架构	20173704-T-604		推荐性国家标准	在研	
356	CE-12	智能工厂 安全监测有效性评估方法	20173706-T-604		推荐性国家标准	在研	
357	CE-13	智能工厂建设导则 第1部分：物理工厂智能化系统	20173804-T-339		推荐性国家标准	在研	
358	CE-14	智能工厂 工业自动化系统时钟同步、管理与测量通用规范	20173979-T-604		推荐性国家标准	在研	

续表

序号 No.	体系编号 System number	标准名称 Standard title	标准号 Standard code	采标号 Number	标准级别 Standard level	标准状态 Standard state	备注 Remarks
359	CE-15	智能工厂 安全控制要求	20173982-T-604		推荐性国家标准	在研	
360	CE-16	智能工厂-工业控制异常监测工具技术要求	20173984-T-604		推荐性国家标准	在研	
361	CE-17	智能工厂 过程工业能源管控系统技术要求	20173985-T-604		推荐性国家标准	在研	
362	CE-18	云制造服务平台制造资源接入集成规范	20173695-T-604		推荐性国家标准	在研	
363	CE-19	装备制造业 制造过程射频识别 第2部分：读写器技术要求及应用规范	GB/T 32830.2—2016		推荐性国家标准	现行	
364	CE-20	装备制造业 制造过程射频识别 第1部分：电子标签技术要求及应用规范	GB/T 32830.1—2016		推荐性国家标准	现行	
365	CE-21	装备制造业 制造过程射频识别 第3部分：系统应用接口规范	GB/T 32830.3—2016		推荐性国家标准	现行	
366	CE-22	定制木质家居标准化生产系统			推荐性国家标准	拟编制	
367	CE-23	定制木质家居自动化加工控制系统			推荐性国家标准	拟编制	
368	CE-24	定制木质家居信息化管理和信息可视化			推荐性国家标准	拟编制	
DA 包装							
369	DA-01	实木地板模块包装标志	DB34/ 223—2001		地方标准-安徽	现行	
370	DA-02	家具包装通用技术要求	QB/T 4465—2013		推荐性行业标准 QB 轻工	现行	
371	DA-03	定制木质家居包装通用技术要求			推荐性林业行业标准	拟编制	
372	DA-04	定制木质家居立体仓库储存标准			推荐性林业行业标准	拟编制	
DB 运输							
373	DB-01	定制木质家居智能物流配送标准			推荐性林业行业标准	拟编制	

第5章 中国定制木质家居产业标准体系的构建

续表

序号 No.	体系编号 System number	标准名称 Standard title	标准号 Standard code	采标号 Number	标准级别 Standard level	标准状态 Standard state	备注 Remarks
374	DC-01	定制木质家居生产线信息化运输标准			推荐性林业行业标准	拟编制	
		DC 产业链物流					
		EA 整体安装与验收					
375	EA-01	定制家居产品安装服务规范			团体标准（全国工商联家具装饰业商会）	在研	
376	EA-02	家具 安装验收规范	20183166-T-607		推荐性国家标准	在研	
377	EA-03	定制家居产品安装服务标准	T/SBMIA 004—2018		团体标准（上海市建材装饰协会）	现行	
378	EA-04	家居电商送货与安装服务规范	T/CFDCC 0204—2018		团体标准（中华全国工商业联合会家具装饰业商会）	现行	
379	EA-05	定制木质家居安装技术规范			推荐性林业行业标准	拟编制	
380	EA-06	定制木质家居验收规范			推荐性林业行业标准	拟编制	
		EB 单品安装与验收					
381	EB-01	定制家居台面安装标准	T/SBMIA 003—2018		团体标准（上海市建材装饰协会）	现行	
382	EB-02	定制家居产品 人造板定制衣柜	T/GCHA 1.4—2018		团体标准（广东省定制家居协会）	现行	
383	EB-03	家用厨房设备 第4部分：安装验收规范 第4部分：设计与安装	GB/T 18884.4—2015		推荐性国家标准	现行	
384	EB-04	木质地板安装验收规范	DB33/T 394—2009		地方标准-浙江	现行	
385	EB-05	实木地板铺装规范	DB45/T 700—2010		地方标准-广西	现行	
386	EB-06	木质地板铺装、验收和使用规范	GB/T 20238—2018		推荐性国家标准	现行	

续表

序号 No.	体系编号 System number	标准名称 Standard title	标准号 Standard code	采标号 Number	标准级别 Standard level	标准状态 Standard state	备注 Remarks
387	EB-07	木地板铺设面层验收规范	WB/T 1016—2002		推荐性行业标准-WB 物资管理	现行	建议整合 GB/T 20238—2018
388	EB-08	木地板保修期内面层检验规范	WB/T 1017—2006		推荐性行业标准-WB 物资管理	现行	建议整合 GB/T 20238—2019
389	EB-09	木地板铺设技术与质量检测	WB/T 1030—2006		推荐性行业标准-WB 物资管理	现行	建议整合 GB/T 20238—2020
390	EB-10	地面辐射供暖木质地板铺设技术和验收规范	WB/T 1037—2008		推荐性行业标准-WB 物资管理	现行	建议整合 GB/T 20238—2021
391	EB-11	木地板铺设辅料	WB/T 1050—2012		推荐性行业标准-WB 物资管理	现行	建议整合 GB/T 20238—2022
392	EB-12	木地板铺装工技术等级要求	WB/T 1051—2012		推荐性行业标准-WB 物资管理	现行	建议整合 GB/T 20238—2023
393	EB-13	室内木质门安装与验收规范	LY/T 2387—2014		推荐性行业标准-LY 林业	现行	
394	EB-14	木质门安装规范	SB/T 10725—2012		推荐性行业标准-SB 国内贸易	现行	建议整合 WB/T 1047—2012

第5章 中国定制木质家居产业标准体系的构建

续表

序号 No.	体系编号 System number	标准名称 Standard title	标准号 Standard code	采标号 Number	标准级别 Standard level	标准状态 Standard state	备注 Remarks
395	EB-15	木质门修理、更换和退货规范	SB/T 10726—2012		推荐性行业标准 SB 国内贸易	现行	建议整合 WB/T 10 48—2012
396	EB-16	木质门门安装规范	WB/T 1047—2012		推荐性行业标准 WB 物资管理	现行	建议整合 SB/T 10 725—2012
397	EB-17	木质门修理、更换和退货规范	WB/T 1048—2012		推荐性行业标准 WB 物资管理	现行	建议整合 SB/T 10 726—2012
398	EB-18	木塑墙板安装技术规范	DB44/T 1289—2014		地方标准-广东	现行	
399	EB-19	木质楼梯安装、验收和使用规范	GB/T 30356—2013		推荐性国家标准	现行	
400	EB-20	木质墙板安装技术规范			推荐性林业行业标准	拟编制	
		FA 维护保养					
401	FA-01	定制木质家居维护保养规范			推荐性林业行业标准	拟编制	
		FB 售后服务					
402	FB-01	家具售后服务要求	GB/T 37652—2019		推荐性国家标准	现行	
403	FB-02	定制家居产品 人造板定制衣柜 第5部分：客户服务规范	T/GCHA 1.5—2018		团体标准 （广东省定制家居协会）	现行	
404	FB-03	整体橱柜 第2部分：销售服务规范	DB53/T 297.2—2009		地方标准-云南	现行	
405	FB-04	整体橱柜售后服务规范	SB/T 11013—2013		推荐性行业标准-SB 国内贸易	现行	
406	FB-05	板式家具售后安装服务要求	DB44/T 1214—2013		地方标准-广东	现行	

续表

序号 No.	体系编号 System number	标准名称 Standard title	标准号 Standard code	采标号 Number	标准级别 Standard level	标准状态 Standard state	备注 Remarks
407	FB-06	定制家居产品服务规范	T/JJSH 001—2017		团体标准（天津市家居商会）	现行	
408	FB-07	定制家居诚信服务标准	T/SBMIA 005—2018		团体标准（上海市建材装饰协会）	现行	
409	FB-08	集成家装产品售后安装技术规范	SB/T 11165—2016		推荐性行业标准 SB 国内贸易	现行	
410	FB-09	家具经营服务规范	DB31/T 857—2014		地方标准-上海	现行	
411	FB-10	家具售后服务规范	DB33/T 772—2009		地方标准-浙江	现行	建议整合 GB/T 37 652—2019
412	FB-11	家具售后服务规范	DB37/T 1726—2010		地方标准-山东	现行	建议整合 GB/T 37 652—2020
413	FB-12	家具售后服务规范	SB/T 10990—2013		推荐性行业标准 SB 国内贸易	现行	建议整合 GB/T 37 652—2021
414	FB-13	木地板销售铺装及服务规范	DB53/T 235—2007		地方标准-云南	现行	
415	FB-14	定制木质家居售后服务规范			推荐性林业行业标准	拟编制	
416	FC-01	消费品使用说明 第6部分：家具	GB/T 5296.6—2004		推荐性国家标准	现行	
417	FC-02	定制木质家居使用要求			推荐性林业行业标准	拟编制	

FC 使用

环保要求标准共计 41 项，包括在研的国家标准推荐国家标准《基于甲醛释放率的饰面人造板室内承载限量指南》《木家具中高关注度挥发性有机物限量》等，现行的室内装饰装修强制性国家标准 GB 18584—2001《室内装饰装修材料 木家具中有害物质限量》、GB 18582—2008《室内装饰装修材料 内墙涂料中有害物质限量》、GB 18580—2017《室内装饰装修材料 人造板及其制品中甲醛释放限量》、GB 18583—2008《室内装饰装修材料 胶粘剂中有害物质限量》、GB 24410—2009《室内装饰装修材料 水性木器涂料中有害物质限量》，现行的绿色产品评价标准 GB/T 33761—2017《绿色产品评价通则》、GB/T 35601—2017《绿色产品评价 人造板和木质地板》、GB/T 35607—2017《绿色产品评价 家具》等以及拟编制的推荐国家标准《定制木质家居空气质量要求》、《绿色产品评价 木质门》、《定制家居绿色制造通用技术要求》等国家标准或行业标准。

产业链综合标准共计 8 项标准，包括在研的推荐性林业行业标准《木质集成家居安装、验收和使用规范》《木质集成家居部件制造通用技术要求》团体标准《全屋实木定制家居产品标准》《中国家装整装产品标准》，现行的团体标准 T/SHHJ 011—2018《全屋定制木（制）家具》、T/CFDCC 0203—2018《实木定制家居产品》等标准，以及拟编制的《定制木质家居通用技术要求》《建筑环境对定制木质家居整体要求》等国家标准。

5.4.2 测量与设计子体系

测量与设计共计 9 项标准，其中测量标准包括拟编制的推荐性国家标准《定制木质家居通用测量要求》。

设计标准包括在研的推荐性国家标准《定制家具 通用设计规范》、现行的 GB/T 26694—2011《家具绿色设计评价规范》、DB11/T 1197—2015《住宅全装修设计标准》及拟编制的推荐性国家标准《定制木质家居通用设计要求》。

5.4.3 生产制造子体系

生产制造子体系标准共计 202 项，其中原辅材料标准共计 47 项，包括定制木质家居产品原材料：木材、人造板、人造板饰面专用纸、五金件等，以及拟编制的推荐性国家标准《定制木质家居用木材和人造板》《定制木质家居用连接件》。

产品标准共计 83 项，包括柜类标准：定制衣柜、厨柜等 8 项产品标准，各类木地板等 41 项产品标准，木门等 18 项产品标准，木墙板等 5 项产品标准，木楼梯等 4 项产品标准，木吊顶 1 项产品标准，其他相关 6 项产品标准。

生产工艺要求标准共计 4 项，包括现行的推荐性国家标准 GB/T 26912—2011《竹木复合地板生产线验收通则》、GB/T 34721—2017《板式家具板件加工生产线验收通则》，以及拟编制的《定制木质家居生产线验收通则》《定制木质家居生产工艺要求》。

清洁和安全生产标准共计 44 项，包括在研的推荐性国家标准《清洁生产评价指标体系 木家具制造业》，现行的推荐性国家标准 GB/T 29903—2013《人造板工业清洁生产技术要求》、GB/T 29904—2013《人造板工业清洁生产评价指标体系》、各项地方标准的清洁和安全生产标准等，以及拟编制的推荐性林业行业标准《定制木质家居生产污染物排放要求》《定制木质家居 清洁生产标准》《定制木质家居原材料综合利用方法》《定制木质家居生产综合能耗》。

智能制造标准共计 24 项，包括在研的《个性化定制 分类指南》《个性化定制 成熟度模型及评价指标》《智能制造能力等级评价方法》《基于云制造的智能工厂架构要求》《智能制造 系统架构》《智能工厂 安全监测有效性评估方法》《智能工厂建设导则 第 1 部分：物理工厂智能化系统》《智能工厂 工业自动化系统时钟同步、管理与测量通用规范》《智能工厂 安全控制要求》《智能工厂 工业控制异常监测工具技术要求》《智能工厂 过程工业能源管控系统技术要求》《绿色制造 制造企业绿色供应链管理 采购控制》《绿色制造 制造企业绿色供应链管理 评价规范》《云制造服务平台制造资源接入集成规范》等，以及拟编制的推荐性国家标准《定制木质家居标准化生产系统》《定制木质家居自动化加工控制系统》《定制木质家居信息化管理和信息可视化》标准等。

5.4.4　物流运输子体系

物流运输子体系标准共计 6 项。其中包装标准包括：推荐性地方标准《实木地板块包装标志》《家具包装通用技术要求》，以及拟编制的推荐性林业行业标准《定制木质家具包装通用技术要求》《定制木质家居立体仓库储存标准》。

运输标准包括拟编制的推荐性林业行业标准《定制木质家居智能物流配送标准》。

产业链物流标准拟编制的推荐性林业行业标准《定制木质家居生产线信息化运输标准》。

5.4.5　安装与验收子体系

安装与验收子体系标准共计 26 项。其中整体安装与验收标准共计 6 项，包括在研的团体标准《定制家居产品安装服务规范》，现行的 T/CFDCC 0204—2018《家居电商送货与安装服务规范》等标准，以及拟编制的推荐性林业行业标准《定制木质家居安装技术规范》《定制木质家居验收规范》等。

单品安装与验收标准共计 20 项，现行的推荐性国家标准 GB/T 20238—2018《木质地板铺装、验收和使用规范》、GB/T 30356—2013《木质楼梯安装、验收和使用规范》、推荐性林业行业标准 LY/T 2387—2014《室内木质门安装与验收规范》等，以及拟编制的推荐性林业行业标准《木质墙板安装技术规范》。

5.4.6　维护保养子体系

维护保养子体系标准共计 17 项标准。其中维护保养标准包括拟编制的推荐性林业行业标准《定制木质家居产品维护保养规范》等。售后服务标准共计 14 项，包括现行的国家标准 GB/T 37652—2019《家具售后服务要求》，推荐性国内贸易行业标准 SB/T 10990—2013《家具售后服务规范》、SB/T 11013—2013《整体橱柜售后服务规范》、SB/T 11165—2016《集成家装产品售后安装技术规范》及相关地方标准，拟编制的推荐性林业行业标准《定制木质家居售后服务规范》。

使用标准共计 2 项，包括 GB/T 5296.6—2004《消费品使用说明 第 6 部分：家具》以及拟编制的推荐性林业行业标准《定制木质家居使用要求》。

5.5 中国定制木质家居产业标准体系表统计

笔者将中国定制木质家居产业标准体系明细表进行统计,定制木质家居产业标准共计 417 项,如表 5-2 所示。

按照定制木质家居产业标准体系框架分类,其中基础与综合标准 157 项,包括术语标准 15 项,试验方法标准 76 项,管理标准 12 项,标志标识标准 5 项,环保标准 41 项,产业链综合标准 8 项;测量与设计标准 9 项,包括测量标准 1 项,设计标准 8 项;生产制造标准 202 项,包括原材料标准 47 项,产品质量要求标准 83 项,生产工艺标准 4 项,清洁和安全生产标准 44 项,智能制造标准 24 项;物流运输标准 6 项,包括包装标准 4 项,运输标准 1 项,产业链物流标准 1 项;安装与验收标准 26 项,包括整体安装与验收标准 6 项,单品安装与验收标准 20 项;维护保养标准 17 项,包括家居维护保养标准 1 项,售后服务规范标准 14 项,使用标准 2 项。

按照标准状态分类,其中中国定制木质家居产业的现行标准 301 项,在研标准 70 项,拟编制标准 46 项,如表 5-3 所示。现行标准中国家标准 112 项,其中强制性国家标准 9 项,推荐性国家标准 103 项。现行标准中行业标准 106 项,涉及林业、安全、环保、化工、建材、建筑工程、轻工、国内贸易和商品检验 10 个行业。现行地方标准 53 项,现行团体标准 30 项。在研标准中定制木质家居产业国家标准 54 项,推荐性林业行业标准 12 项,团体标准 4 项。拟编制定制木质家居产业国家标准 21 项,推荐性林业行业标准 25 项。

表 5-2 中国定制木质家居产业标准体系统计表

Tab. 5-2 Statistics table of customized wooden household standard system in China

体系分类及代码 System classification and code		国家标准 GB	安全行业标准 AQ	环保行业标准 HJ	化工行业 HG	建材行业 JC	建筑工程 JG	林业行业标准 LY	轻工行业标准 QB	国内贸易行业标准 SB	商品检验行业标准 SN	物资管理 WB	地方标准 DB	团体标准 T	合计 Total
基础与综合 A	术语 AA	9	—	—	—	1	—	2	2	—	—	—	—	1	15
	试验方法 AB	51	—	—	—	—	—	2	10	1	9	—	3	—	76
	管理 AC	2	—	—	—	—	—	10	—	—	—	—	—	—	12
	标志标识 AD	1	—	1	—	—	—	1	—	—	—	—	3	—	5
	环保 AE	29	—	—	—	—	—	6	—	—	—	—	1	4	41
	产业链综合 AF	2	—	—	—	—	—	2	2	—	—	—	—	4	8
测量与设计 B	测量 BA	1	—	—	—	—	—	—	—	—	—	—	—	—	1
	设计 BB	7	—	—	—	—	—	—	—	—	—	—	1	—	8
生产与制造 C	原辅材料要求 CA	18	—	—	1	1	1	11	7	1	—	—	4	4	47
	产品标准 CB	24	—	—	—	3	6	23	3	—	1	2	7	13	83
	生产工艺要求 CC	4	—	—	—	—	—	—	—	—	—	—	—	—	4
	清洁和安全生产 CD	9	2	—	—	—	—	9	—	—	—	—	—	—	44
	智能制造 CE	24	—	—	—	—	—	—	—	—	—	8	24	—	24
物流运输 D	包装 DA	—	—	—	—	—	—	2	—	—	—	—	1	—	4
	运输 DB	—	—	—	—	—	—	1	—	—	—	—	—	—	1
	产业链物流 DC	—	—	—	—	—	—	1	—	—	—	—	—	—	6
安装与验收 E	整体安装与验收 EA	1	—	—	—	—	—	2	—	—	—	—	—	3	20
	单品安装与验收 EB	3	—	—	—	—	—	2	—	2	—	—	3	2	1
维护保养 F	家居维护保养 FA	—	—	—	—	—	—	1	—	—	—	—	—	—	14
	售后服务规范 FB	1	—	—	—	—	—	1	—	3	—	—	6	3	2
	使用 FC	1	—	—	—	—	—	1	—	—	—	—	—	—	
合计		187	2	1	1	5	7	77	23	7	10	10	53	34	417

第 5 章 中国定制木质家居产业标准体系的构建

表 5-3 中国定制木质家居产业在研和拟编制标准统计
Tab. 5-3 Statistics of researching and preparing standards of customized wooden household standard system in China

体系分类及代码 System classification and code		在研标准 Ongoing			拟编制标准 Proposed		合计 Total
		国家标准 National standard	林业行业标准 Forestry industry standard	团体标准 Group standard	国家标准 National standard	林业行业标准 Forestry industry standard	
基础与综合 A	术语 AA	1	—	—	1	—	2
	试验方法 AB	18	—	—	—	—	18
	管理 AC	2	—	—	—	10	12
	标志标识 AD	1	—	—	—	1	2
	环保 AE	6	5	—	9	—	20
	产业链综合 AF	—	2	2	2	—	6
测量与设计 B	测量 BA	—	—	—	1	—	1
	设计 BB	2	—	—	1	—	3
生产制造 C	原辅材料要求 CA	—	—	—	2	—	2
	产品标准 CB	4	3	1	—	—	8
	生产工艺要求 CC	—	—	—	2	—	2
	清洁和安全生产 CD	2	2	—	—	4	8
	智能制造 CE	17	—	—	3	—	20
物流运输 D	包装 DA	—	—	—	—	2	2
	运输 DB	—	—	—	—	1	1
	产业链物流 DC	—	—	—	—	1	1
安装与验收 E	整体安装与验收 EA	1	—	1	2	—	4
	单品安装与验收 EB	—	—	—	—	1	1
维护保养 F	家居维护保养 FA	—	—	—	—	1	1
	售后服务规范 FB	—	—	—	—	1	1
	使用 FC	—	—	—	—	1	1
合计 Total		54	12	4	21	25	116

5.6 中国定制木质家居产业急需的共性和关键技术标准名录

基于重点推动定制木质家居产业标准化工作需要，提出定制木质家居产业急需的共性和关键技术标准。除加强定制木质家居产业绿色发展、产业服务、智能制造等标准制修订外，在基础与综合等重要标准缺失的领域也应加强标准规范。发展定制木质家居产业急需的共性和关键技术标准名录如表 5-4 所示，涉及术语、管理、标志标识、环保要求、产业链综合、测量、设计、原辅材料要求、生产工艺要求、清洁和安全生产、智能制造、包装、运输、产业链物流、整体安装与验收、单品安装与验收、家居维护保养、售后服务规范、使用等领域，共计 46 项。

表 5-4 中国定制木质家居产业急需的共性和关键技术标准名录

Tab. 5-4 Directory about urgent need of customized wooden household standard system in China

标准类别 Standard classification		标准名称 Standard title	标准级别 Standard level
基础与综合	术语	定制木质家居产业术语	推荐性国家标准
	管理	定制木质家居产业链管理要求	推荐性林业行业标准
		定制木质家居企业经营管理标准	推荐性林业行业标准
		定制木质家居产业生产管理规范	推荐性林业行业标准
		定制木质家居企业计划管理	推荐性林业行业标准
		定制木质家居企业技术管理	推荐性林业行业标准
		定制木质家居企业质量管理	推荐性林业行业标准
		定制木质家居企业人事管理	推荐性林业行业标准
		定制木质家居企业财务管理	推荐性林业行业标准
		定制木质家居企业设备管理	推荐性林业行业标准
		定制木质家居企业物流管理	推荐性林业行业标准
	标志标识	定制木质家居产品标志标识	推荐性林业行业标准
	环保	定制木质家居空气质量要求	推荐性国家标准
		绿色工厂要求 定制衣柜	推荐性国家标准
		绿色工厂要求 木地板	推荐性国家标准
		绿色工厂要求 定制厨柜	推荐性国家标准
		绿色工厂要求 木质门	推荐性国家标准
		绿色产品评价 木质门	推荐性国家标准
		绿色产品评价 定制衣柜	推荐性国家标准
		绿色产品评价 定制厨柜	推荐性国家标准
		定制家居绿色制造通用技术要求	推荐性国家标准
	产业链综合	定制木质家居通用技术要求	推荐性国家标准
		建筑环境对定制木质家居整体要求	推荐性国家标准
测量与设计	测量	定制木质家居通用测量要求	推荐性国家标准
	设计	定制木质家居通用设计要求	推荐性国家标准

续表

标准类别 Standard classification		标准名称 standard title	标准级别 standard level
生产制造	原辅材料要求	定制木质家居用木材和人造板	推荐性国家标准
		定制木质家居用连接件	推荐性国家标准
	生产工艺要求	定制木质家居生产线验收通则	推荐性国家标准
		定制木质家居生产工艺要求	推荐性国家标准
	清洁和安全生产	定制木质家居生产污染物排放要求	推荐性行业标准
		定制木质家居 清洁生产标准	推荐性行业标准
		定制木质家居原材料综合利用方法	推荐性林业行业标准
		定制木质家居生产综合能耗	推荐性林业行业标准
	智能制造	定制木质家居标准化生产系统	推荐性国家标准
		定制木质家居自动化加工控制系统	推荐性国家标准
		定制木质家居信息化管理和信息可视化	推荐性国家标准
物流运输	包装	定制木质家居包装通用技术要求	推荐性林业行业标准
		定制木质家居立体仓库储存标准	推荐性林业行业标准
	运输	定制木质家居智能物流配送标准	推荐性林业行业标准
	产业链物流	定制木质家居生产线信息化运输标准	推荐性林业行业标准
安装与验收	家居整体安装与验收	定制木质家居安装技术规范	推荐性林业行业标准
		定制木质家居验收规范	推荐性林业行业标准
	单品安装与验收	木质墙板安装技术规范	推荐性林业行业标准
维护保养	家居维护保养	定制木质家居维护保养规范	推荐性林业行业标准
	售后服务规范	定制木质家居售后服务规范	推荐性林业行业标准
	使用	定制木质家居使用要求	推荐性林业行业标准

其中，在基础与综合子体系中，缺少定制木质家居产业基础术语标准，管理方面标准严重不足，环保标准和产业链综合方面标准需要进一步加强。因此提出急需标准有：《定制木质家居产业术语》《定制木质家居产业链管理要求》《定制木质家居企业经营管理标准》《定制木质家居产业生产管理规范》《定制木质家居企业计划管理》《定制木质家居企业技术管理》《定制木质家居企业质量管理》《定制木质家居企业人事管理》《定制木质家居企业财务管理》《定制木质家居企业设备管理》《定制木质家居企业物流管理》《定制木质家居产品标志标识》《定制木质家居空气质量要求》《绿色工厂要求 定制衣柜》《绿色工厂要求 木地板》《绿色工厂要求 整体橱柜》《绿色工厂要求 木质门》《绿色产品评价 木质门》《绿色产品评价 定制衣柜》《绿色产品评价 定制厨柜》《定制家居绿色制造通用技术要求》《定制木质家居通用技术要求》《建筑环境对定制木质家居整体要求》23 项标准。

在测量与设计子体系中，关于定制木质家居整体与设计标准缺失，因此提出急需标准有：《定制木质家居通用测量要求》《定制木质家居通用设计要求》等2项标准。

在生产制造子体系中，清洁生产和安全生产以及智能制造是需要规划标准的重点领域，同时原辅材料要求和生产工艺要求方面标准不足，因此提出急需标准主要有：《定制木质家居用木材和人造板》《定制木质家居用连接件》《定制木质家居生产线验收通则》《定制木质家居生产工艺要求》《定制木质家居生产污染物排放要求》《定制木质家居 清洁生产标准》《定制木质家居原材料综合利用方法》《定制木质家居生产综合能耗》《定制木质家居标准化生产系统》《定制木质家居自动化加工控制系统》《定制木质家居信息化管理和信息可视化》11项标准。

在物流运输子体系中，缺少定制木质家居专用包装、仓储、物流等标准，因此提出急需标准主要有：《定制木质家居包装通用技术要求》《定制木质家居立体仓库储存标准》《定制木质家居智能物流配送标准》《定制木质家居生产线信息化运输标准》4项标准。

在安装与验收子体系中，缺少定制木质家居专用安装及验收标准，且木墙板缺少专用安装方面标准，因此提出急需标准主要有：《定制木质家居安装技术规范》《定制木质家居验收规范》《木质墙板安装技术规范》3项标准。

在维护保养子体系，缺少定制木质家居专用的维护保养、售后服务、使用等标准，因此提出急需标准主要有：《定制木质家居维护保养规范》《定制木质家居售后服务规范》《定制木质家居使用要求》3项标准。

5.7 小　　结

以标准化系统工程理论为指导，根据标准体系理论及其构建方法，构建定制木质家居标准体系框架，编制产业标准体系表，提出定制木质家居产业急需制定的共性和关键技术标准，得到以下结论。

(1) 根据标准体系理论及其构建方法结合定制木质家居产业发展对标准的需求，提出了构建中国定制木质家居产业标准体系的依据、原则，构建了定制木质家居标准体系框架，包括"基础与综合、测量与设计、生产制造、物流运输、安装与验收、维护保养"共6个子体系。

(2) 根据定制木质家居产业标准体系框架分类，编制了标准体系明细表，该标准体系表包含417项定制木质家居产业标准组成，其中基础与综合157项、测量与设计9项、生产制造202项、物流运输6项、安装与验收26项、维护保养17项。

(3) 提出了定制木质家居产业急需制定的共性和关键技术标准46项，主要有术语、管理、标志标识、环保、节能减排、产业链综合、测量、设计、原材料要求、生产工艺要求、清洁和安全生产、智能制造、包装、运输、产业链物流、整体安装与验收、单品安装与验收、家居维护保养、售后服务规范、使用等标准。

第6章 中国定制木质家居产业标准化发展的对策与建议

定制家居产业标准化是制修订定制家居产业标准、监督和实施标准以及进行反馈实施标准效果与问题的活动。为落实国家《消费品标准和质量提升规划（2016—2020年）》等政策文件要求，为提升定制木质家居标准水平，为推进定制家居产业高质量发展，本章基于中国定制木质家居产业标准化重点领域、第4章"4.2.4 中国定制木质家居产业标准体系存在的问题"分析结果，提出了推动中国定制木质家居产业标准化发展的对策建议。

6.1 中国定制木质家居产业标准化的重点领域

根据产业发展趋势和产业标准化现状，定制木质家居产业应加强开展全屋定制总体要求、绿色发展、智能制造、产业服务等重点领域标准化工作，这些领域的标准应列入产业急需的共性和关键技术标准。以下将讨论中国定制木质家居产业标准化的重点领域。

6.1.1 加强全屋定制总体要求标准化工作

全屋定制、大家居已经成为定制家居产业发展的趋势，定制家居产品从单品定制逐步拓展至书房、儿童房、客厅、餐厅等全屋领域。全屋定制要根据客户房屋户型或卧室、餐厅、浴室等房屋特定区域的要求，进行整体设计和生产定制产品，为消费者提供整体家居解决方案。该方案的提出，需要对全屋定制、大家居的总体要求，如定制家居产品和房屋整体空间颜色的统一和协调要求进行规范，需要加强全屋定制总体要求国家标准和行业标准的制修订工作。

6.1.2 加强绿色发展领域的标准化工作

为打好蓝天保卫战和污染攻坚战，绿色环保是中国定制木质家居产业发展的重要方向，保护环境、建立绿色工厂、生产绿色产品成为定制木质家居产业发展的主题。国家日趋严格的环保要求对定制木质家居企业提出更高的要求，环境污染治理、环境保护以及绿色产品生产、绿色工厂建设、产品环保要求，清洁生产要求等都需要严格的标准进行规范和引领，需要加强定制木质家居产业绿色发展领域的标准制修订工作。

6.1.3 加强智能制造领域的标准化工作

智能化和智能制造是中国定制木质家居产业升级的主要方向，且对标准化需求旺盛。企业智能制造水平在一定程度上影响了企业经营管理水平，从而影响到产业竞争力的提升。当前定制木质家居产业装备智能化水平参差不齐,个别定制衣柜与定制厨柜知名企业的智能化水平相对较高,建设了多个定制木质家居智能工厂等,而部分木地板、木质门、木墙板、木吊顶等企业仍在开展装备智能化升级改造工作。

工业和信息化部和国家标准化管理委员会发布的《国家智能制造标准体系建设指南》(2018版)关键技术标准体系(B)中的智能服务(BC)体系中明确包含"大规模个性化定制标准"子体系等内容,这部分的标准将是定制家居产业智能制造的基础标准。此外,国家智能制造标准体系中行业应用标准(C)是各行业标准体系中涉及的互联互通等智能制造标准(工业和信息化部,国家标准化管理委员会,2018)。行业应用标准需要发挥各行业特点,制定行业亟需的智能制造相关标准,这也是定制家居产业和智能制造产业跨界联合研发智能制造标准的重要领域。因此,加大对定制木质家居产业智能制造标准的制修订工作,也是落实《国家智能制造标准体系建设指南》的要求,对不断发展的定制木质家居产业发展意义重大。

6.1.4 加强产业服务领域的标准化工作

定制木质家居企业营销模式从提供产品向提供"产品+服务+体验"转变,且设计、安装、验收等服务质量也在一定程度上影响了企业的经营管理能力,从而影响产业竞争力的提升。加强对产业服务类标准的制修订,有利于解决当前定制木质家居产业面临的服务周期长、退换困难等难题。当前定制木质家居现行测量、设计、安装、验收、售后等标准数量相对偏少,无法起到规范服务水平、提升服务效率的作用,需要加强对产业服务领域标准化工作。

6.2 推进中国定制木质家居产业标准化发展的对策与建议

基于产业标准化存在的尚未形成科学完整的标准体系、标准结构不合理,存在交叉重复问题、产业基础共性、关键技术标准缺乏、部分标准标龄过长,标准质量低下,以及标准宣贯不足,标准化人才不足,科研成果标准化转化率不高等问题,提出定制木质家居产业标准化发展对策建议。

6.2.1 构建政府主导和市场自主相结合的产业标准体系

建议适应新时代标准化管理体制要求,倡导政府主导与市场自主制定标准相结合,构建定制木质家居标准体系,实现不同标准主体的定制家居标准衔接配套、协同发展。根据国务院印发的《深化标准化工作改革方案》(国发〔2015〕13号)和2017年新修订颁布的《中华人民共和国标准化法》要求,我国现行标准主要有政府主导的国家标准、行业标准、地方标准,以及市场主导的团体标准和企业标准。团体标准和企业标准贴近产业实践,具备"短、平、快"的特征,可以快速满足市场对新产品和新服务的标准需求。定制木质家居产业发展较快,技术创新活跃,新产品和新服务需求多,当前的标准体系并不能满足产业发展需要。因此,①应积极制定产业急需的共性和关键的国家标准、行业标准或地方标准,满足规范和推动产业发展需求;②鼓励相关定制木质家居产业协会、学会、商会或联盟,根据产业发展实际需要,尽快制定定制木质家居产业发展急需的团体标准,解决因国家或行业标准周期相对较长导致的标准缺失或不足问题;③鼓励定制木质家居企业制定高于国家标准、行业标准和地方标准的企业标准,重点制定涉及定制木质家居服务和生产工艺流程标准,包括测量设计、物流运输、安装与验收、维护保养以及生产工艺流程的企业标准等;④定制家居产业和企业应积极参与国际标准化工作,提高标准的国际化水平。

6.2.2 加强产业基础共性、关键技术标准制修订

6.2.2.1 加强定制木质家居产业基础共性标准的制修订

①尽快完成已经立项的林业行业标准《木质集成家居安装、验收和使用规范》、林业行业标准《木质集成家居部件制造通用技术要求》等产业链综合涉及的整体家居和全屋定制家居要求标准,从国家层面加大对定制家居产业的规范;②应尽快立项制定《定制木质家居产业术语》《定制木质家居产业链管理要求》《定制木质家居企业经营管理标准》《定制木质家居产业生产管理规范》《定制木质家居企业计划管理》《定制木质家居企业技术管理》《定制木质家居企业质量管理》《定制木质家居企业人事管理》《定制木质家居企业财务管理》《定制木质家居企业设备管理》等基础共性标准,通过标准引领和规范加速产业高质量发展。

6.2.2.2 加强绿色、环保、节能减排等标准的制订与修订

定制木质家居产业发展应遵循原料绿色化、生产过程清洁化、产品性能环保化的原则,加强绿色、环保、节能减排标准化工作。①加强定制家居产业生产过程废水、废气和固体废物污染物排放限量、绿色工厂以及节能减排标准的制修订工作,为打好蓝天保卫战、打好污染攻坚战做贡献,如尽快申报立项《定制木质家居空气质量要求》《定制木质家居生产污染物排放要求》《绿色工厂要求 定制衣柜》《绿色工厂要求 木地板》《绿色工厂要求 定制厨柜》《绿色工厂要求 木门》《定制木质家居 清洁生产标准》《定制木质家居原材料综合利用方法》《定制木质家居生产综合能耗》等标准制定工作;②加快产品性能环保化的标准化工作,提升原材料、定制家居产品的环保要求。加紧推进已经立项的国家标准《人造板及其制品甲醛释放量分级》《基于甲醛释放率的饰面人造板室内承载限量指南》以及林业行业标准《地采暖用木质地板甲醛释放承载量指南》《人造板及其制品 VOCs 室内装载量指南》《人造板及其制品 VOCs 释放值》《人造板及其制品气味评价方法》等标准制定工作;③加快《绿色产品评价 木质门》《绿色产品评价 定制衣柜》《绿色产品评价 定制厨柜》等绿色产品标准研制工作,推动产品升级。

6.2.2.3 加强智能制造标准制修订

应加快制修订智能生产标准,涉及生产过程控制系统诊断、维护类标准和生产过程系统先进控制与优化类标准。其中,生产过程控制系统诊断、维护类标准,包括智能生产系统诊断、能力评估和维护的通用要求;生产过程系统先进控制与优化类标准,包括生产制造系统控制与优化软件功能集成架构、功能模块、信息交互方式等标准。①应加快已经立项的《智能制造能力等级评价方法》《基于云制造的智能工厂架构要求》《智能制造 系统架构》《智能工厂 安全监测有效性评估方法》《智能工厂建设导则 第1部分:物理工厂智能化系统》《智能工厂 工业自动化系统时钟同步、管理与测量通用规范》

《智能工厂 安全控制要求》《智能工厂 工业控制异常监测工具技术要求》《智能工厂 过程工业能源管控系统技术要求》等国家标准或行业标准制定工作,并尽早颁布实施;②加快推进智能管理、智能物流等标准立项和制定工作,推动《定制木质家居标准化生产系统》《定制木质家居生产过程控制系统维护》《定制木质家居智能制造信息可视化》等智能管理标准立项和制定工作;③加快制定智能物流标准,如制定识别原材料、零部件、装备和产品信息的条码、电子标签等相关标准;④加快制定用于工厂内部的自动引导车等设备标准、用于工厂内部及工厂间的立体仓库等智能物流装备相关标准。

6.2.2.4　加强测量、设计、物流等标准的制定与修订

定制木质家居企业为消费者提供的服务包括测量与设计、物物流运输等,定制木质家居的服务质量直接影响到消费体验,是影响定制木质家居产业竞争力的重要因素。建议加大对服务类标准制修订和推广实施,例如《定制木质家居通用测量要求》《定制木质家居通用设计要求》《定制木质家具包装通用技术要求》《定制木质家居立体仓库储存标准》《定制木质家居智能物流配送标准》等,提升定制木质家居产业的服务水平。

6.2.3　建立高效的产业标准化协调机制

定制木质家居产业链较长,所涉及的产品品类较多,相关的标准归口单位较多,现有定制木质家居行业标准涉及林业、建筑工程、建材工业、轻工、国内贸易、商检行业、安全、环保、化工等多个部委。不同行业或部门的有些行业标准存在一定的重复甚至冲突,有些标准质量低下。因此,建议建立权威、高效的标准化协调推进机制,统筹规范定制木质家居标准化工作,集中资源尽快推进关键、急需标准的制修订工作,提高标准化管理效率,对内容重复的标准不予立项,清理不符合产业发展需要的标准,整理交叉重复的标准。

6.2.4　加大产业科技成果向标准转化

科技创新与标准是相辅相成、互为支撑的,先进的标准实施有利于科技成果的转化应用,而先进的科技水平也引领标准水平的提升。2017年科技部、质检总局、国家标准委关于《"十三五"技术标准科技创新规划》提出"全面实施技术标准战略,健全科技与标准化互动支撑机制,引导科技、产业等各类资源积极参与技术标准研制与应用,加速科技成果转化应用,建立健全新型技术标准体系,促进发展动力转换,提升发展的质量和效益"。我国定制木质家居产业非常重视科技创新,近年来产业相关领域的发明专利、实用新型专利数量持续上升,定制衣柜、定制厨柜等产品在新型原辅材料开发、产品环保性能升级、产品智能化应用等方面取得了很多创新成果,但在专利成果的转化仍需加强,建议遵循"技术专利化、专利标准化"的产业链创新规律,对定制家居产业涌现的新型原辅材料开发、产品环保性能升级、产品智能化等新产品、新的试验方法、检验方法,及时转化为标准,对定制木质家居市场进行规范,引领产业创新发展。

6.2.5　加强产业标准化宣传培训和标准化人才队伍建设

质量强国,标准先行;标准实施,培训先行。开展标准宣贯培训是一项重要的标准化工作,有助于企业和质检机构等了解标准、熟悉标准、掌握标准和执行标准,有助于

企业组织生产，有助于市场监管，有助于培养标准化人才。标准化人才的培育是定制木质家居标准化发展的基础。定制木质家居产业标准化人才主要有标准化专业人员、管理人员、企业标准化人员等。建议加强标准化宣传培训，加大对标准化人才的培育。鼓励企业管理人员、标准化技术人员学习标准，积极参加标准化培训工作；建议标准化领域高校、科研院所加大对标准化专业人才的培育，尤其是对国际标准化高端人才的培育。

6.3 小　　结

笔者针对中国定制木质家居产业标准化重点工作领域及其标准化工作面临的主要问题，提出了定制家居产业标准化工作对策建议，具体包括：构建政府主导和市场自主相结合的产业标准体系；加强产业基础共性、关键技术标准制修订；建立产业高效的标准化协调机制；加强产业科技成果向标准转化；加强产业标准宣传培训和标准化人才队伍建设。

附 录

附录一 中国定制木质家居产业相关政策文件

国务院办公厅关于印发消费品标准和质量提升规划（2016—2020年）的通知

国办发〔2016〕68号

当前，我国已成为全球消费品生产、消费和贸易大国，消费对经济增长的基础作用明显增强。但是，消费品标准和质量还难以满足人民群众日益增长的消费需求，呈现较为明显的供需错配，消费品供给结构不合理，品牌竞争力不强，消费环境有待改善，国内消费信心不足，制约国内消费增长，甚至造成消费外流。为深化消费品供给侧结构性改革，提升消费品标准和质量水平，确保消费品质量安全，扩大有效需求，提高人民生活品质，夯实消费品工业发展根基，推动"中国制造"迈向中高端，有力推动"中国制造2025"顺利实施，为经济社会发展增添新动力，制定本规划。

一、总体要求

（一）指导思想。

以党的十八大和十八届三中、四中、五中全会精神为指导，按照"四个全面"战略布局和党中央、国务院决策部署，牢固树立创新、协调、绿色、开放、共享的发展理念，紧紧围绕推进供给侧结构性改革，以先进标准引领消费品质量提升，倒逼装备制造业转型升级，扩大有效供给满足新需求，改善消费环境释放新动能，创新体制机制激发新活力，以科技创新支撑标准化和质量提升，突出标准引领，创新质量供给，着力增品种、提品质、创品牌，不断满足人民群众日益增长的消费需求。

（二）基本原则。

坚持市场导向。发挥市场机制作用，强化企业市场主体地位，激发企业标准和质量提升内生动力，瞄准当前消费品市场的薄弱环节，以质量提升满足传统消费升级需求，以技术、产品、产业模式创新满足并创造消费新需求，保障基本消费、增加优质消费、抓住高端消费，以消费升级引领产业升级。

坚持改革创新。加大推进简政放权、放管结合、优化服务改革力度，加快标准化和质量提升的科技创新、制度创新和机制创新，破除制度性障碍，最大限度取消市场准入限制，净化消费市场环境，发挥创新对标准化和质量提升的倍增效应。

坚持标准引领。提高标准供给能力和水平，推动主要消费品标准由跟随者向创新者、领跑者转变。保障质量安全，推动质量提升，带动产业转型升级。

坚持质量为本。深化质量为本理念，引导企业增强质量、品牌和营销意识，弘扬企业家精神和工匠精神，实施精细化质量管理，树立追求卓越的质量文化，推广先进标准应用体系和先进质量管理模式，打造中国优质品牌，推动消费品工业走以质取胜的发展道路。

坚持开放融合。鼓励行业协会、社会组织和消费者更好地参与标准化和质量工作。加强国际交流与合作，积极参与国际标准化和质量管理工作，加快消费品质量安全标准与国际标准接轨。

（三）总体目标。

——消费品标准体系基本完善，政府主导与市场自主制定的标准协调配套，标准供给基本满足日益增长的消费需求，标准制定和实施的整体水平显著提升，重点领域的主要消费品与国际标准一致性程度达到95%以上。

——消费品整体质量明显提升，质量安全突出问题得到有效治理，重点领域消费品质量达到或接近国际先进水平，出口产品质量溢价水平明显提升，消费品质量国家监督抽查合格率稳定在90%以上。

——企业质量发展内生动力持续增强，企业质量主体意识显著提高，质量管理体系不断完善，企业员工职业素质、技术装备水平大幅提升，品牌文化附加值、市场营销能力不断增强，消费品质量竞争力指数稳定在84以上。

——知名品牌培育成效明显，具有较强品牌培育能力的消费品生产企业大量涌现，具有国际影响力的消费品品牌数量明显增多，质量竞争型消费品出口占比居全球前列，知名消费品品牌价值大幅提升。

二、主要任务

（一）改革标准供给体系。加快建立政府主导制定标准与市场自主制定标准协同发展、协调配套的新型消费品标准体系，健全统一协调、运行高效的消费品标准化运行机制。

夯实消费品质量安全标准基础。紧扣消费品质量安全要素，加快制定一批强制性国家标准，整合精简现行强制性国家标准、行业标准和地方标准，消除跨行业、跨地区的技术差异，建立广覆盖、保安全的消费品安全强制性国家标准体系。完善与强制性国家标准协调配套的推荐性标准体系，推动消费品标准由生产型向消费型、服务型转变。强化政府政策措施与标准的有效衔接，形成协同推动标准实施的工作合力。

提高消费品标准市场供给能力。支持社会团体和企业快速响应创新和市场需求，大力发展高于国家标准和行业标准的团体标准和企业标准，增加标准有效供给。重点扶持一批具有行业影响力、运行规范、消费者认可的社会团体制定团体标准，推动技术水平高的团体标准转化为国家标准、国际标准。

加快国内外标准接轨。建立消费品标准比对与报告制度，加强对主要贸易国家和"一带一路"沿线重点国家标准分析研究，充分利用技术性贸易措施，促进我国标准水平持续提升，提高消费品国内国际标准一致性程度，推动实现内外销产品"同线同标同质"。加快中国标准"走出去"，积极主导和参与国际标准制修订，推动我国优势产业技术标准成为国际标准。

> **专栏 1　消费品国内外标准接轨工程**
>
> 　　针对重点消费类产品和大宗进出口产品,组织开展消费品质量标准与国际标准和出口标准的比对工作,开展国内外标准关键技术指标和试验方法比对验证,加快消费品国内外标准比对数据资源建设。加快转化重要国际标准,积极引进国际标准和国外先进标准,全面推进与主要贸易国家的标准互认工作,发布外文版的中国消费品标准。在重点领域建设一批消费品标准化示范区,推动我国消费品标准达到国际先进水平。
> 　　到2020年,完成1000项以上重点消费品标准比对工作,建立消费品标准比对数据共享系统,重点领域消费品与国际标准一致性程度达到95%以上。

推动标准与科技协同。加强消费品领域科技、专利、标准一体化研究,鼓励将拥有自主知识产权的关键技术纳入标准,推动技术创新、标准研制和产业化协调发展。开展科技成果转化技术标准试点,加大新技术、新工艺、新材料、新产品等创新成果的标准转化力度,加强新型消费品制造装备研发和标准制定,以科技创新促进标准升级。选择重要消费品领域,加强技术标准创新基地和标准试验验证实验室建设。

（二）优化标准供给结构。增加高水平、高质量、有特色的标准供给,服务消费新热点、新模式发展,满足消费结构升级的需求。

发展个性定制标准。紧盯消费品市场细分的发展趋势,从提高产品功效、性能、适用性、可靠性和外观设计水平入手,结合消费品生产、制造的模块化与集成化特征,开展个性定制消费品标准体系建设,制定引领个性设计、规模定制、组合组装等消费品发展的通用标准,满足多样化、多层次、个性化消费需求。

制定绿色产品标准。建立绿色产品标准、认证、标识等体系,制定绿色产品评价通则,各有关行业主管部门共同参与、共同推动消费品领域开展绿色消费品认证、标识工作。建立绿色产品标准、标识与认证信息平台,公开发布相关政策法规、标准、规则程序、认证结果及采信信息。在重点行业制定碳排放管理等标准,引导绿色低碳消费。

健全智能消费品标准。开展智能家电、智能照明电器等标准体系建设,加快智能终端产品的安全性、可靠性、功能性等标准研制。开展家具、服装等传统消费品智能化升级的综合标准化工作。在可穿戴产品、智能家居、数字家庭等新兴消费品领域,引领标准制定。

完善售后服务标准。研制消费品安装调试、维修检测、二手交易、回收再利用等服务标准。加强检验检测、售后服务等标准化公共服务,探索消费品远程跟踪、即时技术支持服务,推进消费品售后服务标准化、专业化,向价值链高端延伸,扩大优质服务供给。

优化物流标准体系。完善消费品仓储配送、供应链管理、线上线下协同服务等标准体系,促进消费品流通模式创新。加大面向农村地区的消费品流通基础设施标准化改造力度,推动物流配送标准实施推广,大力支持快递物流发展。

（三）发挥企业质量主体作用。强化企业质量意识,严格落实企业质量主体责任,引导和鼓励企业把握市场需求,健全质量管理体系,加强全员、全过程、全方位的质量管理,提高质量创新能力,有效激发质量提升内生动力,推动消费品标准和质量提升。

倡导工匠精神。建立和完善技能人才荣誉制度,树立"大国工匠"标杆,营造尊重技术、推崇质量的良好社会氛围。引导企业把工匠精神和企业家精神纳入质量文化建设,使工匠精神成为企业决策者、经营者和全体员工共同的价值取向和行为准则。加强质量标准化职业素质教育,多方培养职业技术工人。广泛开展职业技能竞赛、岗位练兵和质量标兵等活动,鼓励企业员工学习新知识、钻研新技术、使用新方法,加快培育紧缺型、创新型的高素质质量人才队伍。

推广精益制造。鼓励和引导企业实施精细化质量管理,建立低碳、高效的消费品生产经营模式。积极推广和运用精益制造、全面质量管理、卓越绩效等先进质量管理技术和方法,广泛开展质量比对、质量攻关、质量改进等活动。支持企业提高质量在线监测、在线控制和产品全生命周期质量追溯能力。以消费市场向中高端发展引导带动装备制造业主动提高设备产品的性能、功能和工艺水平,促进"中国制造"全产业链升级。

推动企业标准自我声明。放开搞活企业标准,取消企业标准备案制度,引导企业自我声明公开执行的标准,公开产品质量承诺,提高消费品标准信息的透明度。鼓励第三方机构评估公开标准的水平,发布企业标准排行榜。建立企业标准领跑者制度,引导消费者更多选择标准领跑者产品,满足市场对高品质产品和高质量服务的消费需求。开展以随机检查、比对评估为主的企业标准公开事中事后监管,将标准实施情况纳入质量信用记录,促进企业主动实施高标准、追求高质量,推动形成优质优价、优胜劣汰的质量竞争机制。

专栏2 消费品企业标准自我声明公开和监督工程

落实企业质量主体责任,引导企业通过公开标准不断提升企业标准化水平,倒逼企业制定高于国家标准、行业标准、地方标准的企业标准。加快研究产品和服务标准水平评价指标体系和评价方法,以市场为导向,运用社会力量,建立并实施企业标准关键指标排行榜制度,培育一批消费品企业标准领跑者。利用大数据技术,完善企业标准信息公共服务平台,满足政府、企业和消费者对质量标准的信息服务需求。畅通消费者举报渠道,强化社会对企业标准自我公开及实施情况的监督。建立健全企业执行标准随机抽查制度,将企业自我声明公开标准、标准的实施及产品质量等情况纳入企业质量信用记录。

到2020年,基本实现主要消费品生产企业标准自我声明公开全覆盖,建立健全企业标准自我声明与质量提升的协同互动机制,形成一批技术水平领先、具有国际竞争力的消费品企业标准领跑者,带动产品和服务质量水平整体提升。

加快培育标准创新型企业。建立标准创新型企业培育机制,鼓励行业龙头企业加大标准研制投入,瞄准国际新技术和市场新需求,制定和实施先进标准,发挥标准创新对技术创新、管理创新和商业模式创新的支撑引领作用。加强指导,提升中小企业标准创新能力。

(四)夯实消费品工业质量基础。质量基础建设是抓质量的紧要之举,也是长远之策。要坚持改革创新,加强政策引导,夯实质量基础,为提升消费品质量提供有力支撑。

加强质量技术基础建设。建立完善消费品领域国家计量测试服务体系,加快建立新一代国际计量基准、消费品工业急需的社会公用计量标准和标准物质。完善消费品产业共性技术标准体系,重点研制一批消费品制造的核心基础零部件(元器件)、关键基础工艺、关键基础材料、产业技术基础和先进制造装备领域急需标准。改革和创新消费品领域认证认可体系,开展消费品安全、绿色认证。突破检验检测技术瓶颈,提高现场快速、智能识别检测监测能力。构建国家质量技术基础国际合作互认机制,开展国家质量技术基础跨境合作建设,增强"中国制造"质量信任。

提升质量技术创新能力。开展重点行业工艺优化行动，组织质量提升关键共性技术攻关，支持企业积极应用新技术、新工艺、新材料。鼓励有条件的企业建立技术中心、检测中心、产业化基地，培育集研发、设计、制造和系统集成于一体的创新型企业。推动企业加大质量技术创新投入，加快科技成果转化，促进创新成果的标准化和专利化。

加强质量公共服务。建设质量技术基础公共服务平台，培育标准化服务、品牌咨询、质量责任保险等新兴质量服务业态，为消费品生产企业和各类科技园、孵化器、创客空间等提供全生命周期质量技术支持。培育标准化事务所，为企业特别是中小企业提供标准信息、标准体系构建、标准编制及标准化技术解决方案等服务。创新"互联网＋质量服务"模式，推进质量技术资源、信息资源、人才资源、设备设施向社会开放共享。融合国内外标准、技术法规及合格评定信息，加强技术性贸易措施通报咨询。

专栏3　消费品质量技术基础"一站式"服务工程

运用"互联网＋"的质量技术基础模式，整合政府部门、行业协会等质量技术基础资源，建立跨部门、跨区域、跨行业的质量技术基础服务信息平台，对企业开展"一站式"质量服务。建立多方协作、精准服务的国家质量技术基础服务新模式，为产业集聚区和区域经济发展提供全方位、全过程质量技术支撑。开展国家质量技术基础国际比对提升，突破我国计量、标准、检验检测、认证认可等质量基础协同集成关键技术，形成全链条的"标准—计量—认证认可—检验检测"整体技术解决方案，在重点消费品产业推动质量技术集成化示范应用。

到2020年，建成15个具有示范引领作用的国家质量技术基础"一站式"服务示范项目，促进国家质量技术基础供给能力明显提升。

（五）加强消费品品牌建设。引导企业增强品牌和营销意识，夯实品牌发展基础，完善质量奖励制度，实施消费品精品工程，推动中国产品向中国品牌转变，提高中国消费品知名度和美誉度，打造"中国制造"金字品牌。

加强品牌培育。开展消费品生产企业品牌培育和产业集群品牌试点，推动知名品牌创建。加强商标品牌保护，提高消费品商标公共服务水平。制定消费品品牌管理和评价国家标准，开展品牌价值提升应用示范，指导企业提升品牌价值。建立国际知名消费品品牌指标库，推动品牌评价国际标准制定实施。开展品牌标杆示范活动，提升企业品牌意识，推动企业实施品牌战略，走品牌发展之路。

提升品牌形象。指导企业加强品牌文化建设，强化品牌研究、品牌设计、品牌定位和品牌沟通，完善品牌经营管理体系。加强国内消费品高端品牌的广告策划和宣传推广，设立国家品牌日，在主要国家和重要新兴市场举办中国品牌展览推介和宣传活动，推动中国品牌走向世界。

强化品牌保护。建立健全品牌保护机制，坚持品牌建设与知识产权保护相结合，加大对消费品商标、专利等知识产权的保护力度。推动建立企业自我保护、行政保护和司法保护三位一体的品牌保护体系，发挥行业协会自律作用，加大打击假冒伪劣违法行为力度。

专栏4　消费品精品培育工程
鼓励企业加强从设计研发、生产制造到售后服务等产品全生命周期的质量管理，推广先进质量管理方法与模式。发挥终端产品生产制造企业的倒逼作用，强化对原材料、零部件、装配服务等重要环节的质量管控，促进全产业链质量管理水平整体提升。以产业聚集区、国家自主创新示范区、高新技术产业园区等为重点，开展知名品牌创建。针对市场需求旺盛、技术创新活跃的主要消费品领域，组织实施企业标准领跑者制度。支持企业加大品牌宣传投入，提升品牌策划营销能力。建立与国际接轨的品牌价值评价体系，引导消费品企业建立质量品牌创新中心，提高中国消费品品牌美誉度和忠诚度，打造中国精品。 　　到2020年，推动标准领跑者企业的产品和服务质量接近或达到国际先进水平，培育形成一批质量水平高、市场竞争力强、国际知名的消费品精品，打造一批品牌形象突出、质量管理一流的现代企业和产业集群。

　　（六）改善优化市场环境。建立和完善全国统一开放、公平竞争、优质优价、优胜劣汰的市场，打破地方保护主义，积极营造良好营商环境，进一步明确政府在质量管理中的职能定位，进一步创新政府监管体制机制，进一步激发市场活力和消费潜力。

　　创新质量监管制度。建立消费品生产经营负面清单管理制度，除强制性标准和法律法规明确规定外，取消消费品生产经营其他市场准入限制。建立统一规范的监督检查机制，实行"随机抽查企业、随机抽检产品、随机选择检测机构"制度，对产品质量国家监督抽查合格的同一企业的同一规格型号产品，6个月内任何地方、部门和机构不得重复抽查。推进消费品质量监督抽查结果信息共享，实现"一个标准、一次检验、结果互认、全国通行"。规范检验认证行为，建立检验认证机构对产品质量承担连带责任制度。规范涉企收费，取消一切不在政府公开清单内的收费项目。

　　加强质量信息公共服务。增加消费品质量信息供给，减少市场信息不对称。搭建统一的消费品质量信息公共服务平台，为消费者提供消费品质量监督检查、质量比对、消费警示等产品质量信息，为消费品生产经营企业提供质量信息大数据查询服务。鼓励第三方社会组织提供专业化、个性化和多样化的质量信息服务。

专栏5　消费品质量信息公共服务工程
围绕消费品生产经营企业和消费者质量信息需求，加快建设跨部门、跨行业的消费品质量信息公共服务平台，集成、发布和共享标准、计量、认证认可、检验检测等质量基础信息以及质量监督检查、质量比对等产品质量信息，提高大数据采集和查询服务能力，实现单一要素、单一周期信息服务向"一站式"信息综合服务转变，消除消费品质量信息孤岛和信息不对称现象，更好地满足消费信息需求。 　　到2020年，基本建成消费品质量信息公共服务平台，实现与企业信息公示平台、信用信息共享交换平台的对接。

　　加大知识产权保护力度。实行严格的知识产权保护制度，建立消费品知识产权快速维权机制，加大消费品国际展会、电子商务等领域知识产权执法力度，加强消费品市场知识产权管理和保护工作。鼓励消费品生产经营企业规范知识产权管理，推动专利联盟建设。

　　强化消费维权保护。建立消费品质量安全惩罚性赔偿、质量担保、销售者先行赔付和产品质量安全责任保险等制度。在消费集中的重点场所建立消费争议快速处理绿色通道，促进消费纠纷就近投诉化解。鼓励乡镇（街道）设立消费维权窗口，促进城乡消费维权公共服务均等化。明确消费者诉讼简易处理程序，完善公益诉讼制度，扩大公益诉讼主体范围，支持社会中介组织和第三方机构为消费者提供维权援助，降低消费维权成本。

优化网购消费环境。完善电子商务领域标准体系，引导和帮助电子商务平台经营者提高质量管理水平。建立和完善风险监测、网上抽查、源头追溯、属地查处、信用管理的电子商务产品质量监管机制。建立健全政府部门间协同监管和失信行为联合惩戒机制，严厉打击电子商务活动中侵权假冒违法行为以及平台经营者包庇、纵容违法违规经营行为。加强跨境电子商务质量安全监管，建立和完善跨境消费售后维权保障机制。

（七）保障消费品质量安全。适应消费品质量安全新形势，不断创新监管模式，完善消费品质量安全治理体系，加快实现治理能力现代化。

强化质量安全风险管理。完善消费品质量安全风险监控体系，建立以预防为主、风险管理为核心的消费品质量安全监管机制。推广应用物品编码和射频识别等技术手段，建立主要消费品质量安全追溯体系，实现来源可查、去向可追、责任可究。推进缺陷消费品召回常态化，把涉及人身、财产安全的消费品纳入召回范围。开展消费品质量安全标准"筑篱"专项行动，完善消费品质量安全标准体系，提升消费品质量安全标准水平。统一国内和进出口消费品质量监管规制，建立监管协调机制，提高内外销消费品质量安全水平的一致性。

专栏6 消费品质量安全风险管理工程
以早发现、早研判、早预警、早处置为目标，推进建立以风险信息采集为基础、风险监测为手段、风险评估为支撑、风险处置为结果的消费品质量安全风险管理体系。围绕重点领域消费品和智能制造、新材料、新兴业态等领域的共性需求，开展消费品质量安全风险评估关键技术研发和成果应用示范，建立消费品质量安全风险评估试验体系，研制风险评估标准、程序和方法，完善消费品质量安全风险和产品伤害监测体系。建立消费品质量安全风险快速预警系统和快速联动处置机制，快速处置发生在消费者身边的质量安全风险。 到2020年，建立覆盖主要社区、乡镇和学校的消费品质量安全风险信息监测点，在医院建立100个以上产品伤害监测点，系统采集产品风险和伤害信息，推广应用消费品质量安全风险快速预警系统，发布消费预警和风险通报。

严厉打击制假售假行为。健全执法协作机制，推进综合行政执法。完善行政执法与刑事司法衔接机制，加大对生产经营假冒伪劣产品行为的刑事处罚力度。深入开展执法打假行动，严查彻办质量违法大案要案。实现质量违法案件信息全公开，加大对质量违法行为的震慑力度。

加快质量信用体系建设。实施企业质量信用信息统一归集、依法公示、联合惩戒、社会监督。完善企业质量信用档案数据库，建立消费品市场主体经营异常名录、产品质量失信"黑名单"等制度，对企业实施分类监管。支持、引导第三方信用服务机构对消费品生产企业开展质量信用评价。实现多部门、跨地区质量信用联合奖励和联合惩戒，营造"守信者处处受益，失信者寸步难行"的社会环境。

构建消费品质量共治格局。深入开展消费者质量安全教育，激发公众质量安全意识，提高公众消费维权能力。健全公众参与监督激励机制，完善有奖举报制度。建立商会、协会、中介组织和新闻媒体共同参与的社会监督机制，形成企业规范、行业自律、政府监管和社会监督的多元共治格局。

（八）提升进出口消费品质量。实施外贸优进优出战略，建立质量监管与贸易便利化相统一的进出口消费品质量安全监管体系，提升进出口消费品质量安全水平。

构建进出口商品风险预警体系。建成覆盖全国口岸的进出口商品质量安全监测网络,畅通覆盖消费者投诉和企业报告的进出口商品风险信息监测渠道,推动建立跨国境、跨部门、跨行业的进出口商品风险和伤害信息监测与交流平台。加快进出口商品质量安全大数据处理与评价中心建设,搭建统一的智能化预警平台,提高风险预警和快速反应处置能力。

强化技术性贸易措施。完善世界贸易组织技术性贸易壁垒和动植物检疫措施(WTO/TBT—SPS)通报咨询工作机制,加强对国外重要技术性贸易措施的跟踪、研究、评议,做好预警、咨询、技术帮扶,提升企业特别是中小企业应对国外技术性贸易措施能力,促进企业按照更高标准提升质量。加大多边、双边评议和交涉力度,减少贸易壁垒影响。

严把进口消费品质量关。建立以问题为导向,以风险管理、口岸管控、事中事后监管为主线的进口消费品监管体系,强化动态监管和缺陷消费品召回。创新监管机制,落实企业主体责任,促进跨境电子商务进口消费品规范发展。

促进出口消费品提质升级。推进出口产品质量安全示范区与示范企业创建,加快培育以技术、标准、品牌、质量、服务为核心的对外经济新优势。打击出口假冒伪劣商品,推动建设海外打假维权监测网。搭建国际交流与磋商对话平台,强化消费品质量安全国际合作。

提高贸易便利化水平。推进检验检疫一体化建设,加强数据共享,优化通关流程。复制推广自贸试验区改革经验,加大实施第三方采信工作,完善进口企业诚信管理,优化检验监管工作方式,提高监管的有效性和通关效率。

专栏7 进出口消费品质量提升工程
服务优进优出,提升进出口消费品质量安全水平。完善进出口消费品质量安全风险预警监管体系,建设覆盖全国范围的进出口消费品风险监测网络。完善进口消费品监管体系,推动缺陷进口消费品召回工作常态化,预防和减少不安全消费品进入国内市场,保护消费者权益。提升企业主体责任意识,促进跨境电商等新业态发展。发挥示范区引领作用,打击出口假冒伪劣商品,提升"中国制造"形象。 到2020年,创建国家级出口产品质量安全示范区60家、国家级示范企业400家,海外打假维权监测网在境外国家或地区的覆盖面达到30%;每年定期向社会公布《重点进口消费品质量安全状况》白皮书。

三、重点领域

围绕消费需求旺盛、与群众日常生活息息相关的一般消费品领域,充分发挥市场机制与企业主体作用,加快构建满足市场需求的新型消费品标准体系,加大消费品标准供给力度,加强行业管理、质量监督等政策措施与标准的衔接配套,形成以创新助推标准制定、以标准实施促进质量提升、以质量升级推动品牌建设的良性循环。

(一)家用电器。适应家用电器高端化、智能化发展趋势,加大团体标准和高水平企业标准的供给力度。开展家用电器产品分等分级和评价标准化工作,改善电子坐便器、空气净化器、家用清洁机器人等新兴家电产品的性能和消费体验,提高空调器、电冰箱、洗衣机等传统大家电的产品舒适性、智能化水平,优化电饭锅、剃须刀等传统厨用、个人护理用小家电产品的外观和功能设计。提升多品种、多品牌家电产品深度智能化水平,推动智能家居快速发展。针对新型城镇化进程中居民生活方式的转变和农村家电消费的普及，加快制修订强制性国家标准，全面提高家电产品安全、节能节水、使用年限、安装维修等要求。

（二）消费类电子产品。针对消费类电子产品网络化、创新化的发展特点，结合云计算、大数据、物联网等新一代信息技术，推动人工智能、智能硬件、智慧家庭、虚拟现实、物联网等创新技术产品化、专利化、标准化。加快高质量产品生产线及智能工厂建设，引导生产企业不断开发新技术、新产品、新应用。从安全性、稳定性、可靠性角度，进一步完善消费类电子产品技术标准体系。制定智能手机、可穿戴设备、新型视听产品等智能终端产品标准，强化信息安全、个人隐私保护要求，开展人体舒适性、易用性评估评价，规范众包众筹产品市场、线上线下销售市场。

（三）家居装饰装修产品。围绕居民提高生活水平、改善家居环境的消费需求，促进家居装饰装修健康化、集成化发展。针对家具、照明电器、厨卫五金、涂料、卫生陶瓷、壁纸、地毯等家居装饰装修产品，加快构建强制性国家标准体系，严格有毒有害物质、挥发性有机物限量要求，健全配套检测方法、检测设备、检测能力。开展家居装饰装修综合标准化工作，鼓励有条件的企业发挥技术、资金、品牌等优势，延伸服务链条，由单一产品生产制造向"产品+产品""产品+服务"转变，建设家居装饰装修标准综合体，支撑企业提供家居装饰装修整体解决方案，满足消费者需求。

（四）服装服饰产品。适应个性消费、时尚消费、品质消费、品牌消费的发展需求，巩固纺织服装鞋帽、皮革箱包等产业的传统优势地位，加快首饰、钟表、眼镜、发制品等产业的技术创新和产业升级，加大知识产权保护力度，提升创新创意设计能力。推进三维人体测量、数字化试衣、产品追溯、可穿戴服装等新技术产业推广，制定规范定制流程全过程服务和产品质量的通用标准，引导服装服饰产品生产企业注重发挥本土优势，壮大个性定制、规模定制和高端定制产业，以精准设计、精准生产、精准服务赢得消费市场。优化完善标准体系，研制关键技术标准，提高新型纤维、优质棉麻毛、高端羊绒丝绸皮革等材料质量要求，规范纺织产品防水、防风、保温、抗菌等功能性要求，制造高端精品。

（五）妇幼老年及残疾人用品。针对妇幼用品、老年人用品和残疾人用品市场快速发展，健全跨领域、跨行业的通用标准体系，强化消费品针对特殊人群的安全要求和功能设计，规范特殊人群使用产品的标识、宣传和评价。进一步加大婴幼儿、少年儿童生活用品和中小学生学习用品标准化力度，严格儿童玩具、婴儿纸尿裤、婴儿安抚用品、儿童家具、儿童服装鞋帽等儿童用品安全标准，严格儿童产品标识标注。促进儿童用品生产设计与国产动漫文化产品跨界融合，增强产品趣味性、娱乐性和吸引力，培育和壮大一批自主品牌企业。加快开展妇女用哺育用品、卫生用品、家用美容美发用品等标准化工作，提升自主品牌的质量水平。推动老年人用品标准和质量提升，扩大老年人文化娱乐、健身休闲用品市场。加快康复辅助器具产业发展，完善标准体系，重点推进老年人和伤病人护理照料、残疾人生活教育和就业辅助、残疾儿童抢救性康复等产品的标准化发展，加强质量管理。

（六）化妆品和日用化学品。适应消费者对产品功效的多样化需求，完善化妆品、口腔护理用品、洗涤用品、蜡制品、家用卫生杀虫用品标准体系，制定基础通用、重要产品和检测方法等标准，防止有毒有害物质超标。重点制定儿童等特殊群体使用化妆品、口腔护理用品等产品标准。加快特殊用途化妆品中限用组分和中草药牙膏中有效成分等检测方法标准研究。加强日用化学品相关标准样品（物质）研制。

（七）文教体育休闲用品。针对居民转变生活方式、丰富文娱生活的要求，推动文教体育休闲用品多样化发展，加快系统协调、重点突出、覆盖全面的文体用品标准体系和质量保障体系建设。严格有毒有害物质限量标准，大力提高学生用品的安全水平。引导生产企业加强质量管控，全面提高零部件（元器件）、制造工艺、基础材料整体质量水平，促进文具、制笔、乐器等制成品品质提升。加快全民健身器材、冬季运动器材、户外休闲运动（水上、登山、钓具和自行车等）器材、民族传统运动器材及防护装备等标准的制定，加强体育用品新材料、新技术的研发和应用。

（八）传统文化产品。弘扬中华传统文化，加强对中华老字号、地理标志产品等传统文化产品的品牌培育和保护，引导具有自主知识产权、传承民族传统文化和技艺的文化产品生产企业，加快质量提升、打造知名品牌、增加品牌文化附加值、提升质量竞争力，推动传统文化产品产业化、规模化发展。针对文房四宝、烟花爆竹、竹藤、丝绸、瓷器、漆器等产业发展需求，加快安全、环保等强制性标准制定，加大旅游景区销售产品的质量监管力度。开展文化创意、传统工艺、评价测试标准化工作，推动国际国内标准同步发展，加大传统文化产品宣传展示力度，促进传统文化产品出口，促进中外文明互学互鉴。

（九）食品及相关产品。完善食品安全标准体系，继续开展食品中农药残留、兽药残留、重金属等危害人体健康物质的限量及检测方法、婴幼儿食品、食品添加剂、食品营养强化剂和食品生产经营过程卫生要求等强制性安全标准制修订工作。重点制定传统食品产品质量标准，推动传统食品产业化进程。加大对方便食品、速冻食品、焙烤食品和现代生物发酵食品等新产品标准的研制力度，制定网络食品信息描述规范，满足新兴群体等对食品消费多样化的需求。提高食品容器、包装材料以及智能化食品包装生产线标准水平，不断完善食品相关产品质量标准体系。加大食品和食品相关产品质量监督抽查力度，强化食品相关产品风险与伤害监测，根据不同材质开展食品相关产品风险评估，并视评估情况调整许可目录和许可实施细则，逐步提升准入门槛，及时发布消费预警，调动行业协会、消费者等多方力量，共同参与食品安全监管，形成全社会共治格局，有效遏制食品安全事件，确保放心消费，促进健康中国建设。

四、保障措施

（一）加强法律法规建设。完善消费品质量安全法律法规，加快推进标准化法修订以及消费品安全法、质量促进法等立法工作，完善质量激励政策，强化质量多元共治，为消费品标准和质量提升提供法制保障。坚持依法行政，保持消费品质量监管的高压态势。组织开展消费品行政执法人员专题培训和实务培训，提高执法人员综合素质和执法水平。强化消费品执法层级监督，严格落实行政执法责任制。加强消费品质量提升法治宣传教育，普及消费品质量法律知识，引导消费者通过司法、人民调解等途径解决消费品侵权问题，提升依法维权、理性消费能力。

（二）加强财税政策扶持。统筹利用现有资金渠道，鼓励社会资本以市场化方式设立消费品标准和质量提升专项基金，重点支持消费品领域的标准化建设、质量基础能力提升、质量技术创新和应用推广，引导社会资源向质量品牌优势企业聚集，完善优标优质优价的市场机制，鼓励更多企业走优质发展之路。实施结构性减税，落实研发费用加计扣除政策和股权激励税收政策，全面推开营业税改增值税试点，打通增值税抵扣链条，增强企业经营活力。探索建立标准创新融资增信制度，完善对企业标准创新和参与制定国际标准的激励机制，推动企业积极参加国际标准化活动。对消费品标准和质量提升示范区、技术标准创新基地，比照高新技术产业园区，享受出口贸易便利等政策优惠。在政府采购、招标投标活动中，纳入有关标准技术条件和质量安全要求。

（三）加强质量人才培养。深化教育教学制度改革，强化职业教育与技能培训，建立健全应用型人才和技术技能人才培养机制。实施全员质量素质提升工程，加大企业经营管理人员和一线职工培训力度。引导和鼓励大中型企业实施首席质量官制度，培养企业质量领军人才。完善质量专业技术人员职称评价办法。探索建立企业和高等学校、职业学校、标准化与质量科研机构联合培养人才的机制，推行校企联合培养的企业新型学徒制，建立学校和企业"双元"的技术人才培养机制，培养更多满足市场需求的职业技术工人。加大力度引进国外标准、计量、认证认可、检验检测等领域人才智力，加强国际质量人才交流。鼓励和支持行业协会、高等院校设立标准化和质量管理相关研究机构，培养高素质标准化和质量人才。推出体现技工价值的薪酬制度，健全收入分配激励机制和"五险一金"等社会保障制度，提高技能人才福利待遇，促进劳动者由普通工人向技能人才转变。

（四）加强宣传教育和舆论引导。建设具有中国特色的先进质量文化，大力弘扬精益求精的工匠精神。广泛推广先进质量管理理念和方法，深入开展群众性质量活动。加强标准化和质量知识宣传教育和政策解读，倡导优标优质优价和绿色安全健康的消费理念。加大质量信息公开力度，正确引导社会舆论，树立中国标准、中国质量的良好形象，提振市场消费信心。

（五）加强组织领导和部门协作。各地区、各有关部门要加强对本规划实施工作的组织领导，在消费品工业升级、科技创新、质量监管、市场监管、职业教育、财税金融等方面，加强沟通协调，密切协作配合。各级政府要建立健全质量激励和约束制度，将消费品标准和质量提升工作纳入政府质量工作考核范围，出台相关配套政策措施，确保各项政策措施落实到位。质检总局和国家标准委要会同有关部门加强对本规划实施情况的监督检查，重大事项及时向国务院报告。

中共中央 国务院关于完善促进消费体制机制进一步激发居民消费潜力的若干意见

中发〔2018〕32号

消费是最终需求，既是生产的最终目的和动力，也是人民对美好生活需要的直接体现。加快完善促进消费体制机制，增强消费对经济发展的基础性作用，有利于优化生产和消费等国民经济重大比例关系，构建符合我国长远战略利益的经济发展方式，促进经济平稳健康发展；有利于实现需求引领和供给侧结构性改革相互促进，带动经济转型升级，推动高质量发展，建设现代化经济体系；有利于保障和改善民生，实现经济社会发展互促共进，更好满足人民日益增长的美好生活需要。

近年来，我国在扩大消费规模、提高消费水平、改善消费结构等方面取得了显著成绩，但也要看到，当前制约消费扩大和升级的体制机制障碍仍然突出。重点领域消费市场还不能有效满足城乡居民多层次多样化消费需求，监管体制尚不适应消费新业态新模式的迅速发展，质量和标准体系仍滞后于消费提质扩容需要，信用体系和消费者权益保护机制还未能有效发挥作用，消费政策体系尚难以有效支撑居民消费能力提升和预期改善。为完善促进消费体制机制，进一步激发居民消费潜力，现提出以下意见。

一、总体要求

（一）指导思想

以习近平新时代中国特色社会主义思想为指导，全面贯彻党的十九大和十九届二中、三中全会精神，紧紧围绕统筹推进"五位一体"总体布局和协调推进"四个全面"战略布局，坚持新发展理念，紧扣我国社会主要矛盾变化，按照高质量发展的要求，坚持以供给侧结构性改革为主线，适应建设现代化经济体系，顺应居民消费提质转型升级新趋势，依靠改革创新破除体制机制障碍，实行鼓励和引导居民消费的政策，从供需两端发力，积极培育重点领域消费细分市场，全面营造良好消费环境，不断提升居民消费能力，引导形成合理消费预期，切实增强消费对经济发展的基础性作用，不断满足人民日益增长的美好生活需要。

（二）基本原则

——坚持消费引领，倡导消费者优先。顺应居民消费升级趋势，努力增加高品质产品和服务供给，切实满足基本消费，持续提升传统消费，大力培育新兴消费，不断激发潜在消费。增强消费者主体意识，尊重消费者自由选择权，加大消费者合法权益保护力度，实现消费者自由选择、自主消费，提升消费者获得感、幸福感、安全感。

——坚持市场主导，实现生产者平等。充分发挥市场在资源配置中的决定性作用，更好发挥政府作用。突出企业主体地位，引导企业以市场需求为导向推动技术创新、产品创新、模式创新，培育更加成熟的消费细分市场，激发企业培育品牌的内生动力。加快建设全国统一市场，营造有利于各类所有制企业公平提供消费产品和服务的市场环境。

——坚持审慎监管，推动新消费成长。深化"放管服"改革，实施包容审慎有效监管。加强消费产品和服务标准体系建设，强化信用在消费领域的激励约束作用。推动互联网与更多传统消费相互渗透融合，构建企业自治、行业自律、社会监督和政府监管相结合的消费共同治理机制，有力有序有效发展消费新业态新模式。

——坚持绿色发展，培育健康理性消费文化。提高全社会绿色消费意识，鼓励节约适度、绿色低碳、文明健康的现代生活方式和消费模式，力戒奢侈浪费型消费和不合理消费，推进可持续消费。大力推广绿色消费产品，推动实现绿色低碳循环发展，营造绿色消费良好社会氛围。

（三）总体目标

消费生产循环更加顺畅。以消费升级引领供给创新、以供给提升创造消费新增长点的循环动力持续增强，实现更高水平的供需平衡，居民消费率稳步提升。消费结构明显优化。居民消费结构持续优化升级，服务消费占比稳步提高，全国居民恩格尔系数逐步下降。消费环境更加安全放心。社会信用环境明显改善，市场监管进一步加强，消费者维权机制不断健全，重要消费产品和服务标准体系全面建立，消费产品和服务质量不断提升，消费者满意度显著提高。

二、构建更加成熟的消费细分市场，壮大消费新增长点

围绕居民吃穿用住行和服务消费升级方向，突破深层次体制机制障碍，适应居民分层次多样性消费需求，保证基本消费经济、实惠、安全，培育中高端消费市场，形成若干发展势头良好、带动力强的消费新增长点。

（一）促进实物消费不断提挡升级

吃穿用消费。加强引导、强化监督，确保市场主体提供安全放心的吃穿用消费品。优化流通设施空间布局，大力发展便利店、社区菜店等社区商业，促进社区生活服务集聚式发展，鼓励建设社区生活综合服务中心。推动闲置的传统商业综合体加快创新转型，通过改造提升推动形成一批高品位步行街，促进商圈建设与繁荣。合理配置居住小区的健身、文化、养老等服务设施。

住行消费。大力发展住房租赁市场特别是长期租赁。总结推广住房租赁试点经验，在人口净流入的大中城市加快培育和发展住房租赁市场。加快推进住房租赁立法，保护租赁利益相关方合法权益。加强城市供水、污水和垃圾处理以及北方地区供暖等设施建设和改造，加大城市老旧小区加装电梯等适老化改造力度。促进汽车消费优化升级。严格汽车产品质量监管，健全质量责任追究机制。鼓励发展共享型、节约型、社会化的汽车流通体系，全面取消二手车限迁政策。实施好新能源汽车免征车辆购置税、购置补贴等财税优惠政策。积极发展汽车赛事等后市场。加强城市停车场和新能源汽车充电设施建设。

信息消费。加强核心技术研发，加快推动产品创新和产业化升级，提升产品质量和核心竞争力，鼓励和引导居民扩大相关产品消费。加快提升新型信息产品供给体系质量，积极拓展信息消费新产品、新业态、新模式。升级智能化、高端化、融合化信息产品，重点发展适应消费升级的中高端移动通信终端、可穿戴设备、超高清视频终端、智慧家庭产品等新型信息产品，以及虚拟现实、增强现实、智能汽车、服务机器人等前沿信息消费产品。创新发展满足人民群众生活需求的各类便民惠民生活类信息消费。推动基于网络平台的新型消费成长，优化线上线下协同互动的消费生态。

绿色消费。建立绿色产品多元化供给体系，丰富节能节水产品、资源再生产品、环境保护产品、绿色建材、新能源汽车等绿色消费品生产。鼓励创建绿色商场、绿色饭店、绿色电商等流通主体，开辟绿色产品销售专区。全面落实生产者责任延伸制度。鼓励有条件的地方探索开展绿色产品消费积分制度。推进绿色交通体系和绿色邮政发展，规范发展汽车、家电、电子产品回收利用行业。全面推进公共机构带头绿色消费，加强绿色消费宣传教育。

（二）推进服务消费持续提质扩容

文化旅游体育消费。稳妥把握和处理好文化消费商品属性与意识形态属性的关系，促进包容审慎监管与开放准入有效结合，努力提供更多优秀文化产品和优质文化服务。深化电影发行放映机制改革。加快发展数字出版等新兴数字内容产业，丰富数字内容供给。健全文物合法流通交易体制机制。完善国有文化文物单位文创产品开发试点成效评价和激励机制。总结推广引导城乡居民扩大文化消费试点工作经验和有效模式。推动非物质文化遗产传承发展、合理利用。健全文化、互联网等领域分类开放制度体系。开展全域旅游示范区创建工作。推动主题公园规范发展。加强对乡村旅游的政策指导，提升乡村旅游品质。支持邮轮、游艇、自驾车、旅居车、通用航空等消费大众化发展，加强相关公共配套基础设施建设。建立现代体育产业体系，推动体育与旅游、健康、养老等融合发展，积极培育潜在需求大的体育消费新业态。支持社会力量举办国际国内高水平体育赛事，积极创建地方、民间自主品牌体育赛事活动，大力发展体育职业联赛。推进体育行业协会改革，大幅削减相关审批事项，加强赛事审批取消后的服务管理。推动体育赛事电视转播市场化运作。

健康养老家政消费。在有效保障基本医疗和健康服务的前提下，支持社会力量提供多层次多样化的医疗健康服务。对社会力量举办的非营利性健康服务机构，在土地规划、市政配套、机构准入、人才引进、执业环境等方面与公办机构一视同仁。针对健康服务新业态新模式，及时制定新型机构准入标准和监管办法。大力发展中医药服务贸易。健全以居家为基础、以社区为依托、机构充分发展、医养相结合的多层次养老服务体系，为老年人提供治疗期住院、康复期护理、稳定期生活照料、安宁疗护一体化的健康养老服务。全面放开养老服务市场，进一步简化行政审批程序，推进养老服务机构申办"一站式"服务。鼓励社会力量参与公办养老服务机构改革。完善政府对养老服务机构运营补贴方式方法，由"补砖头""补床头"向"补人头"转变。大力发展老年护理和长期照护服务。引导家政服务业专业化、规模化、网络化、规范化发展。推动建立家政服务信用体系，健全家政服务标准和服务规范，鼓励制定地方标准和企业标准。加大家政服务业岗位培训实施力度，推动开展家政服务人员水平评价工作，实施上岗前健康体检制度。加快健康美容、家庭管家等高端生活服务业发展。

教育培训托幼消费。全面贯彻党的教育方针，坚持正确办学方向，深化教育办学体制改革，推动教育向社会开放、向产业开放。大力支持社会力量举办满足多样化教育需求、有利于个体身心全面健康发展的教育培训机构，开发研学旅行、实践营地、特色课程等教育服务产品。抓紧修订民办教育促进法实施条例，完善民办教育分类登记管理制度。严格落实城镇小区配建幼儿园政策，引导社会力量按照规范要求举办普惠性幼儿园和托幼机构，鼓励各地因地制宜多渠道增加供给，全面实施幼儿园教师持证上岗。鼓励有条件的地区探索开展职业学校股份制改革试点，允许企业以资本、技术、管理等要素依法参与办学并享有相应权利。坚持社会效益和经济效益相统一，纠正以功利性为目的、助长超前教育和应试教育倾向的各类教育培训活动。支持外商投资设立非学制类职业教育培训机构。

（三）引导消费新模式加快孕育成长

地方各级政府要适应平台型消费、共享经济等快速发展需要，加强制度供给，研究制订专门管理规定，明确运营规则和权责边界，提升相关主体整合资源、对接供需、协同创新功能。制定完善适应平台模式、共享经济等创新发展的法律法规，明确相关企业在知识产权保护、质量管理、信息内容管理、协助申报纳税、社会保障、网络安全等方面的责任和义务。加强风险控制，构建政府主管部门、行业组织、企业和消费者等多元主体共同治理的消费生态体系。积极培育网络消费、定制消费、体验消费、智能消费、时尚消费等消费新热点，鼓励与消费者体验、个性化设计、柔性制造等相关的产业加快发展。

（四）推动农村居民消费梯次升级

逐步缩小城乡居民消费差距。加快农村吃穿用住行等一般消费提质扩容，鼓励和引导农村居民增加交通通信、文化娱乐、汽车等消费。推动电子商务向广大农村地区延伸覆盖，畅通城乡双向联动销售渠道，促进线下产业发展平台和线上电商交易平台结合，鼓励和支持消费新业态新模式向农村市场拓展。推动具备条件的乡镇将商贸物流与休闲农业、乡村旅游、产品加工等有机结合。加大农村地区水电路气、信息、无障碍以及北方地区供暖等设施建设和改造力度。健全农村现代流通网络体系，优化整合存量设施资源，有效降低农村流通成本。

三、健全质量标准和信用体系，营造安全放心消费环境

加快建立健全高层次、广覆盖、强约束的质量标准和消费后评价体系，强化消费领域企业和个人信用体系建设，提高消费者主体意识和维权能力，创建安全放心的消费环境。

（一）强化产品和服务标准体系建设

产品标准。大力实施标准化战略，建立政府主导制定标准与市场主体自主制定标准协同发展、协调配套的新型标准体系。在移动通信、互联网等领域建立符合我国发展需要的标准。鼓励企业制定实施高于国家标准或行业标准的企业标准，全面实施企业标准自我声明公开和监督制度，实施企业标准领跑者制度。大力开展高端品质认证，推动品牌建设，培育一批能够展示中国产品优质形象的品牌和企业。推动国内优势、特色技术标准成为国际标准。

优化质量标准满足消费结构升级需求。围绕消费需求旺盛、与群众日常生活息息相关的新型消费品领域，充分发挥市场机制与企业主体作用，构建新型消费品标准体系，以标准实施促进质量提升。结合消费细分市场发展趋势，开展个性定制消费品标准化工作。引领智能家居、智慧家庭等领域消费品标准制定，加大新技术新产品等创新成果的标准转化力度。完善绿色产品标准体系，创新领跑者指标和相关技术标准的衔接机制，加大绿色产品标识认证制度实施和采信力度。

服务标准。推动服务业标准制定修订，加快制定基础和通用标准，带动行业提升标准水平。鼓励行业协会商会等组织制定并公布本行业相关产品和服务标准清单，指导企业完善服务标准，鼓励行业内企业开展企业服务标准自我声明公开。推动建立优质服务标识管理制度，在重点服务业制定优质服务规范，推动建立服务质量自我评估和公开承诺制度。在旅游、中医药、养老、家政、餐饮等重点领域遴选一批服务质量标杆单位，推动建设相关行业服务标准。选择部分服务业探索开展服务标准准入制试点。

（二）健全消费后评价制度

建立产品和服务消费后评价体系，完善全过程产品和服务安全防范机制，建立健全消费环境监测评价体系。构建完善的跟踪反馈评估体系，加强监测结果反馈和改进跟踪机制建设。开展消费品质量状况分析评价，建立健全消费品质量安全风险监测评估制度，建设全国消费品质量监督信息化服务平台，建立一批消费品质量安全风险信息监测点，构建全国统一的消费品质量安全风险监测网络和风险快速预警系统。研究制定电子商务产品质量监督管理办法，加强线上线下一体化监管，完善风险监测、网上抽查、源头追溯、属地查处、信用管理的电子商务产品质量监督管理制度。完善服务业质量监督管理制度，健全服务质量治理体系和顾客满意度测评体系，推行质量首负责任承诺制度，强化服务质量问题协同处理机制，分领域设立服务后评价标准体系。引导平台型企业建立餐饮、家政、互联网医疗等重点领域的服务后评价机制，实行评价信息公开。建立健全社会第三方认证认可制度。

（三）加强消费领域信用体系建设

加强消费领域信用信息采集。依托全国信用信息共享平台，建立跨地区跨部门跨行业信用信息共享共用机制。建立科学合理的信用评价体系，强化"信用中国"网站信息公开和国家企业信用信息公示系统依法公示功能，将行政许可、行政处罚、产品抽检结果等信息向社会公开，为公众提供公共信用信息"一站式"查询服务和消费预警提示。运用多种方式和载体，开展消费投诉信息公示工作，督促经营者诚信经营。引导企业主动发布综合信用承诺或产品和服务质量等专项承诺，鼓励信用服务机构开展消费领域企业信用评价，充分发挥行业协会商会的行业诚信自律作用。

完善守信激励和失信惩戒机制。建立健全守信"红名单"制度，为守信企业提供行政审批"绿色通道"、降低监管频次等激励措施，为守信个人提供住房、交通出行等多场景消费服务便利优惠。建立健全失信"黑名单"制度，对失信主体实施市场禁入或服务受限等联合惩戒措施。通过"信用中国"网站和国家企业信用信息公示系统向社会公布守信"红名单"和失信"黑名单"信息。推进信用风险分级分类监管，对信用风险等级高的市场主体，适当提高产品抽检、责任巡查等监管频次。在关系百姓生命财产安全的食品、药品等领域，加大对销售假冒伪劣产品行为的打击力度，对侵害消费者权益的市场主体依法实施惩罚性赔偿。

（四）健全消费者维权机制

健全消费者权益保护工作部门协作机制。进一步完善全国"12315"互联网平台功能，畅通消费者诉求渠道，强化对消费者权益的行政保护，建立常态化的消费者满意度调查评估机制。建立健全消费者信息保护、数据交易和共享相关制度。打击假冒伪劣和虚假广告宣传，充分发挥消费者协会等组织维护消费者权益的积极作用。强化消费者权益损害法律责任，坚持依法解决服务纠纷，扩大适用举证责任倒置服务范围。健全公益诉讼制度，适当扩大公益诉讼主体范围。探索建立纠纷多元化解决机制，完善诉讼、仲裁与调解对接机制。适应互联网时代发展要求，加大网络消费者权益司法保护力度，加强网上跨境消费者争议解决机制建设。提高消费者主体意识和维权能力。聚焦信息消费、预付式消费、网络购物、群体消费等领域出现的问题，传播科学文明的商品和服务知识等信息，通过各种平台的宣传及消费维权知识的普及，提高消费者的主体意识和依法维权能力，营造重视消费者权益保护的良好氛围。加快个人信息安全立法，进一步加大消费者个人信息保护力度。

四、强化政策配套和宣传引导，改善居民消费能力和预期

（一）深化收入分配制度改革

完善有利于提高居民消费能力的收入分配制度，增加低收入群体收入，扩大中等收入群体。完善企业工资分配的宏观指导制度，依法推进工资集体协商，建立反映人力资源市场供求关系和企业经济效益的工资决定机制和正常增长机制。完善机关事业单位工资和津补贴制度，落实以增加知识价值为导向的分配政策，扩大高校和科研院所收入分配自主权，建立公务员和企业相当人员工资水平调查比较制度，推进实施重点群体增收激励计划，拓宽居民劳动收入和财产性收入渠道。推进实施企业职工基本养老保险基金中央调剂制度。建立健全覆盖城乡居民的基本医疗卫生制度。鼓励有条件的地方探索建立低收入群体基本生活现金救助、实物救助和救助服务相结合的社会救助方式，按照满足基本生活需求的标准核定救助标准，并根据价格水平动态调整。

（二）构建公平开放的市场环境

积极培育和壮大各类消费供给主体，消除所有制歧视，实行包容审慎有效的准入制度，全面实施公平竞争审查制度，加快建立全国统一、开放、竞争、有序的市场体系，打破地域分割和市场分割。全面实施准入前国民待遇加负面清单管理制度，加大生活性服务领域有效有序开放力度，逐步放宽放开对外资的限制。建设若干国际消费中心城市，推进海南国际旅游消费中心建设。

（三）完善财税金融土地配套政策

健全消费政策体系，进一步研究制定鼓励和引导居民消费的政策。推动消费税立法。推进个人所得税改革，合理提高个人所得税基本减除费用标准，适当增加专项附加扣除，逐步建立综合和分类相结合的个人所得税制度。落实好健康、养老、家政等生活性服务业的税收优惠政策。进一步提升金融对促进消费的支持作用，鼓励消费金融创新，规范发展消费信贷，把握好保持居民合理杠杆水平与消费信贷合理增长的关系。鼓励保险公司在风险可控的前提下，为消费信贷提供融资增信支持。加大文化、旅游、体育、健康、养老、家政等领域用地政策落实力度。

（四）深化事业单位分类改革

合理区分基本公共服务与非基本公共服务，基本公共服务主要由政府保障，非基本公共服务主要由市场提供。加快推进教育、卫生、文化、体育等领域事业单位分类改革，将生产经营类事业单位转为企业。建立健全符合不同事业单位特点的管理体制机制，分类推进事业单位人事制度改革。完善民办机构参与公办机构改制细则。

（五）优化消费领域基础设施建设投入机制

积极发挥财政资金引导作用，进一步吸引社会投资，加快推进中西部地区、农村地区现代流通、信息网络、服务消费等短板领域基础设施建设,提高投资质量和效益。通过政府和社会资本合作(PPP)模式、社会领域产业企业专项债券等方式,鼓励支持社会力量参与文化、旅游、体育、健康、养老、家政、教育等领域基础设施建设。

(六)加强消费统计监测

研究制定服务消费和消费新业态新模式的统计分类,完善相关统计监测,有效反映文化、旅游、体育、健康、养老、家政、教育培训、托幼等服务消费发展水平,形成涵盖商品消费、服务消费的消费领域统计指标体系,更加全面反映居民消费发展情况。建立消费领域运用大数据等新技术开展形势分析和政策辅助决策的机制。健全消费政策评估机制。

(七)健全消费宣传推介和信息引导机制

加强对促进消费工作的舆论宣传,突出以人民为中心的发展思想,有效引导社会预期。积极培育健康理性的消费理念,大力宣传倡导丰俭有度、雅俗兼容的消费文化。用好各级各类媒体,构筑良好的消费宣传推介机制,客观真实向消费者推介商品和旅游、文化等服务,促进供需有效对接。建立针对涉嫌虚假宣传的惩罚惩戒机制。

各地区各部门要充分认识完善促进消费体制机制的重要意义,切实强化组织领导,逐项抓好改革任务和政策落实。要加大统筹协调力度,由国家发展改革委牵头会同有关部门建立完善促进消费体制机制的部门协调机制,统筹促进消费工作,制定整体战略、重要政策和措施。加强促进消费工作的监督考核。要积极推进本意见贯彻落实,抓紧制定实施完善促进消费体制机制的实施方案(2018—2020年)。有关部门要针对本行业本领域细分市场,完善促进消费的政策体系,形成释放消费潜力的政策合力。各地区要按照本意见和实施方案的要求,结合实际抓紧制定具体实施方案和细化政策措施,进一步激发居民消费潜力。

国务院办公厅关于印发完善促进消费体制机制实施方案（2018—2020年）的通知

国办发〔2018〕93号

消费是最终需求，促进消费对释放内需潜力、推动经济转型升级、保障和改善民生具有重要意义。为加快破解制约居民消费最直接、最突出、最迫切的体制机制障碍，增强消费对经济发展的基础性作用，根据《中共中央 国务院关于完善促进消费体制机制进一步激发居民消费潜力的若干意见》，制定本实施方案。

一、进一步放宽服务消费领域市场准入

（一）旅游领域。制定出台海南建设国际旅游消费中心实施方案。及时总结59国外国人海南入境旅游免签政策实施效果，加强出入境安全措施建设，为进一步扩大免签范围创造条件。制定出台自驾车、旅居车营地建设相关规范。逐步放开中外合资旅行社从事旅游业务范围，加强与国际旅游组织的合作。制定出台邮轮旅游发展规划、游艇旅游发展指导意见。出台实施进一步促进乡村旅游提质升级的政策措施。推进生态航道建设，研究开发京杭运河具备条件航段的航运旅游功能，促进交通与旅游融合发展。理顺出租汽车、汽车租赁等个性化、差异化出行价格机制。鼓励发展租赁式公寓、民宿客栈等旅游短租服务。落实带薪休假制度，鼓励错峰休假和弹性作息。（国家发展改革委、文化和旅游部、外交部、海关总署、公安部、农业农村部、商务部、人力资源社会保障部、交通运输部按职责分工负责）

（二）文化领域。在文化服务领域开展行政审批标准化试点。推进经营性文化事业单位转企改制、公益性文化事业单位改革和国有文化企业公司制股份制改造。制定实施深化电影院线制改革方案，推动"互联网＋电影"业务创新，完善规范电影票网络销售及服务相关政策，促进点播影院业务规范发展。拓展数字影音、动漫游戏、网络文学等数字文化内容。完善游戏游艺设备分类，严格设备类型与内容准入。总结推广引导城乡居民扩大文化消费试点工作经验和有效模式。扩大文化文物单位文化创意产品开发试点范围。清晰界定文物的所有权、保管权和收藏权，完善文物合法流通交易体制机制。（中央宣传部、文化和旅游部、国家文物局、广电总局、国家发展改革委、财政部按职责分工负责）

（三）体育领域。加快制定赛事审批取消后的服务管理办法，建立体育、公安、卫生等多部门对商业性和群众性大型赛事活动联合"一站式"服务机制。修订彩票公益金资助开展全民健身赛事和活动有关办法，研究制定向社会力量购买全民健身赛事活动服务的办法。推进体育赛事制播分离，积极打造国家体育传播平台，引导有条件的地方电视台创办体育频道。打破大型国际体育赛事转播垄断，引入体育赛事转播竞争机制，按市场化原则建立体育赛事转播收益分配机制。积极培育冰雪运动、山地户外运动、水上运动、航空运动、汽车摩托车运动、电竞运动等体育消费新业态。支持海南打造国家体育旅游示范区，引入一批国际一流赛事。开展全民运动健身模范市（县）创建。（体育总局、财政部、国家发展改革委、广电总局按职责分工负责）

（四）健康领域。落实医疗卫生服务体系规划、医疗机构设置规划、大型医用设备配置规划，凡符合规划条件和准入资质的，不得以任何理由限制。合理放宽社会办医疗机构配置大型医用设备规划预留空间。实施社会办医疗机构跨部门联合审批。制定新型健康服务机构准入标准和监管办法。加快推动贫困县县医院远程医疗全覆盖，并推动向乡村延伸。适应"互联网＋医疗健康"发展，健全互联网诊疗收费政策，逐步将符合条件的互联网诊疗服务纳入医保支付范围。（国家卫生健康委、国家发展改革委、人力资源社会保障部、财政部、国家医保局、商务部按职责分工负责）

（五）养老领域。取消养老机构设立许可。建立养老机构分类管理制度，加快推进公办养老机构转制为企业或开展公建民营，建立健全养老领域公建民营相关规范，着力解决托底保障职能与公建民营不协调问题。编制实施国家积极应对人口老龄化中长期规划，支持各类市场主体增加养老服务供给。推动医养结合，研究出台医养结合机构服务和管理指南，深入开展长期护理保险试点。开展养老机构服务标准体系建设和养老机构服务质量专项行动。推动社区养老服务设施全覆盖。（民政部、国家卫生健康委、人力资源社会保障部、国家医保局、银保监会、国家发展改革委、商务部、市场监管总局按职责分工负责）

（六）家政领域。健全家政服务标准和服务规范，研究制定家政电商等新兴业态的服务标准和规范，开展家政服务标准化试点示范建设。强化家政服务从业人员岗前培训，育婴员、养老护理员等职业实行在岗继续培训制度。实行上岗前健康体检制度，家政服务从业人员上岗前按所从事家政服务类别进行体检。探索建立家政服务保险制度，鼓励家政服务从业人员投保人身意外伤害保险，支持商业保险机构开发家政服务雇主责任保险、职业责任保险、意外险等保险产品。支持家政服务知名品牌建设，引导家政企业做大做强。建立健全大中型城市与中西部地区国家级贫困县之间的家政服务劳务对接机制。（国家发展改革委、商务部、人力资源社会保障部、银保监会、市场监管总局按职责分工负责）

（七）教育培训领域。抓紧修订民办教育促进法实施条例。开展产教融合建设试点工作，鼓励有条件的地区探索职业学校股份制改革试点。大力发展普惠性学前教育，鼓励地方政府通过购买服务、减免租金、派驻公办教师等方式引导和支持民办幼儿园提供普惠性服务。制定实施大力发展3岁以下婴幼儿照护服务的政策措施。实施好关于规范校外培训机构发展的意见。鼓励有条件的地区引进境外优质高等教育、职业教育资源，举办高水平中外合作办学机构和项目，探索建立本科以上层次中外合作办学项目部省联合审批机制。（教育部、商务部、国家发展改革委按职责分工负责）

二、完善促进实物消费结构升级的政策体系

（八）大力发展住房租赁市场。总结推广住房租赁试点经验，加快研究建立住房租赁市场建设评估指标体系。发挥国有租赁企业对市场的引领、规范、激活和调控作用，支持专业化、机构化住房租赁企业发展。加快建设政府主导的住房租赁管理服务平台。鼓励有条件的城市结合实际探索发展共有产权住房，多渠道解决群众住房问题。加快出台城镇住房保障条例、住房租赁条例和住房销售管理条例。建立健全房地产信息发布机制，加强舆论引导，稳定市场预期。（住房城乡建设部、国家发展改革委按职责分工负责）

（九）促进汽车消费优化升级。继续实施新能源汽车车辆购置税优惠政策，完善新能源汽车积分管理制度，落实好乘用车企业平均燃料消耗量与新能源汽车积分并行管理办法，研究建立碳配额交易制度。完善新能源汽车充电设施标准规范，大力推动"互联网＋充电基础设施"，提高充电服务智能化水平。研究制定促进智能汽车创新发展的政策措施。实施汽车销售管理办法，打破品牌授权单一模式，鼓励发展共享型、节约型、社会化的汽车流通体系。深入推进汽车平行进口试点。全面取消二手车限迁政策，便利二手车交易。修订报废汽车回收管理办法。积极发展汽车赛事、旅游、文化、改装等相关产业，深挖汽车后市场潜力。综合运用发行城市停车场建设专项债券、调整完善车辆购置税分配政策等措施，加大停车设施建设资金支持力度。（商务部、工业和信息化部、国家发展改革委、交通运输部、财政部、税务总局、自然资源部、住房城乡建设部、海关总署、生态环境部按职责分工负责）

（十）发展壮大绿色消费。加大相关标准标识认证制度实施力度，完善政府采购制度，创新领跑者指标和相关技术标准的衔接机制。统一常用电子产品的电池、充电器标准。研究建立绿色产品消费积分制度。推动绿色流通发展，倡导流通环节减量包装、使用可降解包装。创建一批绿色商场，在继续做好绿色购物中心创建基础上，逐步向超市、专业店等业态延伸，引导流通企业增设绿色产品专区，扩大绿色产品销售，积极发挥绿色商场在促进绿色循环消费方面的示范作用。（国家发展改革委、生态环境部、商务部、市场监管总局按职责分工负责）

（十一）进一步扩大和升级信息消费。加大网络提速降费力度。加快推进第五代移动通信（5G）技术商用。支持企业加大技术研发投入，突破核心技术，带动产品创新，提升智能手机、计算机等产品中高端供给体系质量。支持可穿戴设备、消费级无人机、智能服务机器人等产品创新和产业化升级。利用物联网、大数据、云计算、人工智能等技术推动各类应用电子产品智能化升级。创新发展生活类信息消费，重点发展面向社区生活的线上线下融合服务、面向文化娱乐的数字创意内容和服务、面向便捷出行的交通旅游服务。推进网络游戏转型升级，规范网络游戏研发出版运营。培育形成一批拥有较强实力的数字创新企业。建立健全公共数据资源开放共享体系。（中央网信办、中央宣传部、工业和信息化部、国家发展改革委、科技部、文化和旅游部、广电总局按职责分工负责）

（十二）推动传统商贸创新发展。高标准布局建设具有国际影响力的大型消费商圈，完善"互联网＋"消费生态体系，鼓励建设"智慧商店"、"智慧商圈"。支持具备条件的城市重点培育一批具有国际国内领先水平的高品位步行街，促进线上线下互动、服务体验融合、商旅文体协同、购物体验结合。提升城市配送车辆通行管理水平。优化商贸物流设施空间布局，大力发展便利店、社区菜店等社区商业。建设培育特色商贸小镇。推进经济型酒店连锁经营，鼓励发展各类生态、文化主题酒店和特色化、中小型家庭旅馆。（商务部、国家发展改革委按职责分工负责）

三、加快推进重点领域产品和服务标准建设

（十三）深入实施"同线同标同质"工程。将内外销产品"同线同标同质"工程实施范围逐步由食品农产品领域向消费品等其他领域拓展。（市场监管总局负责）

（十四）加强消费产品和服务标准制定。积极开展质量提升行动，加强质量基础设施建设与应用,开展国家质量基础设施协同服务及应用。开展新业态、新消费以及服务消费质量监测专项行动,瞄准智能产品、重点服务消费等领域,综合采取风险监测、质量分析、标准领航等措施提升质量水平。修订提高生鲜乳、灭菌乳等国家标准,建立全过程质量追溯体系。积极开展体育、旅游、家政、养老等服务消费领域和以信息技术为支撑的消费新业态新模式的国家标准制订工作,选择部分服务业探索开展服务标准准入制试点。开展健康、教育、体育、金融、电商等领域服务认证。完善绿色产品标准体系,重点加快制修订能源、涉挥发性有机物等产品相关标准,抓好标准实施。有序推动强制性国家标准立项工作,整合精简现行强制性国家标准、行业标准和地方标准。(市场监管总局、工业和信息化部、国家发展改革委、商务部、国家卫生健康委、生态环境部按职责分工负责)

(十五)打造有影响力的中国品牌。选择部分重点行业和重点产品,推动制定国内领先、国际一流的企业标准和行业标准,创建一批有世界影响力的中国品牌。(市场监管总局、工业和信息化部、国家发展改革委、住房城乡建设部、商务部按职责分工负责)

四、建立健全消费领域信用体系

(十六)完善消费领域信用信息共享共用机制。依托全国信用信息共享平台,聚焦重点消费品和旅游、家政、养老、健康等服务消费,进一步归集市场监管、税务、海关等领域信用信息,建立健全企业信用档案和人员档案数据库。落实企业的信息共享共用主体责任,督促企业加大基本信息数据收集力度,实现产品生产信息和质量追溯信息互联互通,方便消费者集中查询。出台实施商务领域诚信体系建设指导意见。(国家发展改革委、商务部、人民银行、海关总署、税务总局、市场监管总局按职责分工负责)

(十七)加强信用信息公开。强化"信用中国"网站公开功能,逐步实现行政许可、行政处罚、产品抽检结果等不涉及个人隐私、企业和国家秘密的信息向社会全部公开,为公众提供信用信息"一站式"查询和消费预警提示服务。建立重大信息公告和违法违规记录公示制度。(国家发展改革委、市场监管总局、商务部按职责分工负责)

(十八)健全守信激励和失信惩戒机制。加快建立守信"红名单"和失信"黑名单"及管理办法,实施守信联合激励和失信联合惩戒措施。在部分地区试点建立失信企业惩罚性赔偿制度,在总结评估的基础上逐步扩大试点范围。建立完善信用分级分类监管机制,根据企业信用风险等级合理配置和调度监管资源。(国家发展改革委、市场监管总局、商务部按职责分工负责)

(十九)推进消费者维权机制改革。开展放心消费创建工作。加强金融消费维权,强化监督管理和社会监督,约束引导银行业和保险业金融机构诚信服务、规范经营,不断提升金融消费满意度。加强电商消费维权,针对电商销售重要时间节点,加强与电商平台、消费者协会等的协作,实现维权、处罚等信息互联互通。严厉打击假冒伪劣和虚假广告宣传。推动加快个人信息保护法立法进程,完善消费者个人隐私、消费数据保护法律法规,强化零售商、服务提供商、电信运营商、互联网平台经营者的主体责任,加大对侵犯消费者隐私权行为的打击惩戒力度。(市场监管总局、人民银行、银保监会按职责分工负责)

(二十)加强重要产品质量追溯体系建设。统筹规划全国重要产品追溯体系建设,提高重要产品生产管理信息化、标准化、集约化水平,健全追溯大数据应用机制,逐步形成全国追溯数据统一共享交换机制,初步实现部门、地区和企业追溯体系互通共享。完善食品药品等重要消费品召回制度。扩大产品国家监督抽查覆盖面,增加抽查频次,加强联合监督执法。(商务部、市场监管总局、工业和信息化部、农业农村部按职责分工负责)

五、优化促进居民消费的配套保障

(二十一)完善有利于促进居民消费的财税支持措施。推动消费税立法。制定出台新个人所得税法相关配套制度和措施,明确专项附加扣除的具体范围、标准和操作办法。积极开展个人税收递延型商业养老保险试点工作。充分利用现有资金渠道对服务消费予以支持。(财政部、税务总局、银保监会、国家发展改革委、商务部按职责分工负责)

(二十二)进一步提升金融服务质效。在风险可控、商业可持续、保持居民合理杠杆水平的前提下,加快消费信贷管理模式和产品创新,加大对重点消费领域的支持力度,不断提升消费金融服务的质量和效率。引导商业保险机构加大产品创新力度,开发有针对性的保险产品。(人民银行、银保监会按职责分工负责)

(二十三)深化收入分配制度改革。进一步深化城乡居民增收综合配套政策试点、专项激励计划和收入监测试点。加快建立全国统一规范的企业薪酬调查和信息发布制度。加强和改进对企业工资分配的宏观指导。推进国有企业工资决定机制改革。完善机关事业单位工资和津补贴制度。合理确定社会救助、抚恤优待等标准。探索开展支出型贫困家庭救助工作。(人力资源社会保障部、财政部、民政部、国家发展改革委按职责分工负责)

六、加强消费宣传推介和信息引导

(二十四)加强消费领域统计监测。研究制定服务消费和消费新业态新模式的统计分类,完善旅游、文化、体育、健康、养老、家政、教育培训、广播电视等重点领域服务消费统计监测,研究建立较为全面反映服务消费发展水平的统计指标体系。建立并推行绿色产品市场占有率统计报表制度。健全消费政策评估机制,委托第三方机构开展重大消费政策评估。(国家统计局、商务部、生态环境部、市场监管总局、国家发展改革委按职责分工负责)

(二十五)加强消费领域大数据应用。依托国家数据共享交换平台体系等基础设施资源,加快推动各部门、各地区消费领域大数据应用并实现互联互通。推动社会组织、电商企业等建设相关领域大数据库,支持专业化大数据服务企业发展。加强政府与社会合作,建立消费领域大数据分析常态化机制,提升大数据运用能力。(国家发展改革委、工业和信息化部按职责分工负责)

(二十六)认真做好消费宣传引导工作。在重大消费政策出台前后,通过组织召开专题发布会、专家解读等方式,正确引导社会预期。定期组织召开消费形势或相关消费领域专题信息发布会,及时发布消费发展信息、增强社会信心。加强和改进新闻媒体关于消费文化的宣传报道。组织编制年度居民消费发展报告。倡导绿色消费理念,纳入全国节能宣传周、全国科普活动周、全国低碳日、世界环境日等主题宣传教育活动,通过新闻媒体、网络媒体开展公益宣传,营造绿色消费良好社会氛围。(中央宣传部、市场监管总局、广电总局、生态环境部、国家发展改革委、人民银行按职责分工负责)

国家发展改革委、生态环境部、商务部关于印发《推动重点消费品更新升级 畅通资源循环利用实施方案（2019—2020年）》的通知

发改产业〔2019〕967号

认真贯彻中央经济工作会议精神和政府工作报告部署，深入落实《中共中央国务院关于完善促进消费体制机制进一步激发居民消费潜力的若干意见》（中发〔2018〕32号）和《国务院办公厅关于印发完善促进消费体制机制实施方案（2018－2020年）的通知》（国办发〔2018〕93号），聚焦汽车、家电、消费电子产品领域，进一步巩固产业升级势头，增强市场消费活力，提升消费支撑能力，畅通资源循环利用，促进形成强大国内市场，实现产业高质量发展。

一、巩固产业升级势头，不断优化市场供给

牢牢把握新一轮产业变革大趋势，大力推动汽车产业电动化、智能化、绿色化，积极发展绿色智能家电，加快推进5G手机商业应用，努力增强新产品供给保障能力。

（一）大幅降低新能源汽车成本。加快新一代车用动力电池研发和产业化，提升电池能量密度和安全性，逐步实现电池平台化、标准化，降低电池成本。引导企业创新商业模式，推广新能源汽车电池租赁等车电分离消费方式，降低购车成本。优化产品准入管理，避免重复认证，降低企业运行成本。

（二）加快发展使用便利的新能源汽车。聚焦续驶里程短、充电时间长等痛点，借鉴公共服务领域换电模式和应用经验，鼓励企业研制充换电结合、电池配置灵活、续驶里程长短兼顾的新能源汽车产品。推进高功率快充、无线充电、移动充换电等技术装备研发应用，提高新能源汽车充换电便利性。

（三）稳步推动智能汽车创新发展。加强汽车制造、信息通信、互联网等领域骨干企业深度合作，组织实施智能汽车关键技术攻关，重点开展车载传感器、芯片、中央处理器、操作系统等研发与产业化。坚持自主式和网联式相结合的发展模式，不断提升整车智能化水平，培育具有国际竞争力的智能汽车品牌。

（四）持续提升汽车节能环保性能。适应汽车燃料消耗量、环保标准升级要求，重点突破整车轻量化、混合动力、高效内燃机、先进变速器、尾气处理等关键技术，增强达到国六排放标准的汽车市场供给能力。优化整车结构设计，积极采用高性能电池和轻量化材料，不断提高新能源汽车节能水平。

（五）着力推动绿色智能家电研发和产业化。支持节能、智能型家电研发，鼓励开发基于物联网、人工智能技术的家电组合产品和一体化产品。重点突破柔性OLED显示、激光投影显示、量子点背光、小间距LED背光等新型显示技术，逐步实现超高清、柔性面板和新型背板量产，加快超高清视频关键系统设备产业化。

（六）不断丰富数字创意内容和服务。增加4K超高清视频内容供给，创新电视互动节目。全面实现彩电网络化服务，加快推进彩电智能化应用，增强双向人机交互功能。鼓励有条件的广播电视台及互联网电视平台开播4K超高清节目，支持终端厂商及

内容服务商创作 8K 内容，开展"5G＋8K"内容传输试验。

（七）积极推进 5G 手机商业应用。鼓励 5G 手机研制和上市销售。加强人工智能、生物信息、新型显示、虚拟现实等新一代信息技术在手机上的融合应用。推动办公、娱乐等应用软件研发，增强手机产品应用服务功能。

（八）深入开展智慧家居跨行业应用试点。以家居智能化为目标，横向打通家电、照明、安防、家具等行业，提供智慧家居综合解决方案。鼓励智慧家居企业与房地产、家装企业加强合作，开展智慧家居项目试点应用。

二、增强市场消费活力，积极推动更新消费

着力破除限制消费的市场壁垒，切实维护消费者正当权益，综合应用各类政策工具，积极推动汽车、家电、消费电子产品更新消费。

（一）坚决破除乘用车消费障碍。严禁各地出台新的汽车限购规定，已实施汽车限购的地方政府应根据城市交通拥堵、污染治理、交通需求管控效果，加快由限制购买转向引导使用，结合路段拥堵情况合理设置拥堵区域，研究探索拥堵区域内外车辆分类使用政策，原则上对拥堵区域外不予限购。

（二）大力推动新能源汽车消费使用。认真落实国务院常务会议精神，各地不得对新能源汽车实行限行、限购，已实行的应当取消。鼓励地方对无车家庭购置首辆家用新能源汽车给予支持。鼓励有条件的地方在停车费等方面给予新能源汽车优惠，探索设立零排放区试点。

（三）研究制定促进老旧汽车淘汰更新政策。大气污染防治重点区域应采取经济补偿、限制使用、严格超标排放监管等方式，大力推进国三及以下排放标准营运柴油货车提前淘汰更新或出口，加快淘汰采用稀薄燃烧技术和"油改气"的老旧燃气车辆。

（四）加快更新城市公共领域用车。推动城市公共领域车辆更新升级，加快推进城市建成区新增和更新的公交、环卫、邮政、出租、通勤、轻型物流配送车辆使用新能源或清洁能源汽车，2020 年底前大气污染防治重点区域使用比例达到 80%。鼓励地方加大新能源汽车运营支持力度，降低新能源汽车使用成本。

（五）积极推动农村车辆消费升级。对农村居民报废三轮汽车并购买 3.5 吨及以下货车或者 1.6 升及以下排量乘用车，有条件的地方可商供货企业给予适当支持，积极发挥商会、协会作用组织开展"汽车下乡"促销活动，促进农村汽车消费。

（六）着力培育汽车特色消费市场。积极探索住行一体化消费模式，统筹规划建设旅居车（又称房车）停车设施和营地，完善配套水电、通讯等设施，促进旅居车市场发展。鼓励有条件的地级及以下城市加快取消皮卡进城限制，充分发挥皮卡客货两用功能。建立健全汽车改装行业管理机制和技术标准，推动汽车消费型改装规范化发展。鼓励发展长租、短租、分时租赁等多种租赁模式，构建多元化汽车消费体系。

（七）持续推动家电和消费电子产品更新换代。鼓励消费者更新淘汰能耗高、安全性差的电冰箱、洗衣机、空调、电视机等家电产品，有条件的地方对消费者购置节能、智能型家电产品给予适当支持。促进智能手机、个人计算机更新换代，有条件的地方对消费者交售旧手机及电脑并购买新产品给予适当支持。鼓励生产企业对消费者进一步让利。经检测认定安全可靠、性能较好的旧产品，鼓励地方免费提供给有需要的贫困居民。

三、提升消费支撑能力，完善配套使用环境

积极发展二手车经营和汽车金融，健全家电基层营销网络，完善充换电、停车、网络等基础设施，营造便利消费、放心消费的市场环境。

（一）全面完善二手车流通管理政策。贯彻落实国务院关于促进二手车便利交易有关要求，坚决取消二手车限迁政策，各地对环保、安全年检有效，且符合转入地在用车排放标准的二手车，积极出台便利交易、促进流通的政策措施。加快修订《二手车流通管理办法》，推动实现二手车交易信息部门共享，加强诚信体系建设。研究建立二手车出口管理体系，制定完善二手车出口检测规范，支持条件成熟地区开展二手车出口。

（二）大力提升二手车便利交易水平。鼓励汽车生产企业依托现有经销网络，采取自主经营、联合经营等方式，积极发展二手车业务，推动二手车经销企业品牌化、连锁化经营。依托具备条件的经销商建立二手车服务站，提供交易、纳税、登记、保险一站式服务。推行二手车异地交易，逐步在全国范围内推行车辆转籍信息网上转递，并在交易地办理转移登记手续，提高异地交易便利化水平。

（三）积极引导汽车金融产品创新。鼓励银行等金融机构优化资源配置和业务布局，增加地级及以下城市和农村地区汽车金融服务的有效供给。针对细分市场提供特色金融服务，适应多样化汽车消费需求。利用金融科技手段优化产品定价、简化抵押贷款等业务办理流程，提高风险控制能力。积极创新汽车金融消费信贷产品，规范汽车金融服务费收取标准，切实保障消费者权益。

（四）建立健全产品基层营销网络。深入实施《汽车销售管理办法》，鼓励发展共享型、节约型、社会化的汽车流通体系。鼓励家电企业与经销商、物流仓储企业加强合作，完善欠发达地区高效分销网络和仓储物流体系，提升安装维修等服务水平。积极开展新建社区全屋家电定制业务。

（五）不断改善配套基础设施。中央和地方财政继续对充换电等基础设施建设和配套运营服务给予支持，加快大型公共场所充电桩建设。鼓励国有企事业单位充分利用现有停车场地，按照不低于停车位数量10%的比例建设充电设施。支持地方和企业依托路灯、加油站等现有基础设施，因地制宜开展充电设施建设和服务。鼓励机关和企事业单位与周边居民小区建立停车设施昼夜错峰使用调配机制，提高现有停车设施利用效率。加快已有停车设施升级改造，推动立体停车设施建设。鼓励各地为新能源汽车分时租赁提供停车、充电设施支持。大力推进道路基础设施智能化升级改造，积极发展汽车信息服务。继续加强农村和边远落后地区"四好农村路"建设，提高固定宽带和4G网络覆盖率。推进5G规模组网建设及应用示范。

（六）切实保障消费者合法权益。严格实施《中华人民共和国消费者权益保护法》，强化质量责任追究机制，健全问题产品召回制度和消费者维权制度，加大对消费者合法权益的保护力度。加快修订出台《家用汽车产品修理、更换、退货责任规定》。健全家电和消费电子产品生命周期标准，研究制定家电安全使用年限标准。

四、畅通资源循环利用，构建绿色产业生态

加强老旧产品报废管理，落实生产者责任，完善回收网络体系，规范梯级利用、回收拆解、资源化利用和无害化处置，壮大回收拆解领域市场主体实力，畅通全生命周期资源循环，提高利用效率。

（一）严格执行老旧产品淘汰规定。建立健全并落实汽车检验和报废制度，严格执行机动车强制报废相关政策，推动车辆注销、报废信息共享，加大执法监管力度，夯实车主责任义务，督促符合强制报废条件的车辆及时退出。对无强制报废要求但使用年限较长的汽车、家电、消费电子产品，鼓励地方积极引导消费者及时报废更新。对排放污染大、安全性能差的老旧汽车，研究提高第三者责任强制保险投保费率。

（二）着力完善废旧产品回收拆解体系。认真落实生产者责任延伸制度，支持符合条件的汽车、家电、消费电子产品生产企业，通过自建、联合和委托等方式开展回收拆解业务。拓展全国汽车流通信息管理应用服务系统功能，及时发布更新报废汽车回收拆解企业信息。在有条件的地区试行家电、消费电子产品回收网点登记制度，探索实施汽车跨区域报废拆解。积极发展线上线下相结合、智能回收等服务新模式，探索"互联网＋资源回收"新业态，不断提升回收体系的组织化、规范化水平。

（三）切实加强回收拆解企业管理。落实《报废机动车回收管理办法》，制定配套实施细则。修订《报废汽车回收拆解企业技术规范》。加大回收拆解关键技术和装备研发力度，鼓励有条件的回收拆解企业开展技术改造，提高清洁环保、安全生产和资源利用水平。加快回收拆解企业信息化建设，实现部门信息共享。

（四）积极化解拆解企业经营压力。深化废弃电器电子产品处理制度改革，落实废弃电器电子产品处理基金"以收定支、自我平衡"的机制，推动基金征收、补贴标准及时调整，促进废弃电器电子产品进入正规渠道处理。

（五）加快建立废旧电子产品信息安全管理规范。建立分级"信息清除"标准，制定废旧电子产品处理企业"信息安全"认证制度。研究探讨利用涉密废旧电子产品处置体系，回收拆解涉及个人信息安全废旧手机、电脑等电子产品。

（六）不断提高废旧产品资源利用水平。加强资源回收利用源头管理，鼓励生产企业开展生态设计和制造，加快淘汰不利于回收利用的生产工艺和装备，提高产品可回收性、易拆解性，及时提供拆解手册，组织开展拆解培训。加强废旧汽车、家电和消费电子产品拆解产物流向监管。研究制定废旧电路板、聚氨酯材料回收利用管理办法。加快出台汽车零部件再制造规范管理文件，明确再制造企业应具备的条件，构建再制造企业及产品监管机制，不断提升产品循环利用水平。

国家林业和草原局
关于促进林草产业高质量发展的指导意见

林改发〔2019〕14号

各省、自治区、直辖市林业和草原主管部门，内蒙古、大兴安岭森工（林业）集团公司，新疆生产建设兵团林业和草原主管部门，国家林业和草原局各司局、各派出机构、各直属单位：

森林和草原是重要的可再生资源。合理利用林草资源，是遵循自然规律、实现森林和草原生态系统良性循环与自然资产保值增值的内在要求，是推动产业兴旺、促进农牧民增收致富的有效途径，是深化供给侧结构性改革、满足社会对优质林草产品需求的重要举措，是激发社会力量参与林业和草原生态建设内生动力的必然要求。为合理利用林草资源，高质量发展林草产业，实现生态美百姓富有机统一，现提出如下意见。

一、指导思想

全面贯彻落实党的十九大和十九届二中、三中全会精神，以习近平新时代中国特色社会主义思想为指导，践行"绿水青山就是金山银山"理念，深化供给侧结构性改革，大力培育和合理利用林草资源，充分发挥森林和草原生态系统多种功能，促进资源可持续经营和产业高质量发展，有效增加优质林草产品供给，为实现精准脱贫、推动乡村振兴、建设生态文明和美丽中国作出更大贡献。

二、基本原则

（一）坚持生态优先，绿色发展。正确处理林草资源保护、培育与利用的关系，建立生态产业化、产业生态化的林草生态产业体系，筑牢发展新根基。

（二）坚持因地制宜，突出特色。根据林草资源禀赋，培育主导产业、特色产业和新兴产业，培植林草产品和服务品牌，形成资源支撑、产业带动、品牌拉动的发展新格局。

（三）坚持创新驱动，集约高效。加快产品创新、组织创新和科技创新，推动规模扩张向质量提升、要素驱动向创新驱动、分散布局向集聚发展转变，培育发展新动能。

（四）坚持市场主导，政府引导。充分发挥市场配置资源的决定性作用，积极培育市场主体，营造良好市场环境。加强政府引导和监督管理，完善服务体系，健全发展新机制。

三、发展目标

到2025年，林草资源合理利用体制机制基本形成，林草资源支撑能力显著增强，优质林草产品产量显著增加，林产品贸易进一步扩大，力争全国林业总产值在现有基础上提高50%以上，主要经济林产品产量达2.5亿吨，林产品进出口贸易额达2400亿美元；产业结构不断优化，新产业新业态大量涌现，森林和草原服务业加速发展，森林的非木质利用全面加强和优化，林业旅游、康养与休闲产业接待规模达50亿人次，第一、二、三产业比例调整到25∶48∶27；资源开发利用监督管理进一步加强，资源利用效率和生产技术水平进一步提升，产业质量效益显著改善；有效增进国家生态安全、木材安全、粮油安全和能源安全，有力助推乡村振兴、脱贫攻坚和经济社会发展，服务国家战略能力全面增强。

到2035年，林草资源配置水平将明显提高，林草产业规模将进一步扩大，优质林草产品供给更加充足，产业结构更加优化，产品质量和服务水平全面提升，资源利用监管更加有效，服务国家战略能力持续增强，我国迈入林草产业强国行列。

四、重点工作

（一）增强木材供给能力。突出可持续经营和定向集约培育，加大人工用材林培育力度。以国家储备林为重点，加快大径级、珍贵树种用材林培育步伐。推进用材林中幼林抚育和低质低效林改造。支持林业重点龙头企业或有经营能力的其他社会投资主体参与原料林基地建设。加强竹藤资源培育，发展优质高产竹藤原料基地，增加用材供给。

（二）推动经济林和花卉产业提质增效。坚持规模适度、突出品质、注重特色，建设木本油料、特色果品、木本粮食、木本调料、木本饲料、森林药材等经济林基地和花卉基地，创建一批示范基地，培育特色优势产业集群。加强优良品种选育推广，健全标准体系，推行标准化生产，调整品种结构，培育主导产品。发展精深加工，搞好产销衔接，增强带动能力。

（三）巩固提升林下经济产业发展水平。完善林下经济规划布局和资源保护利用政策。支持小农户和规模经营主体发展林下经济。提升林下经济质量管理和品牌建设能力，完善技术和产品标准，出台林下药用植物种植等技术规程，规范林下经济发展。培育一批规模适度、特色鲜明、效益显著、环境友好、带动力强的林下经济示范基地。

（四）规范有序发展特种养殖。发挥林区生态环境和物种资源优势，以非重点保护动物为主攻方向，培育一批特种养殖基地和养殖大户，提升繁育能力，扩大种群规模，增加市场供给。鼓励社会资本参与种源繁育、扩繁和规模化养殖，发展野生动物驯养观赏和皮毛肉蛋药加工。完善野生动物繁育利用制度，加强行业管理和服务，推动保护、繁育与利用规范有序协调发展。

（五）促进产品加工业升级。优化原料基地和林草产品加工业布局，促进上下游衔接配套。支持农户和农民合作社改善林草产品储藏、保鲜、烘干、分级、包装条件，提升初加工水平。加大生物、工程、环保、信息等技术集成应用力度，加强节能环保和清洁生产，促进加工网络化、智能化、精细化。支持营养功能成分提取技术研究和开发，培育发展森林食品。开发林业生物质能源、生物质材料和生物质产品，挖掘林产工业潜力。鼓励龙头企业牵头组建集种养加服于一体、产学研用相结合的各类林草产业联盟。

（六）大力发展森林生态旅游。制定森林生态旅游与自然资源保护良性互动的政策机制。推动标准化建设，建立统一的信息统计与发布机制。积极培育森林生态旅游新业态新产品。开展服务质量等级评定。加强试点示范基地建设，打造国家森林步道、特色森林生态旅游线路、新兴森林生态旅游地品牌。加强森林生态旅游宣传推介。引导各地围绕森林生态旅游开展森林城镇、森林人家、森林村庄建设。

（七）积极发展森林康养。编制实施森林康养产业发展规划，以满足多层次市场需求为导向，科学利用森林生态环境、景观资源、食品药材和文化资源，大力兴办保健养生、康复疗养、健康养老等森林康养服务。建设森林浴场、森林氧吧、森林康复中心、森林疗养场馆、康养步道、导引系统等服务设施。加强林药材种植培育、森林食品和药材保健疗养功能研发。推动实施森林康养基地质量评定标准，创建国家森林康养基地。

（八）培育壮大草产业。继续实施退牧还草工程，启动草原生态修复工程，保护天然草原资源。加大人工种草投入力度，扩大草原改良建设规模，提高草原牧草供应能力。启动草业良种工程，加大优良草种繁育体系建设力度，逐步形成草品种集中生产区。加大牧草种植业投入，出台草产品加工业发展激励政策。重视发展草坪业，提高草坪应用水平。积极发展草原旅游，开展大美草原精品推介活动，打造草原旅游精品路线。

五、保障措施

（一）壮大经营主体。以林业专业大户、家庭林场、农民专业合作社、龙头企业和专业化服务组织为重点，加快新型林业经营体系建设。培育和壮大林业龙头企业，推动组建国家林业重点龙头企业联盟，加快推动产业园区建设，促进产业集群发展。引导发展以林草产品生产加工企业为龙头、专业合作组织为纽带、林农和种草农户为基础的"企业＋合作组织＋农户"的林草产业经营模式，打造现代林草业生产经营主体。积极营造林草行业企业家健康成长环境。

（二）完善投入机制。推动林草产权制度和经营管理制度创新。实施好《建立市场化、多元化生态保护补偿机制行动计划》，创新森林和草原生态效益市场化补偿机制。优化林业贷款贴息、科技推广项目等投入机制，重点支持珍贵树种、木本油料、木本饲料、特种经济树种栽培、优质苗木、森林（草原）生态旅游、森林康养等领域。运用政府和社会资本合作（PPP）等模式，引导社会资本进入林草产业。落实国家已确定的用地政策，激励各类经营主体投资林草产业基础设施和服务设施建设。

（三）拓展金融服务。积极争取扩大林权抵押贷款规模，争取金融机构开发林业全周期信贷产品，推广林权按揭贷款，推动林草业经营收益权质押贷款和生态补偿收益权质押贷款。积极协调金融机构拓宽支持林业产业的金融产品，鼓励各地建立林权收储担保服务制度，支持林业规模经营主体创办（领办）林权收储机构，支持其以自有林权抵押折资作为保证资金。鼓励金融机构开展林产品抵押、质押融资。争取保险机构扩大保险覆盖范围。完善林草资源资产评估制度和标准。

（四）加强市场建设。推广"互联网＋"模式，建设林草产品电子商务体系，搭建电子商务平台，加强大数据应用，促进线上线下融合发展。大力推行订单生产，鼓励龙头企业与农民、专业合作组织建立长期稳定购销关系。积极推广木竹结构建筑和绿色建材，服务新型城镇化建设需要。深入实施森林生态标志产品建设工程，完善统一规范的产品标准、认定和标识制度。加强区域特色品牌、区域公用品牌、国内知名品牌和国际优良品牌建设。强化企业社会责任管理，健全评价体系和命名制度。实施林草碳汇市场化建设工程，完善碳汇计量监测体系，加快发展碳汇交易。

（五）强化科技支撑。加强用材林、经济林、林下经济、竹藤、花卉、特种养殖、牧草良种培育等关键技术研究，推广先进适用技术。集成创新木质非木质资源高效利用技术和草原资源高效利用技术。推动林区网络和信息基础设施基本全覆盖，加快促进智慧林业发展。推进国家级林草业先进装备生产基地建设，提升先进装备研发和制造能力。开展林业和草原科技特派员科技创业行动，鼓励企业与科研院所合作，培养科技领军人才、青年科技人才和高水平创新团队。

（六）深化"放管服"改革。精简和优化林草业行政许可事项，提升行政审批效率。推进行政许可随机抽查全覆盖，加强事中事后监管。深化林木采伐审批改革，逐步实现依据森林经营方案确定采伐限额，改进林木采伐管理服务。建设林业基础数据库、资源监管体系、林权管理系统和林区综合公共服务平台。强化乡镇林业工作站公共服务职能，全面推行"一站式、全程代理"服务。发挥好行业组织在促进林草产业发展方面的作用。

（七）维护质量安全。健全林草产品标准体系和质量管理体系，完善林草产品质量评价制度和追溯制度。加快推进标准化生产，大力推进产地标识管理、产地条形码制度。培育创建一批林草产品质量提升示范区。建立林草产业市场准入目录、市场负面清单及信用激励和约束机制。建立主要林草产品质量安全抽检机制，及时发布检测结果，引导企业落实产品质量及安全生产责任。

（八）扩大国际合作。实施林草产品引进来和走出去战略。鼓励和引导企业建立海外森林资源培育基地和林业投资合作示范园区。深化木材加工、林业机械制造等优势产能国际合作，推进林业调查规划、勘察设计等服务和技术输出。依托国内口岸，建立进口木材储备加工交易基地。健全林业贸易摩擦应对和境外投资预警协调机制。

国家林业和草原局
2019 年 2 月 14 日

工业和信息化部 国家发展和改革委员会关于印发《扩大和升级信息消费三年行动计划（2018—2020 年）》的通知

工信部联信软〔2018〕140 号

我国经济已由高速增长阶段转向高质量发展阶段，消费对经济发展的基础性作用日益凸显。信息消费是创新最活跃、增长最迅速、辐射最广泛的新兴消费领域之一，对拉动内需、促进就业和引领产业升级发挥着重要作用，已成为新时期提振国民经济、深化供给侧结构性改革、实现高质量发展的关键抓手。扩大和升级信息消费，有利于在更高水平、更高层次、更深程度实现供需新平衡，有利于优化经济结构，普惠社会民生。为深入贯彻落实《国务院关于进一步扩大和升级信息消费持续释放内需潜力的指导意见》，大力推动信息消费向纵深发展，壮大经济发展内生动力，制订本行动计划。

一、总体要求

（一）指导思想

以习近平新时代中国特色社会主义思想为指导，全面贯彻落实党的十九大精神，认真落实党中央、国务院决策部署，以推进供给侧结构性改革为主线，以加快提升产业供给能力为重点，以优化信息消费环境为保障，深化信息技术融合创新应用，打造信息消费升级版，不断满足人民群众日益增长的消费需求，促进经济社会更高质量、更可持续的健康发展。

（二）基本原则

坚持需求拉动、创新发展。以满足人民群众期待为出发点和落脚点，加快提升产业供给能力，推动信息消费供给结构与需求结构有效匹配、消费升级与有效投资良性互动。

坚持多方联动、协同发展。以企业为主体，加强产学研用各方协作，促进产业链协同发展，构建完善的信息消费生态体系，扩大信息消费覆盖范围。

坚持因地制宜、特色发展。引导各地根据经济基础和产业特色合理定位，结合信息消费需求发展的新变化、新趋势，不断调整完善政策体系，分类别、分层次、分步骤有序推进。

坚持有序推进、安全发展。树立正确的网络安全观，统筹促发展与保安全，加强信息消费市场监管体系建设，完善安全管理体系，持续优化产业发展环境。

二、主要目标

消费规模显著增长。到 2020 年，信息消费规模达到 6 万亿元，年均增长 11% 以上。信息技术在消费领域的带动作用显著增强，拉动相关领域产出达到 15 万亿元。

覆盖范围惠及全民。到 2020 年 98% 行政村实现光纤通达和 4G 网络覆盖，加快补齐发展短板，释放网络提速降费红利。

载体建设稳步推进。创建一批新型信息消费示范城市，打造区域性信息消费创新应用高地，培育一批发展前景好、带动作用大、示范效应强的项目。

产业体系逐步健全。加强核心技术研发,推动信息产品创新和产业化升级,提升产品质量和核心竞争力。在医疗、养老、教育、文化等多领域推进"互联网+",推动基于网络平台的新型消费成长,发展线上线下协同互动消费新生态。

消费环境日趋完善。信息消费法律法规体系日趋完善,高效便捷、安全可信、公平有序的信息消费环境基本形成,努力实现消费者能消费、敢消费、愿消费。

三、主要行动

(一)新型信息产品供给体系提质行动

提升消费电子产品供给创新水平。利用物联网、大数据、云计算、人工智能等技术推动电子产品智能化升级,提升手机、计算机、彩色电视机、音响等各类终端产品的中高端供给体系质量,推进智能可穿戴设备、虚拟/增强现实、超高清终端设备、消费类无人机等产品的研发及产业化,加快超高清视频在社会各行业应用普及。针对家庭、社区、机构等不同应用环境,发展便携式健康监测设备、家庭服务机器人等智能健康养老服务产品,满足多样化、个性化健康养老需求。

加快新型显示产品发展。支持企业加大技术创新投入,突破新型背板、超高清、柔性面板等量产技术,带动产品创新,实现产品结构调整。推动面板企业与终端企业拓展互联网、物联网、人工智能等不同领域应用,在中高端消费领域培育新增长点,进一步扩大在线健康医疗、安防监控、智能家居等领域的应用范围。

深化智能网联汽车发展。推进技术测试等支撑平台建设,制定车联网产业发展标准体系建设指南,推进车载智能芯片、自动驾驶操作系统、车辆智能算法等关键技术产品研发,构建一体化智能车辆平台,培育多元化应用。推进基于宽带移动互联网的智能汽车和智慧交通应用项目建设。到2020年,建立可靠、安全、实时性强的智能网联汽车计算平台,形成平台相关标准,支撑高度自动驾驶(HA级)。

(二)信息技术服务能力提升行动

组织开展"企业上云"行动。面向行业企业开展宣传培训工作,推动云计算服务商与行业企业深入合作,利用云上的软件应用和数据服务提高企业管理效率,组织开展典型标杆应用案例遴选。推动中小企业业务向云端迁移,到2020年,实现中小企业应用云服务快速形成信息化能力,形成100个企业上云典型应用案例。

提升信息技术服务研发应用水平。推进新型智慧城市建设,支持云计算、大数据、物联网综合研发应用,加速提高居民生活信息消费便利化水平。组织开展区块链等新型技术应用试点。发布信息技术服务标准(ITSS)体系5.0版,持续开展贯标活动,支持企业以标准为引领加快提升综合集成服务能力,到2020年贯标企业超过2000家。

培育行业信息消费支撑服务。积极发展工业电子商务,深化制造业和互联网融合,建设一批有较强影响力和带动力的垂直电商平台。支持企业发展网络支付、现代物流、供应链管理等面向信息消费全过程的支撑服务。到2020年,实现重点行业骨干企业电子商务普及率达到60%。

推动信息消费领域"双创"发展。支持大型企业建立基于互联网的"双创"平台,培育信息消费融合发展新业态、新模式。建设一批国家中小企业公共服务示范平台,为中小企业提供信息、技术、创业、培训、融资等服务。公告一批国家小型微型企业创业创新示范基地,广泛吸引中小企业入驻,引导示范基地积极整合社会服务资源,提供多方面、多种形式的服务，助力信息消费创新发展。

（三）信息消费者赋能行动

推动信息基础设施提速降费。深入落实"宽带中国"战略，组织实施新一代信息基础设施建设工程，推进光纤宽带和第四代移动通信（4G）网络深度覆盖，加快第五代移动通信（5G）标准研究、技术试验，推进5G规模组网建设及应用示范工程。深化电信普遍服务试点，提高农村地区信息接入能力。加大网络降费优惠力度，充分释放网络提速降费红利。在工业、农业、交通、能源、市政、环保等领域开展试点示范到2020年实现城镇地区光网覆盖，提供1000Mbps以上接入服务能力；98%的行政村实现光纤通达和4G网络覆盖，有条件地区提供100Mbps以上接入服务能力；确保启动5G商用。

实施消费者信息技能提升培训工程。依托信息消费试点示范城市建设，面向各类消费主体特别是信息技能相对薄弱的农牧民、老年人等群体，组织开展信息消费培训，普及信息应用、网络支付、风险甄别等相关知识。鼓励企业、行业协会等社会力量结合当地特色和优势，组织开展信息类职业技能、创业创新等系列大赛，提升信息消费技能。2020年之前选择重点地区实施100个以上信息技能培训项目。

组织开展信息消费体验活动。组织开展"信息消费城市行"，通过政策解读、展览展示、互动体验、现场参观等形式，扩大信息消费影响力。支持各地组织信息消费体验周、建设信息消费体验馆等各种活动，积极运用虚拟/增强现实、交互娱乐等技术，深化用户在应用场景定制、产品功能设计、数字内容提供等方面的协同参与，提高消费者满意度，丰富信息消费体验，培养信息消费习惯。

（四）信息消费环境优化行动

加强和改进行业监管。深入推进"放管服"改革，进一步简化行政审批，对信息消费领域新模式新业态采取鼓励创新、包容审慎的监管模式，营造行业健康发展环境。持续创新监管方式，加强信息通信行业信用体系建设，利用云计算、大数据等完善监管技术手段。夯实互联网基础资源管理，实行网站、域名实名联动管理，强化企业主体责任。

维护市场竞争秩序。完善以信用为核心的全流程市场监管体系，进一步规范互联网网络接入服务市场，加大骚扰电话防范和治理力度，维护信息通信市场秩序。优化市场竞争法律法规环境，规范市场主体竞争秩序，依法查处不正当竞争行为，加大知识产权保护力度，激发创新创业活力。

加强个人信息保护。落实《中华人民共和国网络安全法》相关规定，推动出台电信和互联网网络数据管理政策，规范网络数据收集、传输、存储和使用行为。建立完善数据与个人信息泄露公告和报告机制，加强行业个人信息保护监督执法，督促企业切实落实用户个人信息保护责任。

构建安全可靠的信息消费环境。深入推进网络综合治理，及时有效应对网络诈骗等新问题，纵深推进防范打击通讯信息诈骗工作，有效维护人民群众切身利益。加强监督检查，加大对电信和互联网企业服务和收费违规行为的处置和曝光力度，督促企业加强自律，解决好社会关注和用户反映强烈的热点难点问题，切实维护用户合法权益。

四、保障措施

（一）加强工作组织协调

各地工业和信息化、发展改革主管部门要加强信息消费重大决策、重大工程和重大问题的统筹协调，做好组织保障。建立完善信息消费发展的协同工作机制，明确地方信息消费发展目标和实施方案，加大对信息消费工作成效考核力度，做好行动计划的贯彻落实。支持有条件的地方成立信息消费发展专家咨询委员会，为开展工作提供参考和支持。

（二）加大政策支持力度

加大资金支持力度，支持信息消费前沿技术研发，拓展各类新型产品和融合应用。各地工业和信息化、发展改革主管部门要进一步落实鼓励软件和集成电路产业发展的若干政策，加大现有支持中小微企业税收政策落实力度。鼓励有条件的地方设立信息消费专项资金，推动出台支持信息消费发展的政策，切实改善企业融资环境，加大对信息消费领域中小微企业的支持。

（三）推动开展试点示范

完善信息消费示范城市建设方案和管理办法，鼓励地方加大支持力度，打造一批产业基础雄厚、产业链条完备、聚集效应明显、区域特色鲜明的试点示范城市。面向生活类信息消费、公共服务类信息消费、行业类信息消费、新型信息产品消费遴选一批发展前景好、带动作用大、示范效应强的示范项目。

（四）完善统计监测制度

加快制定完善信息消费统计监测制度，进一步明确统计范围。各地工业和信息化主管部门要按照全国统计监测目标、范围和口径，完善本地区统计监测工作机制，及时上报信息消费工作进展情况。建立健全信息消费评价机制，定期发布信息消费发展指数，指导和推动信息消费持续健康发展。

（五）搭建产业合作平台

充分发挥协会、联盟等行业组织的桥梁纽带作用，整合骨干企业、高等院校、科研院所等各界资源，推动产、学、研间开展深入合作，在信息消费标准制定、技术验证、产品孵化、国际拓展等方面，创新管理和运作机制，打造多方协作、互利共赢的产业生态。

工业和信息化部关于促进制造业产品和服务质量提升的实施意见

工信部科〔2019〕188号

提高制造业产品和服务质量水平,是深化供给侧结构性改革,满足人民日益增长的美好生活需要的重要举措,是促进我国产业迈向全球价值链中高端的必然要求。为深入贯彻落实《中共中央 国务院关于开展质量提升行动的指导意见》,加快提升制造业产品和服务质量,推动制造业高质量发展,现提出以下意见。

一、总体要求

（一）指导思想

坚持以习近平新时代中国特色社会主义思想为指导,全面贯彻党的十九大和十九届二中、三中全会精神,牢固树立新发展理念,坚持以供给侧结构性改革为主线,以提高制造业质量和效益为目标,落实企业质量主体责任,增强质量提升动力,优化质量发展环境,培育制造业竞争新优势,为实施制造强国、质量强国战略奠定坚实基础。

（二）基本原则

坚持质量提升与满足需求相结合。以增强制造业竞争力和满足人民群众日益增长的美好生活需要作为出发点和落脚点,加强全面质量管理,推进质量文化和品牌建设,增强人民群众获得感。

坚持企业主体与营造环境相结合。推动企业落实质量主体责任,严守质量底线,提高质量水平,扩大优质产品和服务供给。优化质量发展环境,加强标准引领,加快人才培养,强化专业支撑,推动优质优价,激发企业质量提升动力。

坚持技术创新与管理创新相结合。提升技术创新能力,引导创新要素向关键共性技术、中高端产品和服务集聚,提高产品的安全性、可靠性和环境适应性。促进质量管理创新,推广先进质量管理方法和工具,提高质量管理的水平。

坚持全面推进与分业施策相结合。完善覆盖全产业链、产品全生命周期的质量提升协作机制。聚焦行业质量突出问题,精准施策,提升原材料供给质量,增强装备制造质量竞争力,加快消费品提质升级,推动信息技术产业迈向中高端。

（三）主要目标

到2022年,制造业质量总体水平将显著提升,质量基础支撑能力将明显提高,质量发展环境持续优化,行业质量工作体系更加高效。建设一批国家标准、行业标准与团体标准协调配套的标准群引领行业质量提升,推动不少于10个行业或领域建立质量分级工作机制,完善重点产品全生命周期的质量追溯机制,提高企业质量和品牌的竞争力。

二、落实企业质量主体责任

（四）健全质量责任体系

企业法定代表人或主要负责人是质量第一责任人。企业要建立质量安全控制关键岗位责任制,严格实施企业岗位质量规范和质量考核制度。严格执行强制性标准,主动对产品和服务质量进行声明，接受社会监督。执行重大质量事故报告及应急处理制度，增强质量安全风险防控能力。履行缺陷产品召回等法定义务，严格落实产品修理、更换、退货责任规定，依法承担质量损害赔偿责任，建立健全产品全生命周期质量追溯机制。

（五）加强全面质量管理

明确企业质量方针目标，建立覆盖全员、全过程的质量管理体系，持续提高质量管理体系运行的有效性，确保持续稳定地提供满足法律法规和顾客需求的产品和服务，优化顾客体验，提高顾客满意度。加强供应链质量管理，建立完善第二方质量审核制度，对重要供应商的质量、技术、工艺、设备和人员等进行指导和监督。积极应用卓越绩效模式、六西格玛管理、精益生产等方法，开展质量风险分析与控制、质量成本管理、质量管理体系升级等活动，全面提高企业质量管理能力。

（六）推进质量文化建设

树立质量为先、信誉至上的诚信经营理念，强化全员质量意识，提升员工岗位技能，把质量诚信落实到企业生产经营的全过程。大力弘扬优秀企业家精神和工匠精神，加强企业社会责任建设，培育精益求精、追求卓越的质量文化。鼓励设立首席质量官，积极组织开展质量管理小组、班组管理、质量攻关、合理化建议等群众性质量活动，加强优秀质量成果的内部推广和外部交流，持续改进质量管理。

三、增强质量提升动力

（七）发挥标准带动作用

发挥标准对行业质量提升的支撑与引领作用，提高上下游产业标准的协同性和配套性，推动建立覆盖全产业链和产品全生命周期的标准群。加快重点领域质量安全标准、绿色设计与生产标准制定，推动标准实施。鼓励地方结合本地区自然条件等特殊要求组织制定地方标准，服务地方特色产业发展。鼓励企业和社会团体制定满足多层次市场需求和创新需求的标准，支持具有创新性、先进性和国际性的团体标准应用示范，支持地方开展标准领航质量提升工作，支持行业和企业参与国际标准化工作，与国际先进水平对标，推动行业高质量发展。

（八）强化技术支撑作用

鼓励企业技术创新，开展个性化定制、柔性生产，丰富产品种类，满足差异化消费需求。推广数字孪生、可靠性设计与仿真、质量波动分析等技术的开发应用，提升产品质量设计和工艺控制能力。持续推进两化融合管理体系贯标，推动云计算、大数据、人工智能等新一代信息技术在质量管理中的应用，支持建立质量信息数据库，开发在线检测、过程控制、质量追溯等质量管理工具，加强质量数据分析，推动企业建立以数字化、网络化、智能化为基础的全过程质量管理体系。

（九）发挥品牌促进作用

引导企业建立以质量为基础的品牌发展战略，丰富品牌内涵，提升品牌形象。鼓励行业协会、专业机构建立健全品牌培育专业化服务体系，制定宣贯品牌培育管理体系标准，完善品牌培育成熟度评价机制，以品牌培育推动企业从"质量合格"向追求"用户满意"跃升。推动产业集群区域品牌建设，引导集群内企业标准协调、创新协同、业务协作、资源共享，发挥龙头企业带动作用，推动产业链提质升级。加强品牌宣传推广，引领消费需求，增强消费信心，促进企业加快质量升级。

四、优化质量发展环境

（十）倡导优质优价

鼓励行业协会和专业机构围绕产品性能、技术能力、用户需求等制定质量分级标准，运用检验检测、合格评定、满意度调查等手段，对重点产品试点开展质量分级评价，建立质量分级发布机制。以机械、钢铁、石化、建材、轻工、电子等行业专业化质量分级为试点，推动建立质量分级、应用分类的市场化采信机制。加大政府采购的引导作用，推动发布优质采购目录，鼓励在重大装备和重点工程中使用优质产品。

（十一）优化市场环境

加强质量诚信体系建设，建立消费者投诉、产品召回等信息共享机制，引导行业对共性质量问题进行警示和改进。配合有关部门打击侵犯知识产权和制售假冒伪劣商品行为，联合惩戒严重质量违法失信行为，推动构建公平、公正、开放、有序的市场竞争环境。引导地方和行业制定区域、行业质量提升计划，积极开展质量兴业、质量比对、品牌培育等工作，总结中国优秀工业设计、单项冠军、质量标杆、专精特新"小巨人"、产业集群区域品牌建设等各类活动中的好经验好做法，加大宣传推广力度。

（十二）夯实服务支撑

加强质量基础能力建设，发挥各类公共服务平台作用，加大面向中小企业的质量和品牌服务供给。发挥国家、省级制造业创新中心作用，攻克一批关键共性技术并推广应用，提高企业质量技术水平。支持专业机构加强质量控制和技术评价能力建设，鼓励为企业服务。加快发展研发设计、工业设计、知识产权、标准验证、质量诊断、检测认证等生产性服务业，加强国际交流与合作，提高专业化服务水平。推动行业检验检测实验室向公众开放，提高全民质量意识。

五、加快重点产业质量提升

（十三）提高原材料工业供给质量

深入实施《原材料工业质量提升三年行动方案（2018—2020年）》。加快钢铁、水泥、电解铝、平板玻璃等传统产业转型升级，推广清洁高效生产工艺，实施绿色化、智能化改造，鼓励研发应用全流程质量在线监测、诊断与优化系统。加快高端材料创新，支持航空、核能、发动机等关键领域材料的生产应用示范平台建设，促进新材料应用验证及推广，形成高性能、功能化、差别化的先进基础材料供给能力。加快稀土功能材料创新中心和行业测试评价中心建设，支持开发稀土绿色开采和冶炼分离技术，加快稀土新材料及高端应用产业发展。支持开展重点原材料产品用户满意度调查，以用户为中心不断提升原材料供给质量。

（十四）增强装备制造业质量竞争力

积极落实《促进装备制造业质量品牌提升专项行动指南》。实施工业强基工程，着力解决基础零部件、电子元器件、工业软件等领域的薄弱环节，弥补质量短板。加快推进智能制造、绿色制造，提高生产过程的自动化、智能化水平，降低能耗、物耗和水耗。按照《工业企业技术改造升级投资指南》规划，梳理产业质量升级亟需的新技术、新装备、新工艺目录，积极引导产业基金及社会资金支持，提高装备制造业的质量水平。

（十五）促进消费品工业提质升级

贯彻落实《关于开展消费品工业"三品"专项行动 营造良好市场环境的若干意见》。制定发布升级和创新消费品指南，推动轻工纺织等行业的创新产品发布。培育壮大个性化定制企业和平台，推动企业发展个性定制、规模定制、高端定制。持续开展纺织服装创意设计园区（平台）试点示范工作，提高创意设计水平，推动产品供给向"产品＋服务"转变，促进消费升级。支持重点产品与国外产品质量及性能实物对比，支持临床急需药品先进技术应用和质量提升，开展婴幼儿配方乳粉等关键领域质量安全追溯体系建设，提供信息实时追溯和查询服务，让消费者放心消费。

（十六）推动信息技术产业迈向中高端

支持集成电路、信息光电子、智能传感器、印刷及柔性显示创新中心建设，加强关键共性技术攻关，积极推进创新成果的商品化、产业化。加快发展5G和物联网相关产业，深化信息化和工业化融合发展，打造工业互联网平台，加强工业互联网新型基础设施建设，推动关键基础软件、工业设计软件和平台软件开发应用，提高软件工程质量和网络信息安全水平。发展超高清视频产业，扩大和升级信息消费。规范对智能终端应用程序的管理，改善信息技术产品和服务的用户体验。

六、保障措施

（十七）加强组织落实

坚持企业主体、政府引导、社会共治的原则，加强部门协同。地方工业和信息化主管部门要督促企业严格执行质量、标准、计量、认证认可、特种设备安全等法律法规，加强质量管理和队伍能力建设，结合实际制定本地区促进质量提升的相关配套政策和激励措施。鼓励行业协会持续深入推进群众性质量活动，建立本行业先进质量管理经验的长效宣传推广机制，弘扬质量先进。

（十八）加快人才培养

以企业需求为导向，系统推进制造业的质量人才培养。依托高校、科研院所推进质量和品牌相关专业学科和课程建设，支持设立质量研究院、品牌研究院，培养高端质量和品牌人才。支持行业协会、专业机构加强专业技能和质量品牌人才培训，提高行业质量意识和专业素质水平。鼓励企业提升员工质量素质，培养知识型、技能型、创新型的质量骨干和技术能手。

（十九）加强宣传引导

加强质量和品牌建设宣传的总体策划和系统推进，引导企业坚持质量为先，追求卓越质量，关注绿色低碳、可持续发展、消费友好等新需求，不断提升产品和服务的质量，提高履行社会责任的能力。组织开展质量品牌主题宣传和交流活动，报道企业质量提升的丰富实践、重大成就、典型经验，讲好中国品牌故事，塑造中国制造质量新形象，增强国际竞争力。

附录二 中国定制木质家居产业相关协会

中国定制木质家居产业服务支撑体系包括全国范围内的相关行业协会、标准化技术委员会、质检机构、展览会、专业媒体等。

随着定制木质家居行业的发展，全国各地自发成立了很多定制木质家居相关行业协会，包括全国性的行业协会如中国林产工业协会橱柜/定制家居分会、中国林业产业联合会整木家居分会、中国建筑装饰装修材料协会整木定制分会等，及广东省、四川省、山东省等各地方性行业协会，如表1所示。其中定制木质家居相关协会68个：按产品分类，厨柜、衣柜类8个，地板相关协会11个，木门相关协会15个，楼梯协会3个，墙板协会2个，吊顶协会1个，定制家居、整木定制等协会28个；根据协会区域分类，全国性定制木质家居相关协会21个，广东省区域协会9个，四川省区域协会7个，浙江省区域协会6个，河北省区域协会5个，上海市区域协会4个，其余为江苏省、湖北省、湖南省等区域协会。除全国性行业协会外，广东省地区行业协会最多，主要由于广东当地发达的定制木质家居产业相关。这些协会的成立有利于搭建政府和定制衣柜、厨柜、全屋定制企业间的沟通桥梁，凝聚和依靠行业力量，促进定制木质家居行业的发展。

表 1 中国定制木质家居相关协会
Tab. 1 Associations of customized wooden household in China

序号 No.	协会 The name of associations	所在省市 Provinces and cities	范围 Range
1	广东省橱柜业商会	广东省	橱柜
2	河北省家具协会橱柜委员会	河北省	橱柜
3	中国林产工业协会橱柜/定制家居分会	全国	橱柜/定制家居
4	上海市建筑材料行业协会橱柜衣柜分会	上海市	橱柜衣柜
5	重庆市橱柜衣柜定制协会	重庆市	橱柜衣柜
6	无锡市橱衣柜协会	江苏省无锡市	橱衣柜
7	陕西省橱衣柜协会	陕西省	橱衣柜
8	安徽省地板协会	安徽省	地板
9	湖南省地板行业协会	湖南省	地板
10	长春市地板行业协会	吉林省长春市	地板
11	常州市地板协会	江苏省常州市	地板
12	沈阳市地板行业协会	辽宁省沈阳市	地板
13	中国林产工业协会地板专业委员会	全国	地板
14	中国木材与木制品流通协会地板专业委员会	全国	地板
15	上海市建筑材料行业协会地板专业委员会	上海市	地板
16	重庆市地板协会	重庆市	地板

续表

序号 No.	协会 The name of associations	所在省市 Provinces and cities	范围 Range
17	浙江省地板协会	浙江省	地板
18	湖州市南浔区地板协会	浙江省湖州市	地板
19	中国林产工业协会石木塑环保材料及制品分会	全国	地板（石木塑）
20	中国建筑装饰装修材料协会天花吊顶材料分会	全国	吊顶
21	中国林产工业协会楼梯专业委员会	全国	楼梯
22	全国工商联家具装饰业商会楼梯专业委员会	全国	楼梯
23	上海市木材协会楼梯专委会	上海市	楼梯
24	广东省门业协会木门整木定制专委会	广东省	木门
25	广东省门业协会	广东省	木门
26	佛山市门窗业协会	广东省佛山市	木门
27	河北省商业联合会门业专业委员会	河北省	木门
28	河北省门业协会	河北省	木门
29	湖北省门业协会	湖北省	木门
30	中国林产工业协会木门工作委员会	全国	木门
31	中国木材与木制品流通协会木门专业委员会	全国	木门
32	中国木门协会	全国	木门
33	全国工商联门业专委会	全国	木门
34	山东省门业协会	山东省	木门
35	重庆市木门行业协会	重庆市	木门
36	浙江省门业协会	浙江省	木门
37	浙江省门业协会生态木门专委会	浙江省	木门
38	江山市门业行业协会	浙江省衢州市	木门
39	竹木纤维集成墙面协会	全国	墙板
40	中国建材市场协会集成墙面分会	全国	墙板
41	福建省定制家居行业协会	福建省	定制家居
42	厦门市定制家居产业协会	福建省厦门市	定制家居
43	广东省定制家居协会	广东省	定制家居
44	东莞市定制家居行业协会	广东省东莞市	定制家居
45	广州市定制家居行业协会	广东省广州市	定制家居
46	河北省木制品家居定制行业协会	河北省	定制家居
47	河南省定制家居商会	河南省	定制家居
48	全国工商联家具装饰业商会定制家居专业委员会	全国	定制家居

续表

序号 No.	协会 The name of associations	所在省市 Provinces and cities	范围 Range
49	山东省家具协会定制家居专业委员会	山东省	定制家居
50	上海市定制家居协会	上海市	定制家居
51	四川省定制家居协会	四川省	定制家居
52	四川省第三产业协会定制家居专委会	四川省	定制家居
53	温州市定制家居商会	浙江省温州市	定制家居
54	重庆市家具行业协会定制家具协会	重庆市	定制家具
55	北京市家居行业协会	北京市	家居
56	广东省家居业联合会	广东省	家居
57	成都市家具行业商会	四川省成都市	家具
58	河北省家具协会定制委员会	河北省	家具定制
59	哈尔滨市家具行业协会木业定制专业委员会	黑龙江省哈尔滨市	家具定制
60	全国工商联家具装饰业商会	全国	家具装饰
61	全屋定制行业商协会	全国	全屋定制
62	中国木材与木制品流通协会全屋定制分会	全国	全屋定制
63	湖北省全屋定制衣柜橱柜行业协会	湖北省	全屋定制衣柜橱柜
64	广东省衣柜行业协会	广东省	衣柜
65	中国建筑装饰装修材料协会整木定制分会	全国	整木定制
66	中国整木定制协会	全国	整木定制
67	中国林业产业联合会整木家居分会	全国	整木家居
68	中国国际定制协会	全国	定制

附录三 中国定制木质家居产业相关标准化技术委员会

定制木质家居相关标准化技术委员会情况如表2所示。其中定制木质家居相关标准化技术委员会总数14个,其中国家级标准化技术委员会9个,地方性标准化技术委员会5个,包括江西省、山东省2个,广东省1个。

表 2 中国定制木质家居相关标准化技术委员会

Tab. 2 National standardization technical committees of customized wooden household in China

序号 No.	标准化技术委员会 The national standardization technical committees	级别 Level
1	全国木材标准化技术委员会	国家级
2	全国人造板标准化技术委员会	国家级
3	全国家具标准化技术委员会	国家级
4	全国林业生物质材料标准化技术委员会	国家级
5	全国竹藤标准化技术委员会	国家级
6	全国智能建筑及居住区数字化标准化技术委员会	国家级
7	全国木材标准化技术委员会结构用木材分技术委员会	国家级
8	全国木材标准化技术委员会原木和锯材分技术委员会	国家级
9	全国人造板标准化技术委员会浸渍纸层压木质地板分技术委员会	国家级
10	广东省家具制造标准化技术委员会	地方(广东省)
11	江西省家具标准化技术委员会	地方(江西省)
12	浙江省家具标准化技术委员会	地方(江西省)
13	山东省家具标准化技术委员会	地方(山东省)
14	山东省建筑门窗标准化技术委员会	地方(山东省)

附录四 中国定制木质家居产业相关主要质检机构

定制木质家居相关质检机构情况如表3所示。其中,定制木质家居相关主要质检机构31家,主要分布在江苏省、浙江省、广东省、福建省、北京市、上海市等地区。国家级、省级质检机构的建设为定制木质家居产品质量控制提供了公平公正的第三方平台,有利于促进行业质量的提升。

表3 中国定制木质家居相关主要质检机构
Tab. 3 Quality inspection organizations of customized wooden household in China

序号 No.	质检机构 The quality inspection organizations	所在省市 Provinces and cities
1	国家家具及室内环境质量监督检验中心	北京市
2	国家人造板与木竹制品质量监督检验中心	北京市
3	国家林业和草原局林产品质量检验检测中心(福州)	福建省
4	国家人造板及林化工产品质量监督检验中心	福建省
5	国家林业和草原局林产品质量检验检测中心(广州)	广东省
6	国家家具产品质量监督检验中心(广东)	广东省
7	国家林业和草原局林产品质量检验检测中心(南宁)	广西省
8	国家林业和草原局林产品质量检验检测中心(贵阳)	贵州省
9	国家林业和草原局林产品质量检验检测中心(石家庄)	河北省
10	国家家具质量监督检验中心(河北)	河北省
11	国家林业和草原局林产品质检中心(郑州)	河南省
12	国家建筑装修材料质量监督检验中心	河南省
13	国家林业和草原局林产品质量检验检测中心(哈尔滨)	黑龙江省
14	国家林业和草原局林产品质量检验检测中心(武汉)	湖北省
15	国家林业和草原局林产品质量检验检测中心(长沙)	湖南省
16	国家林业和草原局林产品质量检验检测中心(长春)	吉林省
17	国家林业和草原局林化产品质量检验检测中心(南京)	江苏省
18	国家林业和草原局人造板及其制品质量检验检测中心(南京)	江苏省
19	国家木制家具及人造板质量监督检验中心	江苏省
20	国家家具产品质量监督检验中心(江西)	江西省
21	国家林业和草原局木材及木制品质量检验检测中心(鞍山)	辽宁省
22	山东省人造板及制品质量监督检验中心	山东省
23	国家林业和草原局林产品质量检验检测中心(西安)	陕西省
24	国家家具质量监督检验中心	上海市

续表

序号 No.	质检机构 The quality inspection organizations	所在省市 Provinces and cities
25	国家林业和草原局华东木材及木制品质量监督检验中心	上海市
26	上海市质量监督检验技术研究院	上海市
27	国家林业和草原局林产品质量检验检测中心（成都）	四川省
28	国家林业和草原局木材与木竹制品质量检验检测中心（昆明）	云南省
29	浙江省定制家居与厨卫产品质量检验中心	浙江省
30	国家林业和草原局经济林产品质量检验检测中心（杭州）	浙江省
31	国家林业和草原局林产品质量检验检测中心（杭州）	浙江省

附录五 中国定制木质家居产业相关展览会

全国的定制木质家居相关展览会数量和规模逐年提高，有利于定制木质家居企业更好地展示自身，加强同行间的交流合作，如表4所示。其中，定制木质家居相关展览会19个，广东省4个，上海市3个，四川省3个，其余为河北省、河南省等区域展览会。

2018年8月11日，第40届国际名家具（东莞）展览会暨第二届中国（东莞）国际定制家居展展会规模达到75万平方米，1205家企业参展。

2018年7月18日，2018中国（上海）全屋定制家居展览会在上海举行，涵盖全屋定制、定制家居、家具、橱柜衣柜、门窗、地板、生产设备及配件辅料等大家居概念的全题材产品，1000余家企业参展。

2019年3月15~18日，第六届中国国际集成家居定制家居展览会在北京举行，分为全屋定制、智能家居、木门（窗）、进户门/非木室内门、涂料五金家居辅材、智能制造机械设备六大主题展区，1200家企业参展。

表4 中国定制木质家居相关展览会
Tab. 4 Exhibitions of customized wooden household in China

序号 No.	展览会 The exhibitions	所在省市 Provinces and cities
1	国际名家具（东莞）展览会暨中国（东莞）国际定制家居展览会	广东省东莞市
2	中国（广州）定制家居展览会	广东省广州市
3	中国（广州）建博会（定制家居展区）	广东省广州市
4	中国广州国际家具生产设备及配料展览会	广东省广州市
5	京津冀全屋定制家居、门业及建筑建材装饰材料博览会	河北省石家庄市
6	石家庄国际全屋定制家居展览会	河北省石家庄市
7	中国郑州国际定制家居及门业展览会	河南省郑州市
8	武汉国际家具展览会	湖北省武汉市
9	中国（南京）移门暨门窗·定制家居博览会	江苏省南京市
10	徐州门窗·木门·移门及定制家居展览会	江苏省徐州是
11	青岛定制家居展	山东省青岛市
12	西安国际定制家居、衣柜博览会	陕西省西安市
13	上海定制家居及板材展览会	上海市
14	上海国际整体定制家居展览会	上海市
15	上海全屋定制家具展览会	上海市
16	中国国际集成定制家居展览会	北京市
17	（成都）定制家居展览会	四川省成都市
18	成都国际家具工业展览暨第二届西部定制家居展	四川省成都市
19	中国（重庆）定制家居及门业展览会	重庆市

附录六　中国定制木质家居产业相关上市公司

中国定制木质家居主要上市公司有23家，如表5所示。23家定制木质家居上市企业2018年总营收870.81亿元，总净利润69.07亿元。

中国定制木质家居上市企业以专业做定制衣柜、整体厨柜产品公司为主，除"索菲亚""好莱客"分别于2011年、2015年上市，其他多家定制家居企业集中在2017年上市，多家知名成品家具上市公司在2016—2018年间布局全屋定制业务。"欧派家居""索菲亚""尚品宅配"3家企业市值超百亿，其他主要的定制木质家居企业2017年营收、净利润同比增长普遍超过30%。从表5可以看出，上市公司主营业务基本都以定制衣柜、整体厨柜、木门、木地板等多品类为主，但各品类主营占比并不均衡，如"索菲亚"的主营业务衣柜占比超过80%，后期拓展的木门、木地板等产品占比还比较小。

表 5 中国定制木质家居主要上市公司概况

Tab. 5 Overview of Listed Companies of customized wooden household in China

序号 No.	公司名称 Company Name	品牌 Brand	成立时间 Date of establishment	上市时间 Date of listing	总市值（亿元）Total market value/100 million yuan	2018年营收（亿元）Revenue in 2018/100 million yuan	营收同比增长（%）Revenue growth year-on-year (%)	2018年净利润（亿元）Net profit in 2018/100 million yuan	净利润同比增长（%）Net profit growth year-on-year (%)	2018年主营收入占比（约）Main Income Proportion in 2018
1	欧派家居集团股份有限公司	欧派家居	1994/7/1	2017/3/28	489.94	115.09	18.53	15.72	20.9	厨柜51%，衣柜36%，木门4%
2	索菲亚家居股份有限公司	索菲亚	2003/7/15	2011/4/12	165.41	73.11	18.66	9.59	5.77	衣柜及配件82%，厨柜及配件10%，木门2.5%
3	广州尚品宅配家居股份有限公司	尚品宅配	2004/4/19	2017/3/7	150.74	66.45	24.83	4.77	25.53	定制家具75%，配套家居16%，O2O引流服务2%，整装5%
4	广州好莱客创意家居股份有限公司	好莱客	2007/4/9	2015/2/17	44.52	21.33	14.46	3.82	9.84	衣柜90%，成品配套3.7%，厨柜2.7%，门窗2%
5	厦门金牌厨柜股份有限公司	金牌厨柜	1999/1/26	2017/5/12	42.33	17.02	18.01	2.1	26.05	整体厨柜、整体衣柜、木门
6	广东顶固集创家居股份有限公司	顶固集创	2002/12/4	2018/9/25	28.05	8.31	2.86	0.76	2.96	定制衣柜及配套家居62%，门4.4%，精品五金33%
7	志邦家居股份有限公司	志邦家居	2005/4/4	2017/6/30	43.66	24.33	12.8	2.73	16.51	整体厨柜81.5%，衣柜10%，木门0.3%
8	广东皮阿诺科学艺术家居股份有限公司	皮阿诺	2005/6/14	2017/3/10	29.06	11.1	34.34	1.42	37.95	定制厨柜及其配套家居产品75.5%，定制衣柜及其配套家居产品22.3%

续表

序号 No.	公司名称 Company Name	品牌 Brand	成立时间 Date of establishment	上市时间 Date of listing	总市值（亿元）Total market value/100 million yuan	2018年营收（亿元）Revenue in 2018/100 million yuan	营收同比增长（%）Revenue growth year-on-year (%)	2018年净利润（亿元）Net profit in 2018/100 million yuan	净利润同比增长（%）Net profit growth year-on-year (%)	2018年主营收入占比（约）Main Income Proportion in 2018
9	南京我乐家居股份有限公司	我乐家居	2006/6/19	2017/6/16	26.25	10.82	18.26	1.02	21.57	厨柜53.38%，全屋定制及衣柜46.62%
10	客来福家居股份有限公司	客来福	2005/1/20	2016/8/10	1.86	2.13	22	0.1	81.67	柜类63%，门31%
11	德尔未来科技控股集团股份有限公司（百得胜）	德尔未来	2004/12/2	2011/11/11	49.51	17.68	10.49	1.04	21.22	地板类47.92%，定制家居47.65%，中高密度板、密度板类1.78%
12	大亚圣象家居股份有限公司	大亚圣象	1999/4/20	1999/6/30	56.97	72.61	3.02	7.25	9.95	木地板74.33%，木门及衣帽间25.59%，中高密度板0.08%
13	宜华生活科技股份有限公司	宜华生活	2001/5/31	2004/8/24	48.49	74.02	-7.73	3.87	-48.62	家具87.48%，原木11.22%，地板1.3%
14	德华兔宝宝装饰新材股份有限公司	兔宝宝	2001/12/27	2005/5/10	39.44	43.06	4.54	3.31	-9.33	装饰板材66.58%，地板5.19%，其他装饰材料7.69%
15	大自然家居控股有限公司	大自然	2007/7/27	2011/5/26	17.79	29.18	14.39	1.57	130.88	地板81.85%，定制家装18.15%
16	上海菲林格尔木业股份有限公司	菲林格尔	1995/3/13	2017/6/15	45.4	8.35	4.83	0.98	23.41	厨柜家具6.59%，其余为地板
17	江山欧派门业股份有限公司	江山欧派	2006/7/31	2017/2/10	31.64	12.83	27.05	1.53	11.03	夹板模压门57.15%，实木复合门39.65%，厨柜1.63%

续表

序号 No.	公司名称 Company Name	品牌 Brand	成立时间 Date of establishment	上市时间 Date of listing	总市值（亿元）Total market value/100 million yuan	2018年营收（亿元）Revenue in 2018/100 million yuan	营收同比增长（%）Revenue growth year-on-year (%)	2018年净利润（亿元）Net profit in 2018/100 million yuan	净利润同比增长（%）Net profit growth year-on-year (%)	2018年主营收入占比（约）Main Income Proportion in 2018
18	顾家家居股份有限公司	顾家家居	2006/10/31	2016/10/14	207.2	91.72	37.61	9.89	20.29	定制家具占2.88%，其余为沙发、床等
19	曲美家居集团股份有限公司	曲美家居	1993/4/10	2015/4/22	34.46	28.92	37.88	−0.59	−124.04	以家居制品为主，并未单独说明定制家居比例
20	美克国际家用品股份有限公司	美克家居	1995/8/16	2000/11/27	70.31	52.61	25.88	4.51	23.5	以家居制品为主，并未单独说明定制家居比例
21	浙江永强集团股份有限公司	浙江永强	2001/6/18	2010/10/21	77.67	43.86	−3.31	−1.08	−237.74	以家居制品为主，并未单独说明定制家居比例
22	亚振家居股份有限公司	亚振家居	2000/8/15	2016/12/15	17.42	4.17	−27.18	−0.86	−241.04	主营收入，厨柜类占24.41%，其他为沙发、床等家居制品
23	喜临门家具股份有限公司	喜临门	1996/11/6	2012/7/17	49.75	42.11	32.11	−4.38	−254.54	主营业务以家居制品为主，并未单独说明定制家居比例
合计						870.81		69.07		

（数据来源：上市公司公开数据）

参考文献

[1] 毕海波. 大规模定制家具板件自动分拣系统的研究 [D]. 深圳：南华大学，2016，19-30.

[2] 陈怡. 中国定制衣柜的发展与存在问题 [J]. 林产工业，2014，41（2）：9-11.

[3] 楚杰. 中国低碳木材工业标准体系的构建研究 [D]. 北京：中国林业科学研究院，2014.

[4] 崔晓磊，孙艳君，沈隽. 家具大规模定制的发展背景及现状研究 [J]. 森林工程，2014（4）：77-81.

[5] 戴向东，谌错，肖跃军，等. 家装业定制家具设计与制造流程中的问题探析 [J]. 林产工业，2016，43（7）：36-38.

[6] 付跃进，吕斌，李旸，等. 中国木地板标准体系的构建 [J]. 木材工业，2011，25（6）：32-34.

[7] 付跃进，吕斌，史燕平，等. 中国室外人造板标准体系的构建 [J]. 木材工业，2011，25（4）：34-37.

[8] 工业和信息化部，国家标准化管理委员会. 工信部联科〔2018〕154号 国家智能制造标准体系建设指南 [S]. 2018版.

[9] 龚瑶，许焕义，陶涛，等. 木质柜类定制家具零件编码的研究与应用 [J]. 林产工业，2019，46（05）：64-66+69.

[10] 郭琼，宋杰，杨慧全. 定制家具 设计、制造、营销 [M]. 北京：化学工业出版社，2017，4-11.

[11] 郭伟娟，熊先青，唐远明，等. 基于2020软件的大规模定制衣柜信息交互技术 [J]. 林业工程学报，2018，3（2）：153-158.

[12] 国务院办公厅. 国办发〔2016〕68号 消费品标准和质量提升规划 [S]. 2016—2020.

[13] 国务院办公厅. 关于建立健全公共服务标准体系的指导意见 [S].

[14] 国务院办公厅. 关于完善促进消费体制机制 进一步激发居民消费潜力的若干意见 [S].

[15] 国务院办公厅. 国办发〔2015〕89号 国家标准化体系建设发展规划 [S] 2016—2020.

[16] 国务院办公厅. 国办发〔2018〕93号 完善促进消费体制机制实施方案 [S] 2018—2020.

[17] 韩静，吴智慧. 基于MES的板式定制家具企业生产计划调度 [J]. 木材工业，2019，33（03）：37-40.

[18] 侯新毅. 我国竹子技术标准体系的构建研究 [D]. 北京：中国林业科学研究院，2010.

[19] 金枝，唐召群，程献宝，等. 中国室内装饰用木质墙板标准现状 [J]. 木材工业，2018，32（5）：27-31.

[20] 李春田. 标准化概论 [M]. 北京：中国人民大学出版社，2014.246-254.

[21] 李汉文. 大规模定制的浴室柜产品设计与生产管控 [J]. 企业科技与发展，2019，450（4）：125-126.

[22] 李荣荣，徐伟，熊先青，等. 工业机器人在家具行业的应用现状研究 [J]. 林业机械与木工设备，2018，46（12）：33-35+56.

[23] 刘慧，熊先青，于克，等. 板式定制家具智能分拣系统及其应用 [J]. 林产工业，2019，46（5）：54-58.

[24] 刘文府. 标准化系统工程 [J]. 航天标准化，2001（6）：39-43.

[25] 刘晓红．中国定制家居行业的现状与发展要素分析［J］．家具与室内装饰，2017（6）．17-20

[26] 龙天南，徐伟，程洛林，等．基于成组技术的实木橱柜门标准化设计研究［J］．林产工业，2019，46（8）：30-34．

[27] 吕斌．中国木门产业发展现状与建议［J］．中国人造板，2017，24（5）：1-5．

[28] 吕巍，林海燕，谢巧玲．大规模定制的原理［J］．企业管理，2002（3）：48-49．

[29] 麦绿波．标准体系的内涵和价值特性［J］．国防技术基础，2010（12）：3-7．

[30] 麦绿波．标准体系构建的方法论［J］．标准科学，2011（10）：11-15．

[31] 麦绿波．标准体系的分类及应用［J］．标准科学，2013（9）：6-9．

[32] 彭金旺，张继娟，张仲凤．基于定制橱柜的模块化设计研究［J］．家具与室内装饰，2019（6）：20-21．

[33] 彭立民，傅峰，张玉萍．中国人造板标准体系的构建［J］．林业科学，2011，47（6）：152-156．

[34] 祁国宁，顾新建，杨青海，等．大批量定制原理及关键技术研究［J］．计算机集成制造系统．2003，9（9）：776-783．

[35] 钱小瑜．中国木地板行业现状与发展趋势［J］．家具与室内装饰，2012（5）：34-37．

[36] 钱小瑜．商业模式创新将推动木门产业升级 中国木门行业市场浅析［J］．中国人造板，2013，20（10）：2-6．

[37] 商务部电子商务和信息化司．中国电子商务报告［M］．2017．北京：中国商务出版社，2018．

[38] 邵晓峰，黄培清，季建华．21世纪的主流生产模式：大规模定制［J］．软科学，2000，14（4）：43-45．

[39] 邵晓峰，黄培清，季建华．大规模定制生产模式的研究［J］．工业工程与管理，2001，6（2）：13-17．

[40] 孙克亮．基于大批量生产的定制衣柜模块化研究［D］．哈尔滨：东北林业大学，2011，10-12．

[41] 唐召群，吕斌，王瑞，等．我国地板产业发展机遇和策略研究［J］．中国人造板，2019（6）：14-20．

[42] 唐召群，伍艳梅，徐明华，等．中国高压装饰板行业发展现状及趋势［J］．林产工业，2018，45（10）：7-10．

[43] 唐志宏，刘盛全．面向大规模定制的欧式古典桌类家具分类方法研究［J］．林产工业，2017，44（12）：45-47．

[44] 田卫国，刘瑞娜．集成材实木门的结构与加工工艺［J］．木材工业，2005，19（1）：40-42．

[45] 王珂，刘扬．定制化产品的3D打印服务设计［J］．包装工程，2019，40（14）：25-30．

[46] 王瑞，段新芳，吕斌，等．中国地板产业标准化现状分析［J］．中国人造板，2018a，25（11）：1-5．

[47] 王瑞，段新芳，唐召群，等．中国人造板饰面专用纸产业发展现状分析［J］．木材工业，2018b，32（5）：19-22．

[48] 王瑞，段新芳，张冉．中国全屋定制家居产业链标准体系框架研究［J］．木材工业，2017，31（6）：35-38．

[49] 王瑞，吕斌．中国集成材产业现状及发展趋势［J］．木材工业，2018，32（04）：32-35．

[50] 吴鲁敬，吴智慧，冯力．浅析整木定制家居中木质护墙板的设计生产与安装［J］．家具，2017（02）：23-27．

[51] 吴智慧．"工业4.0"时代家具产业的制造模式［J］．林产工业，2016，43（3）：6-10．

[52] 吴智慧．"工业4.0"时代中国家居产业的新思维与新模式［J］．木材工业，2017，31（02）：5-9．

[53] 熊先青，蒋义，黄琼涛，等．大规模定制家具MES系统的关键技术研究［J］．制造业自动化，

2018a,40(7):79-83.

[54] 熊先青,刘慧,朱卿卿,等.定制家居产业链协同发展的思考[J].木材工业,2018b,32(2):18-27.

[55] 熊先青,魏亚娜,方露,等.大规模定制家具快速响应机制及管件技术的研究[J].林产工业,2016,43(1):47-52.

[56] 熊先青,魏亚娜,吴智慧,等.大规模定制家具客户关系管理构建与应用[J].林业科技开发,2015,29(3):64-68.

[57] 熊先青,吴智慧.大规模定制家具销售过程中的信息采集与处理技术[J].林业科技开发,2016,1(1):122-127.

[58] 熊先青,吴智慧.大规模定制家具的发展现状及应用技术[J].南京林业大学学报(自然科学版),2013,37(04):156-162.

[59] 熊先青,吴智慧.家居产业智能制造的现状与发展趋势[J].林业工程学报,2018,3(6):19-26.

[60] 熊先青,袁莹莹,牛怡婷,等.大规模定制家具ERP系统的构建及其关键技术[J].林业工程学报,2019a,4(04):162-168.

[61] 熊先青,刘慧,庞小仁.大规模定制家具柔性制造系统构建与关键技术[J].木材工业,2019b,33(2).

[62] 许方荣.中国木质门产业现状与发展趋势[J].林产工业,2011,38(2):9-12.

[63] 许俊,刘晨光,罗菊芬.定制家具行业现状及标准化研究初探[J].标准科学,2017(2):6-9.

[64] 杨东芳.大规模定制家具消费者需求浅析[J].家具,2016,37(3):90-94.

[65] 杨文嘉,胡剑虹.家具企业实现大规模定制的技术体系 第五讲:大规模定制的标准化管理体系[J].家具,2011(5):110-112.

[66] 虞华强,江泽慧,费本华,等.中国木材标准体系[J].木材工业,2010,24(1):23-25.

[67] 袁莹莹,熊先青,张靓婷,等.基于拆装式结构的定制木楼梯扶手结构研究[J].林产工业,2019,46(05):47-50.

[68] 岳琪,刘婉莹.基于配置模型及装配序列的家具定制优化设计[J].东北林业大学学报,2016,44(6):94-98.

[69] 张继娟.中国整体衣柜市场发展现状与趋势研究[J].西北林学院学报,2012,27(4):213-217.

[70] 张冉,段新芳,楚杰,等.中国木门窗标准体系构建研究[J].木材加工机械,2014,25(6):58-61

[71] 张冉.中国林业循环经济标准体系构建研究[D].北京:中国林业科学研究院,2017,148-151.

[72] 张绍明,刘佳.中国整体厨柜发展现状与发展趋势[J].林产工业,2007,34(1):52-54.

[73] 张淑贞.工业工程与标准化系统工程[J].航空工程与维修,1996(12):27-29.

[74] 张锡纯.标准化系统工程[M].北京:北京航空航天大学出版社,1992.

[75] 张玉萍.中国木制品标准体系的研究[D].北京:中国林业科学研究院,2012,19-26.

[76] 张占宽.我国木门产业发展历程、现状及趋势分析[J].中国人造板,2019(6):25-31.

[77] 中华人民共和国国家质检总局,中国国家标准化管理委员会.GB/T 13016-2018.标准体系编制原则和要求[S].北京:中国标准出版社,2018.

[78] 中华人民共和国国家质检总局,中国国家标准化管理委员会.GB/T 20000.1-2014 标准化工作指南 第1部分:标准化和相关活动的通用术语[S].北京,中国标准出版社,2014.

[79] 周海宾,吕建雄,徐伟涛.中国结构材标准体系构建[J].木材工业,2012,26(3):44-47.

[80] 周晓东，邹国胜，谢洁飞，等．大规模定制研究综述［J］．计算机集成制造系统，2003，9 (12)：1045-1052.

[81] Adamides E D. Responsibility-based manufacturin. The International Journal of Advanced Manufacturing Technology ［J］．1996, 11（6）：439-448.

[82] Åhlström P, & Westbrook R. Implications of mass customization for operations management. International Journal of Operations & Production Management ［J］．1999, 19（3）：262-275.

[83] Boer C R, Redaelli C, Boër D, et al. Mass Customization and Personalization: A Way to Improve Sustainability Beyond a Common Paradox. Customization 4. 0 ［J］．2018, 237-250.

[84] Buehlmann U, Schuler A. The U. S. household furniture industry: status and opportunities ［J］．Forest Products Journal. 2009, 59（9）：20-28.

[85] Cil E B, Pangburn M S. Mass Customization and Guardrails: "You Can Not Be All Things to All People" ［J］．Production and Operations Management. 2017, 26（9）：1728-1745.

[86] Davis S. M. From "future perfect": Mass customizing. Planning Review ［J］．1989, 17（2）：16-21.

[87] Eastwood M A. Implementing mass customization. Computers in Industr ［J］ y. 1996, 30（3）：171-174.

[88] Feitzinger E, & Lee H, Mass customization at Hewlett-Packard: The power of postponement ［J］．Harvard Business Review. 1997, 75（1）：116-121.

[89] Felfernig A. Biases in Decision Making ［J］．In International Workshop on Decision Making and Recommender Systems. 2014, 32-37.

[90] Feng Q, Shanthikumar J G ［J］．How Research in Production and Operations Management May Evolve in the Era of Big Data ［J］．Production and Operations Management. 2017, 27（9）：1670-1684.

[91] Jiao J, Ma Q, Tseng M. M. Towards high value-added products and services: Mass customization and beyond ［J］．Technovation 2003, 23, 809-821.

[92] Gilmore J H, Pine B J I. The Four Faces of Mass Customization ［J］．Harvard business review, 1997, 75（1）：91-101.

[93] Gooley T B. Mass customization: How logistics makes it happen ［J］．Computers and Industrial Engineering. 1998, 37（4）：49-54.

[94] Haglind M, Helander J. Development of value networks-an empirical study of networking in Swedish manufacturing industries ［J］．International Conference on Engineering & Technology Management. 1998, 350-358.

[95] Hart C W L. Mass customization: conceptual underpinnings, opportunities and limits ［J］．International Journal of Service Industry Management. 1995, 6（2）：36-45.

[96] Hirsch B E, Thoben K D, Hoheisel J. Requirements upon human competencies in globally distributed manufacturing ［J］．Computers in Industry. 1998, 36（1-2）：49-54.

[97] Joneja A, Lee N K S. Automated configuration of parametric feeding tools for mass customization ［J］．Computers & Industrial Engineering. 1998, 35（3-4）：463-466.

[98] Kanchanasevee P, Biswas G, Kawamura K, et al. Contract-Net based scheduling for holonic manufacturing systems. Proceedings of SPIE ［J］．The International Society for Optical Engineering. 1997, 3203：108-115.

[99] Kay M J. Making mass customization happen: Lessons for implementation ［J］．Strategy & Leadership. 1993, 21（4）：14-18.

[100] King W. IT-enhanced productivity and profitability, Information Systems Management ［J］．

1998, 15 (3): 70-72.

[101] Kotha S. Mass Customization: Implementing the Emerging Paradigm for Competitive Advantage [J]. Strategic Management Journal. 1995, 16 (S1): 21-42.

[102] Kotha S. Mass-customization: a strategy for knowledge creation and organizational learning [J]. International Journal of Technology Management. 1996a, 11 (7-8): 846-858.

[103] Kotha S. From mass production to mass customization: The case of the National Industrial Bicycle Company of Japan [J]. European Management Journal. 1996b, 14 (5): 442-450.

[104] Lau R S M, Mass customization: The next industrial revolution, Industrial Management [J]. 1995, 37 (5), 18-19.

[105] Levesque N, Boeck H. Proximity Marketing as an Enabler of Mass Customization and Personalization in a Customer Service Experience. Managing Complexity [M]. Springer International Publishing. 2017, 405-420.

[106] Lihra T, Buehlmann U, Graf R. Customer preferences for customized household furniture [J]. Journal of Forest Economics. 2012, 18 (2): 94-112.

[107] Nicholls D. L, Bumgardner, M S. Challenges and opportunities for north american hardwood manufacturers to adopt customization strategies in an era of increased competition [J]. Forests, 2018, 9 (4): 186−202.

[108] Owen D, Kruse G. Follow The Customer [J]. Manufacturing Engineer. 1997, 76 (2): 65-68.

[109] Paoletti I. Mass Customization 4.0 in AEC: Additive Manufacturing for Innovative Building Systems [J]. Customization 4.0. 2018, 191-202.

[110] Pine II B. J. Mass customizing products and services. Planning Review. 1993, 21 (4): 6-55.

[111] Pine II B. J, Victor B, Boyton A. C. Making mass customization work [J]. Harvard Business Review. 1993, 71 (5) 108-111.

[112] Sandrin E, Trentin A, Grosso C, et al. Enhancing the consumer-perceived benefits of a mass-customized product through its online sales configurator: An empirical examination [J]. Industrial Management & Data Systems. 2017, 117 (6): 1295-1315.

[113] Shafiee S, Kristjansdottir K, Hvam L, et al. Analysis of visual representation techniques for product configuration systems in industrial companies [J]. In IEEE International Conference on Industrial Engineering and Engineering Management. 2016, 999-1004.

[114] Silveira G D, Borenstein D, Flávio S F. Mass customization: Literature review and research directions [J]. International Journal of Production Economics. 2001, 72 (1): 1-13.

[115] Spira J S. Mass customization through training at Lutron Electronics [J]. Computers in Industry. 1996, 30 (3): 171-174.

[116] Stumptner M. An overview of Knowledge-Based configuration [J]. AI Communications. 1997, 10 (2): 111-125.

[117] Tiihonen J, Heiskala M., Anderson A, et al. WeCoTin - A Practical Logic-based Sales Configurator. AI Communications. 2013, 26 (1), 99-131.

[118] Turowski K. A virtual electronic call center solution for mass customization. Proceedings of the 32nd Annual Hawaii International Conference on Systems Sciences. 1999, 152-164.

[119] Xiong X, Yuan Y, Fang L, et al. 2018. Status and development trends of intelligent manufacturing in China's furnishings industry [J]. Forest Products Journal, 68 (3), 328-336.

[120] Yu N, Shen L, Lewark S. Drivers and barriers for implementing advanced manufacturing technology in china's furniture industry: An exploratory study [J]. 2011. Forest Products Journal, 61 (1), 83-91.